Für Edith
&
Wolfgang

in liebe Lydia

Schriftenreihe

Arbeitsrechtliche Forschungsergebnisse

Band 222

ISSN 1435-6848

Verlag Dr. Kovač

Lydia Kleist

Hat der Grundsatz der Kampfparität noch Bestand?

Eine kritische Analyse der Rechtsprechung des 1. Senats des Bundesarbeitsgerichts seit der Jahrtausendwende

Verlag Dr. Kovač

**Hamburg
2015**

VERLAG DR. KOVAČ GMBH
FACHVERLAG FÜR WISSENSCHAFTLICHE LITERATUR

Leverkusenstr. 13 · 22761 Hamburg · Tel. 040 - 39 88 80-0 · Fax 040 - 39 88 80-55

E-Mail info@verlagdrkovac.de · Internet www.verlagdrkovac.de

Bibliografische Information der Deutschen Nationalbibliothek
Die Deutsche Nationalbibliothek verzeichnet diese Publikation
in der Deutschen Nationalbibliografie;
detaillierte bibliografische Daten sind im Internet
über http://dnb.d-nb.de abrufbar.

ISSN: 1435-6848
ISBN: 978-3-8300-8775-5

Zugl.: Dissertation, Universität Bremen, 2015

© VERLAG DR. KOVAČ GmbH, Hamburg 2015

Printed in Germany
Alle Rechte vorbehalten. Nachdruck, fotomechanische Wiedergabe, Aufnahme in Online-Dienste und Internet sowie Vervielfältigung auf Datenträgern wie CD-ROM etc. nur nach schriftlicher Zustimmung des Verlages.

Gedruckt auf holz-, chlor- und säurefreiem, alterungsbeständigem Papier. Archivbeständig nach ANSI 3948 und ISO 9706.

Meinem Vater

Inhaltsübersicht

Einleitung ... 1
Abschnitt 1: Arbeitskampf ... 9
  A. Die Bedeutung des Arbeitskampfes ... 9
    I. Definition ... 9
    II. Auswirkungen des Arbeitskampfes ... 12
    III. Verfassungsrechtliche Anerkennung des Arbeitskampfes ... 14
    IV. Gesetzliche Ausgestaltung des Arbeitskampfrechtes ... 25
    V. Europa- und Völkerrecht ... 35
  B. Die Parteien des Arbeitskampfes ... 47
  C. Arbeitskampfmittel ... 50
    I. Kampfmittel der Arbeitnehmerseite ... 51
    II. Kampfmittel der Arbeitgeberseite ... 69
  D. Rechtmäßigkeit des Kampfmitteleinsatzes ... 81
    I. Geeignetheit ... 83
    II. Erforderlichkeit ... 83
    III. Angemessenheit ... 84
Abschnitt 2: Die neue Arbeitskampfkonzeption ... 86
1. Teil: Der Grundsatz der Kampfparität ... 86
  A. Herleitung des Grundsatzes der Kampfparität ... 86
    I. Normative Parität ... 87
    II. Formelle Parität ... 87
    III. Materielle Parität ... 88
  B. Entwicklung der realen Kräfteverhältnisse ... 93
2. Teil: Erstreikbarkeit von firmenbezogenen Verbandstarifverträgen ... 97
  A. Sachverhalt ... 97
  B. Begriffsklärung und Abgrenzung zu Firmentarifverträgen bei Verbandsmitgliedern ... 98
  C. Problemstellung und bisherige Rechtsprechung ... 99
  D. Entscheidungsgründe ... 101
  E. Auswirkungen auf die Praxis ... 102
3. Teil: Erstreikbarkeit von Tarifsozialplänen ... 105
  A. Sachverhalt ... 105
  B. Begriffsklärung ... 106
    I. Interessenausgleich und Sozialplan ... 106
    II. Tarifsozialplan ... 107

    C. Darstellung der Problematik 108
    D. Bisherige Rechtsprechung.. 109
    E. Entscheidungsgründe 110
    F. Auswirkungen auf die Praxis... 111
4. Teil: Zulässigkeit von Unterstützungsstreiks 116
    A. Sachverhalt 116
    B. Darstellung der Problematik.. 117
    C. Bisherige Rechtsprechung.. 118
    D. Entscheidungsgründe 121
    E. Auswirkungen auf die Praxis... 123
    F. Unterstützungsaussperrung 137
    G. Einstweiliger Rechtsschutz gegen einen Unterstützungsstreik............. 139
    H. Zulässigkeit von Unterstützungsstreiks in anderen EU-Mitgliedstaaten 142
5. Teil: Streikbegleitende Flashmob-Aktionen 147
    A. Sachverhalt 147
    B. Entscheidungsgründe 149
    C. Darstellung der Problematik 151
    D. Auswirkungen auf die Praxis 152
    E. Nichtannahmebeschluss des BVerfG 163
    F. Reaktionen aus der Praxis 167
    G. Stellungnahme.. 171
Abschnitt 3: Zusammenfassung der Ergebnisse 174

Abkürzungsverzeichnis

a.A.	anderer Ansicht
a.a.O.	am angegebenen Ort
ABl.	Amtsblatt der Europäischen Union
Abs.	Absatz
AcP	Archiv für die civilistische Praxis
AEUV	Vertrag über die Arbeitsweise der Europäischen Union
Amtl. Slg.	Amtliche Sammlung des Europäischen Gerichtshofes
Anm.	Anmerkung
AOG	Gesetz zur Ordnung der nationalen Arbeit
ArbG	Arbeitgeber bzw. Arbeitsgericht
ArbGG	Arbeitsgerichtsgesetz
ArbN	Arbeitnehmer
ArbRAktuell	Arbeitsrecht Aktuell
Art.	Artikel
Aufl.	Auflage
AuR	Arbeit und Recht
AVAG	Gesetz über Arbeitsvermittlung und Arbeitslosenversicherung vom 16. Juli 1927
BAG	Bundesarbeitsgericht
BAGE	Entscheidungen des Bundesarbeitsgerichts
BB	Betriebs-Berater
Bd.	Band

BDA	Bundesvereinigung der Deutschen Arbeitgeberverbände
Bearb.	Bearbeiter
BeckRS	Beck-Rechtsprechung
Beschl.	Beschluss
BetrVG	Betriebsverfassungsgesetz
BGB	Bürgerliches Gesetzbuch
BGBl.	Bundesgesetzblatt
BGH	Bundesgerichtshof

Däubler, Wolfgang	Die unverhältnismäßige Aussperrung – BAG (GS) AP, Art. 9 GG – Arbeitskampf Nr. 43, JuS 1972, 642-648
Däubler, Wolfgang	Das Arbeitsrecht 1: Die gemeinsame Wahrung von Interessen im Betrieb, 16. Aufl., Frankfurt a.M. 2006
Däubler, Wolfgang	Gewerkschaftsrechte im Betrieb, 11. Aufl., Baden Baden 2010
Däubler, Wolfgang	Tarifvertragsgesetz, 3. Aufl., Baden-Baden 2012
Däubler, Wolfgang	Neue Grundsätze im Arbeitskampf, ArbuR 1998, 144-145
Däubler, Wolfgang (Hrsg.)	Arbeitskampfrecht, 3. Aufl., Baden-Baden 2011
Däubler, Wolfgang Hjort, Jens Peter Schubert, Michael Wolmerath, Martin (Hrsg.)	Arbeitsrecht, Individualarbeitsrecht mit kollektivrechtlichen Bezügen. Handkommentar, 3. Aufl., Baden-Baden 2013
De Beauregard, Melot	Die Rechtsprechung zum Arbeitskampfrecht in den Jahren 2007-2009, NZA-RR 2010, 453-456
Decruppe, Hans	Anm. 1 zu LAG Berlin-Brandenburg, 5. Kammer, Urteil vom 29.09.2008 – 5 Sa 967/08, Juris Praxisreport Arbeitsrecht 1/2009
Dieterich, Bernd	Rechtliche Zulässigkeit von Solidaritätsstreiks, Diss. Universität Münster 2003
Donat, Ulrike Kühling, Jürgen	Arbeitskampf und Versammlungsrecht, AuR 2009, 1-10
Dornbusch, Gregor Fischermeier, Manfred Löwisch, Manfred (DFL-Bearbeiter)	Fachanwaltskommentar Arbeitsrecht, 5. Aufl. 2013

Dörner, Hans-Jürgen	Neues aus dem Befristungsrecht, NZA 2007, 57-63
Dütz, Wilhelm Thüsing, Gregor	Arbeitsrecht, 18. Aufl., München 2013
Eckhard Pache Bielitz, Joachim	Das Verhältnis der EG zu den völkerrechtlichen Verträgen ihrer Mitgliedstaaten, EuR 2006, 316-338
Eichmanns, Max	Der Grundsatz der Kampfparität, der augenblickliche Stand der Debatte, RdA 1977, 135-140
Engels, Andreas	Verfassung und Arbeitskampfrecht – verfassungsrechtliche Grenzen arbeitsgerichtlicher Arbeitskampfjudikatur, Berlin 2008 (zugl. Diss. Köln 2007)
Evers, Hans-Ulrich	Arbeitskampffreiheit, Neutralität, Waffengleichheit und Aussperrung. Rechtsgutachten zum Aussperrungsverbot der Hessischen Landesverfassung, erstattet im Auftrag der Hessischen Landesregierung, Braunschweig 1969
Fischer, Ulrich	Der blinde Fleck in der Wesentlichkeitslehre des Bundesverfassungsgerichts beim Arbeitskampfrecht - Ein arbeitsrechtlicher Zwischenruf aus der Praxis, RdA 2009, 287-296
Franzen, Martin	Die neue Rechtsprechung des Ersten Senats des BAG zum Arbeitskampfrecht, JbArbR 47 (2010), 119-137
Fütterer, Patrick	Die Reichweite des Solidaritätsstreikrechts. Solidarische Arbeitsniederlegungen zwischen nationalem Rechtsprechungswandel und völker- und europarechtlichen Vorgaben, Baden-Baden 2013 (zugl. Diss. Uni Bremen 2012)

Gagel, Wolfgang	SGB II / SGB III Grundsicherung und Arbeitsförderung, Loseblatt-Kommentar, 58. Auflage, München 2015
Gamillscheg, Franz	Die Grundrechte im Arbeitsrecht, AcP 164, 385-445 (1964)
Gamillscheg, Franz	Kollektives Arbeitsrecht, Bd. I: Koalitionsfreiheit, Tarifvertrag, Arbeitskampf und Schlichtung, München 1997
Germelmann, Claas-Hinrich Matthes, Hans-Christoph Müller-Glöge, Rudi Prütting, Hanns (Hrsg.)	Arbeitsgerichtsgesetz. Kommentar, 6. Aufl., München 2008
Greiner, Stefan	Rechtsfragen der Koalitions-, Tarif- und Arbeitskampfpluralität, Habilitationsschrift, 2009, Universität zu Köln
Greiner, Stefan	Atypische Arbeitskampfmittel und Kampfpluralität, NJW 2010, 2977-2983
Greiner, Stefan	Atypische Arbeitskampfmittel und Kampfpluralität, NZA 2010, 2977-2983
Greiner, Stefan	Der Flashmob-Beschluss des BVerfG, jM 2014, 414-421
Hanau, Peter	Aussperrung und Kampfparität, Wirtschaftspolitische Chronik 1978, Heft 3, 173-216
Hannich, Rolf Appl, Ekkehard (Hrsg.)	Karlsruher Kommentar zur Strafprozessordnung mit GVG, EGGVG und EMRK, 7. Aufl., München 2013

Hayen, Ralf-Peter Ebert, Franz Christian	Zulässigkeit von Unterstützungsstreiks, AuR 2008, 19-31
Henssler, Martin	Arbeitskampf in Deutschland – Wie geht es weiter? Brauchen wir ein Arbeitskampfgesetzbuch?, ZfA 2010, 397-425
Henssler, Martin, Braun, Axel (Hrsg.)	Arbeitsrecht in Europa, 3. Aufl., Köln 2011
Herbert, Torsten	Flashmob im öffentlichen Dienst – ein „stumpfes Schwert" in den Händen der Gewerkschaft, ZTR 2014, 639-642
Hohenstatt, Klaus-Stefan Schramm, Nils	Erneute Erweiterung des Kampfarsenals – Zulässigkeit von Unterstützungsstreiks, NZA 2007, 1034-1036
Hromadka, Wolfgang	Entwurf eines Gesetzes zur Regelung kollektiver Arbeitskonflikte, NZA 1989, 379-380
Hromadka, Wolfgang Maschmann, Frank (Hrsg.)	Arbeitsrecht, Bd. 2: Kollektivarbeitsrecht und Arbeitsstreitigkeiten, 2. Aufl., Berlin, Heidelberg 2001
Hueck, Alfred Nipperdey, Hans Carl	Lehrbuch des Arbeitsrechts, Bd. 2: Kollektives Arbeitsrecht, 3./5. Aufl., Mannheim 1932
Hueck, Alfred Nipperdey, Hans Carl Dietz, Rolf	Kommentar zum AOG, München 1934
Hueck, Alfred Nipperdey, Hans Carl Säcker, Franz-Jürgen	Lehrbuch des Arbeitsrechts, Bd. 2: Kollektives Arbeitsrecht, 7. Aufl., Berlin und Frankfurt a.M. 1970
Inghammar, Andreas	Bridging the Troubled Waters – A Recent Update in Swedish and Danish Labour and Social Security Law, EuZA 2 (2009), 421-429

Ipsen, Jörn	Verfassungsrechtliche Schranken des Richterrechts, DVBl. 1984, 1102-1107
Jarass, Hans Dieter Pieroth, Bodo	Grundgesetz, Kommentar, 13. Auflage, München 2014
Jöris, Heribert	Arbeitskampf: Spiel ohne Grenzen, NJW-Spezial 2014, 370-372
Junker, Abbo	Kollektives Arbeitsrecht in Europa – Überblick über das Arbeitskampfrecht und das Tarifsystem der Mitgliedstaaten, RdA-Beilage 2009, 4-10
Kappenhagen, Markus Lambrich, Thomas	Kommentar zum Urteil des BAG vom 24.04.2007 – 1 AZR 252/06, BB 2007, 239-240
Kerwer, Christof	Von Lokführern, solidarischen Druckern und Nürnberger Haushaltsgeräten: Neue Tendenzen im Arbeitskampfrecht, EuZA 2008, 335-354
Kissel, Otto Rudolf	Arbeitskampfrecht. Ein Leitfaden, München 2002
Kittner, Michael (Hrsg.)	Streik und Aussperrung. Protokoll der wissenschaftlichen Veranstaltung der Industriegewerkschaft Metall vom 13. bis 15. September 1973 in München, Frankfurt a.M. 1974
Klein, Harald	Koalitionsfreiheit im pluralistischen Sozialstaat, Königstein 1979
Konzen, Horst	Europäische Sozialcharta und ultima ratio Prinzip, JZ 1986, 157-163
Konzen, Horst	Die erweiterte Zulassung des Unterstützungsstreiks, SAE 2008, 1-9
Konzen, Horst	Der Arbeitskampf im Verfassungs- und Privatrechtssystem, AcP 1977, 473-542

Konzen, Horst	Parität, Übermaßverbot und Aussperrungsquoten, Jura 1981, 585-589
Krebber, Sebastian	Die Bedeutung der Grundrechtecharta und der EMRK für das deutsche Individualarbeitsrecht, EuZA, 2013 (2): 188-202
Kreft, Burkhard	Zur Zulässigkeit von Unterstützungsstreiks, BB 2008, Beilage Nr. 4, 11-13
Krejci, Heinz	Aussperrung. Verfassungs- und Privatrechtsfragen nach deutschem Recht, Wien 1980
Kreßel, Eckhard	Neutralität des Staates im Arbeitskamp. Zur Entscheidung des BVerfG vom 4.7.1995, NZA 1995, 1121-1126
Krichel, Ulrich	Ist der Firmentarifvertrag mit einem verbandsangehörigen Arbeitgeber erstreikbar?, NZA 1986, 731-736
Krichel, Ulrich	Zur Rechtslage bei politischen Streiks, NZA 1987, 297-302
Krieger, Steffen Günther, Jens	Streikrecht 2.0 – Erlaubt ist, was gefällt!?, NZA 2010, 20-23
Larenz, Karl	Methodenlehre der Rechtswissenschaft, Berlin, Heidelberg, 1981
Lembke, Mark	Arbeitskampf – Quo vadis?, NZA 2014, 471-473
Lieb, Manfred	Die Zulässigkeit von Demonstrations- und Sympathiearbeitskämpfen	ZfA 1982, 113-173
Lieb, Manfred	Zum gegenwärtigen Stand der Arbeitskampfrisikolehre, NZA 1990, 289-299

Lieb, Manfred Jacobs, Matthias	Arbeitsrecht, 9. Aufl., Heidelberg, München, Landsberg, Berlin 2006
Lingemann, Stefan	Anm. zu BAG Urt. v. 22.09.2009 - 1 AZR 972/08: Flashmob-Aktionen nicht generell unzulässig, ArbRAktuell 2009, 239 ff.
Lobinger, Thomas	Streiks um unternehmensbezogene Tarifverträge bei Verbandstarifgebundenheit des Arbeitgebers – Zur Wiedergeburt der „betriebsnahen Tarifpolitik" im modernen Standortkampf, RdA 2006, 12-22
Löwisch, Manfred	Besteht ein Grund, die Rechtsprechung des Bundesarbeitsgerichts zur Aussperrung zu ändern?, RdA 1980, 1-14
Löwisch, Manfred (Hrsg.)	Arbeitskampf- und Schlichtungsrecht, Heidelberg 1997
Löwisch, Manfred Rieble, Volker (Hrsg.)	Tarifvertragsgesetz. Kommentar, 3. Aufl., München 2012
Maaß, Kristin	Flashmob im Arbeitskampf – eine Neuordnung des Kräftegleichgewichts? ArbRAktuell 2009, 151-172
Marhold, Franz	Die Bedeutung der Grundrechtecharta und der EMRK für das österreichische Arbeitsrecht, EuZA 2013, 146-160
Mayer-Maly, Theo	Aussperrung und Parität, DB 1979, 95-100
Meyer, Cord	Reflexionen zum Unterstützungsstreik,, NZA 2011, 1392-1396
Meyer-Hayoz, Arthur	Strategische und taktische Aspekte der Fortbildung des Rechts, JZ 1981, 417-423

Müller-Glöge, Rudi Preis, Ulrich Schmidt, Ingrid (Hrsg.)	Erfurter Kommentar zum Arbeitsrecht, 12. Aufl., München 2012
Otto, Hansjörg	Arbeitskampf- und Schlichtungsrecht, München 2006
Otto, Hansjörg	Arbeitsrecht, 4. Aufl., Berlin 2008
Otto, Hansjörg	Das konturenlose Arbeitskampfrecht des BAG, RdA 2010, 135-148
Paschke, Christian	Der firmenbezogene Arbeitskampf gegen einen verbandsangehörigen Arbeitgeber, Baden-Baden 2011 (zugl. Diss. Uni Halle-Wittenberg)
Paukner, Katharina	Die Zulässigkeit des Unterstützungsstreiks – Zum Urteil des Bundesarbeitsgerichts vom 19. Juni 2007, ZTR 2008, 130-138
Pelissier, Jean Supiot, Alain Jeamaud, Antoine	Droit du travail, Dalloz, 2008
Picker, Eduard	Die Regelung der "Arbeits- und Wirtschaftsbedingungen" – Vertragsprinzip oder Kampfprinzip? (Teil 1), ZfA 1986, 199-339
Potthoff, Heinz	Arbeitsrecht. Zeitschrift für das gesamte Dienstrecht der Arbeiter, Angestellten und Beamten. XII. Jahrgang, Stuttgart 1925
Preis, Ulrich	Arbeitsrecht, Kollektivarbeitsrecht. Lehrbuch für Studium und Praxis, 2. Aufl., Köln 2009
Preis, Ulrich Sagan, Adam	Europäisches Arbeitsrecht, Köln 2015
Rebhahn, Robert	Das Kollektive Arbeitsrecht im

	Rechtsvergleich, NZA 2001, 763-774
Reich, Norbert	Gemeinschaftliche Verkehrsfreiheiten versus nationales Arbeitskampfrecht, EuZW 2007, 391-396
Rheder, Britta Deinert, Olaf Callsen, Raphael	Arbeitskampfmittelfreiheit und atypische Arbeitskampfformen. Rechtliche Bewertung atypischer Arbeitskampfformen und Grenzen der Rechtsfortbildung, Berlin 2012
Richardi, Reinhard	Die Verhältnismäßigkeit von Streik und Aussperrung, NJW 1978, 2057-2066
Richardi, Reinhard Wlotzke, Otfried Wissmann, Helmut Oetker, Hartmut (Hrsg.)	Münchener Handbuch zum Arbeitsrecht, Bd. 2: Kollektivarbeitsrecht, 3. Aufl., München 2009
Rieble, Volker	Das neue Arbeitskampfrecht des BAG, RdA 2008, 1506 ff.
Rieble, Volker	Flash-Mob – ein neues Kampfmittel?, NZA 2008, 796-799
Rieble, Volker	Das neue Arbeitskampfrecht des BAG, BB 2008, 1506-1515
Ring, Gerhard	Anmerkungen zum Beschluss des BverfG vom 26.03.2014 (1 BvR 3185/09, NJW 2014, 1874) – Zur Zulässigkeit von Flashmob-Aktionen als Arbeitskampfmaßnahme, NJ 2014, 303-304
Rosenau, Marc Tobias	Die Koalitionsbetätigungsfreiheit im gewandelten Kontext, Frankfurt a.M. 2013 (zugl. Diss. Uni Bonn 2012)
Rousseau, Jean-Jaques	Vom Gesellschaftsvertrag oder Die Grundsätze des Staatsrechts, Amsterdam 1762 (Reclam, Ditzingen 1986)

Rüthers, Bernd	Zum Gesetzgebungsauftrag im Arbeitskampfrecht, NZA 1986, 11-15
Rüthers, Bernd	Zur Kampfparität im Arbeitskampfrecht, Jura 1970, 85 ff.
Rüthers, Bernd	Zur Rechtmäßigkeit von Sympathie-Arbeitskämpfen, BB 1964, 312-315
Rüthers, Bernd Höpfner, Clemens	Anmerkung zu BAG, Urt. v. 22.9.2009 – 1 AZR 972/08 („Flashmob"), JZ 2010, 261 – 264
Rüthers, Bernd	Rechtsprobleme der Aussperrung unter besonderer Berücksichtigung des Pressewesens, Berlin 1980
Rüthers, Bernd	Der Abbau des „ultima ratio"-Gebotes im Arbeitskampfrecht durch das Bundesarbeitsgericht, DB 1990, 113-123
Rüthers, Bernhard	Arbeitskampf in einer veränderten Wirtschafts- und Arbeitswelt, NZA 2010, 6-13
Sachs, Michael	Grundgesetz, Kommentar, 7. Auflage, München 2014
Säcker, Franz Jürgen	Gruppenparität und Staatsneutralität als verfassungsrechtliche Grundprinzipien des Arbeitskampfrechts. Eine arbeits- und sozialrechtliche Untersuchung zu § 116 des Arbeitsförderungsgesetzes vom 25. Juni 1969, Heidelberg 1974
Säcker, Franz-Jürgen	Von der offenen Arbeitseinstellung zur verdeckten Betriebsblockade – Der Arbeitskampf im Wandel zum Partisanenkampf, NJW 2010, 1115-1118
Schaub, Günter (Hrsg.)	Arbeitsrechts-Handbuch, 14. Aufl., München 2011

Schmitt-Rolfes, Günter	Arbeitsrichter auf Abwegen, AuA 2009, 631ff.
Schubert, Claudia	Europäische Grundfreiheiten und nationales Arbeitskampfrecht im Konflikt – Zugleich eine Besprechung der Entscheidungen des EuGH v. 11.12.2007 – Rs. C-438/05 – Viking und v. 18.12.2007 – Rs. C-341/05 – Laval, RdA 2009, 289-299
Seifert, Achim	Die Bedeutung von EMRK und EGRC für das deutsche kollektive Arbeitsrecht, EuZA 6 (2013), 205-220
Seiter, Hugo	Staatsneutralität im Arbeitskampf, Tübingen, 1987
Seiter, Hugo	Streikrecht und Aussperrungsrecht. Ein Arbeitskampfsystem auf der Grundlage subjektiv-privater Kampfrechte, Tübingen 1975
Seiter, Hugo	Arbeitskampfparität und Übermaßverbot unter besonderer Berücksichtigung des „Boykotts" in der deutschen Seeschifffahrt, Düsseldorf 1979
Sevecke, Torsten	Wettbewerbs- und Kommunikationsgrundrechte: Zur rechtlichen Bewertung gesellschaftskritischer Aufmerksamkeitswerbung in der Presse und auf Plakaten am Beispiel der Benetton-Kampagnen, Hamburg 1997
Sinzheimer, Hugo	Grundzüge des Arbeitsrechts, 2. Aufl., Jena 1927
Sinzheimer, Hugo	Ein Arbeitstarifgesetz. Die Idee der sozialen Selbstbestimmung im Recht, 2. Aufl., Berlin 1977

Stamer, Katrin	Die Relativität der Friedenspflicht, ArbRAktuell 2010, 646-648
Teichert, Olav	Die Sozialistische Einheitspartei Westberlins, Kassel 2011
Tenfelde, Klaus Volkmann, Heinrich	Streik: Zur Geschichte des Arbeitskampfes in Deutschland während der Industrialisierung, München, 1981
Thüsing, Gregor Waldhoff, Christian	Koalitionsfreiheit und Arbeitskampfrecht, ZfA 2011, 329-343
Trabant, Alice	Solidaritätskampf oder Sozialschlacht? Die Rechtmäßigkeit des Unterstützungsstreiks in Deutschland im Rechtsvergleich mit Großbritannien, Berlin 2012 (zugl. Diss. Uni Köln 2011)
von Steinau-Steinbrück, Robert Brugger, Helen	Arbeitskampfrecht quo vadis?, NZA-Beilage 3/2010, 127-135
von Steinau-Steinbrück, Robert Glanz, Peter	Dauerarbeitskämpfe durch Spartenstreiks – Die verbliebenen Kampfmittel der Arbeitgeber, NZA 2009, 113-118
Wank, Rolf	Aktuelle Probleme des Arbeitskampfrechts – Unterstützungsstreik, Streik um Tarifsozialplan, Schadensersatz und einstweilige Verfügung, RdA 2009, 1-12
Weiss, Helmut	Koalitionsfreiheit und betriebsnahe Tarifverträge, Diss. Uni Regensburg 1972
Weißhuhn, Christian	Alfred Hueck 1889 – 1975. Sein Leben, sein Wirken, seine Zeit, Frankfurt a.M. 2009 (zugl. Diss. Uni Jena)

Wilting, Wilhelm	Vertragskonkurrenz im Völkerrecht, Köln 1996 (zugl. Diss. Uni Münster 1994)
Wohlgemuth, Hans Hermann	Aussperrung und Grundgesetz, BB 1979, 111-115
Wohlgemuth, Hans-Hermann	Staatseingriff und Arbeitskampf – Zur Kritik der herrschenden Arbeitskampfdoktrin, Köln 1977
Wolter, Henner	Aussperrung, Parität und Verhältnismäßigkeit, AuR 1979, 193-203
Zachert, Ulrich Metzke, Maria Hamer, Wolfgang	Die Aussperrung. Zur rechtlichen Zulässigkeit und praktischen Durchsetzungsmöglichkeit eines Aussperrungsverbots, Frankfurt a.M. 1978
Zeuner, Albrecht	Arbeitskampf und einstweilige Verfügung, RdA 1971, 1-9
Zöllner, Wolfgang	Aussperrung und arbeitskampfrechtliche Parität, Tübingen 1974
Zöllner, Wolfgang Loritz, Karl-Georg Hergenröder, Curt Wolfgang	Arbeitsrecht, München, 6. Auflage 2008

Einleitung

Mit dem Zeitalter der Aufklärung begann ein umfassender Emanzipationsprozess der Gesellschaft. Es war eine Epoche der Akzeptanz für neu erlangtes Wissen und selbstbestimmtes Denken und Handeln. Einer der wichtigsten Wegbereiter der französischen Revolution, der Philosoph Jean-Jacques Rousseau (1712 – 1778), beginnt sein Werk „Vom Gesellschaftsvertrag oder Prinzipien des Staatsrechts" 1762 mit den Worten:

„*Der Mensch wird frei geboren, und überall liegt er in Ketten.*"[1]

In der Epoche, in der dieser Satz entstanden ist, kämpfte das europäische Bürgertum für eine freie, demokratische Gesellschaft und gegen staatliche Einflussnahme und die Monarchie. Dennoch herrschte bereits in dieser Zeit das Bewusstsein, dass es eine vollständige Freiheit jedes Einzelnen nicht geben könne, da diese zwangsläufig auf Kosten der anderen Gesellschaftsmitglieder gelebt würde. Schon damals setzte sich die Erkenntnis durch, dass in vielen Bereichen menschlichen Miteinanders Regeln erforderlich sind, um ein friedliches und geordnetes Zusammenleben in der Gesellschaft zu ermöglichen.

Die politische und gesellschaftliche Entwicklung hat die Bundesrepublik Deutschland im Zuge der Aufklärung und mit den Erfahrungen der Weimarer Republik zu einem demokratischen Verfassungsstaat geformt, dessen Haupterrungenschaft – die staatliche Neutralität – ein typisches Element der Gewaltenteilung ist.[2] Der Staat hat sich danach in Bezug auf die religiöse, ethische, gesellschaftliche und wirtschaftliche Entwicklung grundsätzlich neutral zu verhalten und Eingriffe und Interventionen möglichst zu vermeiden.[3]

Dennoch gibt es zahlreiche Bereiche, in denen die Verfassung dem Staat eine Handlungspflicht und damit einen Regelungsauftrag aufgibt.

---

[1] Rousseau, Vom Gesellschaftsvertrag, Erstes Kapitel, S. 2.
[2] BVerfG Urt. v. 18.12.1984 – 2 BvE 13/83 – BVerfGE 68, 1 (86).
[3] Seiter, Staatsneutralität im Arbeitskampf, 1975, S. 6.

Eine solche staatliche Handlungspflicht folgt einerseits aus der Verantwortung des Staates für die Grundrechte der Bürger aus Art. 2 Abs. 2 GG, die ihm großteils Gewährleistungs- bzw. Schutzpflichten auferlegen.[4] Andererseits ergibt sie sich aber auch aus dem in Art. 20 Abs. 1 und Art. 28 Abs. 1 S. 1 GG verankerten Staatsziel der Sozialstaatlichkeit, gemäß dessen der Staat soziale Sicherheit und soziale Gerechtigkeit anzustreben hat.[5] Mit diesem hohen Ziel, welches den Schutz der Ewigkeitsgarantie des Art. 79 Abs. 3 GG genießt, soll durch einen sozialen Ausgleich innerhalb der Gesellschaft die Teilhabe aller an den gesellschaftlichen und politischen Entwicklungen gewährleitet werden.[6]

Ein Ausgleich gegenläufiger Interessen kann durch eine Güterabwägung erfolgen, bei der durch eine verhältnismäßige Zuordnung den kollidierenden Interessen Rechnung getragen, aber auch Grenzen gezogen werden. Er kann aber auch von vornherein durch staatliche Eingriffe z.B. zur Regulierung von Märkten erfolgen.

Die Notwendigkeit einer staatlichen Regulierung besteht vor allem in Bereichen des menschlichen und des wirtschaftlichen Miteinanders, in denen das Machtgefüge schon aus der Natur der Sache heraus einseitig zu Gunsten einer Partei verschoben ist und in der die andere Partei dieser ohne staatliche Interaktion quasi machtlos gegenüber stünde. Ein solches Machtgefüge besteht zum Beispiel zwischen Unternehmern und Verbrauchern. Unternehmer verfügen über die für Verbraucher notwendigen Güter und die erforderliche Sachkenntnis zur Herstellung von Produkten. Sie können daher die Preise einseitig festlegen und die Vertragsbedingungen zu ihren Gunsten diktieren. Der Wettbewerb mit anderen Unternehmern allein vermag diese Machtstellung gegenüber den Verbrauchern nicht ausreichend auszugleichen, so dass es einer staatlichen Einflussnahme zum Schutz der Verbraucher bedarf.

---

[4] BVerfG Urt. v. 18.07.1972 – 1 BvL 32/70 und 25/71 – BVerfGE 33, 303 (333); BVerfG Urt. v. 29.05.1973 – 1 BvR 424/71 u. 325/72 – BVerfGE 35, 79 (114); Urt. v. 25.02.1975 – 1 BvF 1/74 – BVerfGE 39, 1.
[5] BVerfG Beschl. v. 19.10.1993 – 1 BvR 567/89 – NJW 1994, 36 (38) – BVerfGE 89, 214 (232).
[6] BVerfG Beschl. v. 19.10.1993 – 1 BvR 567/89 – BVerfGE 89, 214 (232).

Diesem Erfordernis ist der Staat z.B. durch die Umsetzung der auf europäischer Ebene erlassenen Verbrauchsgüterkaufrichtlinie[7] in Form von zahlreichen Verbraucherschutzregelungen im Bürgerlichen Gesetzbuch nachgekommen.

Ähnlich starke Schutzvorschriften bestehen inzwischen auch für Mieter privat genutzter Wohnräume, die gegenüber den Vermietern aufgrund der natürlichen Verteilung der Güter und der dadurch bedingten Machtstellung der Vermieter ebenfalls auf staatliche Einflussnahme z.b. durch Normierung entsprechender Schutzvorschriften angewiesen sind.

Ein vergleichbares natürliches Machtgefüge wie zwischen Unternehmern und Verbrauchern bzw. Vermietern und Mietern besteht auch zwischen Arbeitgebern und Arbeitnehmern. Auch hier stünden sich ohne staatliche Einflussnahme keine auch nur annähernd ähnlich starken Verhandlungspartner gegenüber, da die Arbeitgeber als Inhaber der Produktionsstätten über die Vergabe der Arbeitsplätze und die Arbeitsbedingungen frei entscheiden können.

Seiter bezeichnet die im Arbeitskampf erforderliche Form der staatlichen Neutralität als passive paritätsgestaltende (fördernde) Neutralität.[8] Staatliche Neutralität sei Vorbedingung eines freiheitlichen kollektiven Arbeitsrechtssystems.[9] Wenn Arbeitskämpfe nichtbeteiligte Dritte nachhaltig in Mitleidenschaft zögen, komme die Rechtsordnung nicht daran vorbei, Kampfbeschränkungen und -verbote aufzustellen.[10]

Der historische Blick auf die Entwicklung des Arbeitskampfrechtes führt von den kollektiven Arbeitsniederlegungen im alten Ägypten aus der Zeit um 1400 bis 1100 v. Chr. über die Proteste unter Ramses III (1184 – 1153 v. Chr.) zu den Aufständen von Sklaven in Rom, welche ab ca. 73 v. Chr. die gesellschaftliche Entwicklung prägten.

---

[7] Richtlinie 1999/44/EG des Europäischen Parlaments und des Rates vom 25.05.1999 zu bestimmten Aspekten des Verbrauchsgüterkaufs und der Garantien für Verbrauchsgüter, ABl. L 171 v. 07.07.1999, 12-16.
[8] Seiter, Staatsneutralität im Arbeitskampf, 1975, S. 7.
[9] Ebenda, S. 13.
[10] Ebenda, S. 14.

Allen diesen Aufständen ist gemein, dass sie aus der sozialen Situation der Beschäftigten resultierten und es um eine Machtverteilung zwischen Arbeitgebern und Arbeitnehmern ging. Im Rückblick besonders von Interesse ist die Zeit um 1900, denn die aufkommende Industrialisierung gab Anlass für zahllose soziale Proteste.[11] Der im 19. Jahrhundert beginnende technische Fortschritt, das rasante Bevölkerungswachstum und das kapitalistische Wirtschaftssystem führten zu großen Klassenunterschieden und lösten schwere soziale Krisen aus.[12]

Der Arbeitskampf ist also von jeher untrennbar mit der gesamtgesellschaftlichen und der politischen Situation eng verknüpft und seine Entwicklung deshalb Spiegelbild dieser Entwicklung.

Auch in der Gegenwart besteht dieser Zusammenhang. In Zeiten hoher Arbeitslosenzahlen der Nachkriegszeit und des dadurch bedingten lang andauernden Arbeitskräfteüberhangs hat sich der Machtzugewinn der Arbeitgeberseite sogar noch ausweiten können. Eine statistische Betrachtung dieser Zusammenhänge belegt dies.[13]

Während also Arbeitgeber stets nach Kostenminimierung und Gewinnmaximierung streben und sich dies häufig zu Lasten der Arbeitnehmer durch Verschlechterung ihrer Arbeitsbedingungen oder gar durch Personalabbau auswirkt, haben Arbeitnehmer das Ziel, ihre Arbeitsbedingungen zu verbessern.[14] Bei diesem Widerstreit der Interessen sind Arbeitnehmer in einem Arbeitskampf grundsätzlich die Angreifer.

Anschaulich dargestellt hat das Bundesarbeitsgericht das Bedürfnis der Arbeitnehmer nach einem Druckmittel in Tarifverhandlungen in der Weise, dass dies ohne ein Recht auf Streik im allgemeinen nicht mehr als ein „kollektives Betteln" wäre. Ohne das Druckmittel des Streiks könne die Tarifautonomie nicht wirksam werden.[15] Eine völlige Zurückhaltung des Staates bedeutet in-

---

[11] Tenfelde/Volkmann, Streik: Zur Geschichte des Arbeitskampfes in Deutschland während der Industrialisierung, 1981, S. 197.
[12] Ausführlicher historischer Rückblick in: Tenfelde/Volkmann, Streik: Zur Geschichte des Arbeitskampfes in Deutschland während der Industrialisierung, 1981, S. 194 ff.
[13] Ebenda, S. 175 ff.
[14] Ebenda, S. 197.
[15] BAG Urt. v. 10.06.1980 – AP Nr. 64 u. 65 zu Art. 9 GG Arbeitskampf – 1 AZR 168/79 unter A I 2a   BAGE 33, 185.

soweit, dass das natürliche Machtgefüge zwischen Arbeitgeber und Arbeitnehmer sein Gepräge einseitig zu Gunsten der Arbeitgeber behält.[16] Die Arbeitgeber könnten somit die Arbeits- und auch die Wirtschaftsbedingungen frei diktieren.

Jedoch darf der Staat mit regulierenden Eingriffen nach dem Grundsatz der Neutralität nicht einseitig eine Kampfpartei begünstigen.[17] Die zwingende Einhaltung dieses Grundsatzes ist für das Arbeitsrecht vereinzelt gesetzlich normiert, so zum Schutz der Arbeitnehmerseite in § 146 SGB III, welcher aufgrund der Neutralitätsanordnung von 1973 durch die Bundesanstalt für Arbeit verbietet, durch die Gewährung von Arbeitslosen- und Kurzarbeitergeld in den Arbeitskampf einzugreifen. Zum Schutz der Arbeitgeberseite ist in § 25 KSchG geregelt, dass die Vorschriften des Kündigungsschutzgesetzes keine Anwendung auf Kündigungen und Entlassungen finden, die lediglich als Maßnahmen in wirtschaftlichen Kämpfen zwischen ArbG und ArbN vorgenommen werden.

Bei vollständiger staatlicher Neutralität stellt sich die Frage, wie es Arbeitnehmern bei einem derartigen Machtgefüge gelingen sollte, mit den Arbeitgebern akzeptable Arbeitsbedingungen zu vereinbaren oder auch nur, diese zu Verhandlungen zu bewegen.
Bei der Suche nach Lösungsansätzen zu dieser Frage entwickelte sich ein Verständnis von der koalitionsspezifischen Betätigung, welches nach und nach seine verfassungsrechtliche Ausgestaltung zunächst über die reine Gewährleistung der Vereinigungsfreiheit[18] bis hin zur Anerkennung von Kampfmitteln für beide Parteien des Arbeitskampfes[19] fand.

Im Laufe der Zeit war die Ausgestaltung des Arbeitskampfrechtes durch Rechtsordnung und Rechtsprechung ein sich entwickelnder Prozess, der darauf ausgerichtet war, das für eine funktionierende Tarifautonomie erforderliche Verhandlungsgleichgewicht der Arbeitskampfparteien zu schaffen bzw. aufrecht zu erhalten.

---

[16] Löwisch/Rieble, TVG, Rn. 474.
[17] BVerfG Urt. v. 04.07.1995 – 1 BvF 2/86 – BVerfGE 92, 365 – NZA 1995, 754 (755).
[18] Art. 159 der Weimarer Reichsverfassung vom 11. August 1919, RGBl. S. 1383.
[19] Verfassungsrechtliche Anerkennung des Arbeitskampfes aus Art. 9 Abs. 3 GG seit BAG GS, Beschl. v. 28.01.1955 – GS 1/54 – BAGE 1/291 – unter I 3 (Rn. 35) – AP Nr. 1 zu Art. 9 GG Arbeitskampf.

Insbesondere seit dem Jahr 2007 ist das Arbeitskampfrecht wieder erheblich in Bewegung geraten. Nicht nur die Rechtsprechung anlässlich der Tarifauseinandersetzung bei der Deutschen Bahn[20], die zum schrittweisen Aufweichen des inzwischen auch vom BAG aufgehobenen Grundsatzes der Tarifeinheit[21] geführt hat, hat in Bezug auf das Arbeitskampfrecht für Kontroversen gesorgt. Auch der 1. Senat des BAG hat mit seiner Rechtsprechung seit Anfang 2007 die Diskussion erneut entfacht.[22] Dabei beklagt vor allem die Arbeitgeberseite, dass durch einen Wandel in der Rechtsprechung des 1. Senats die Kampfmöglichkeiten der Gewerkschaften erheblich erweitert worden seien und dadurch Rechtsunsicherheit entstanden sei.[23]

Im Rahmen dieser Arbeit sollen diesbezüglich vor allem die Entscheidungen des 1. Senats des BAG aus dem Jahr 2007 zur **Zulässigkeit des Unterstützungsstreiks**[24], zur **Zulässigkeit des Streiks um einen Tarifsozialplan**[25] sowie zur **Erstreikbarkeit von firmenbezogenen Verbandstarifverträgen**[26] dargestellt und kritisch aufgearbeitet werden.

Dabei stehen die folgenden Fragen im Vordergrund:

- Wie war es bisher im Arbeitskampf um das Kräfteverhältnis der Parteien bestellt?
- Hat die neue Rechtsprechung des 1. Senats des BAG aus dem Jahr 2007 das Machtpotential tatsächlich einseitig zu Gunsten der Gewerkschaften erhöht?
- Und wenn dem so ist, hat sich dadurch das Kräfteverhältnis der Arbeitskampfparteien derart verändert, dass das Gebot der Kampfparität ins Wanken geraten ist?

---

[20] Sächsisches LAG Urt. v. 02.11.2007 – 7 Sa Ga 19/07 – RdA 2008, 98-104 mit Anm. Hanau.
[21] BAG Beschl. v. 23.06.2010 – 10 AS 2/10 – ZA 2010, 78 – und – 10 AS 3/10 – ZIP 2010, 139; BAG Urt. v. 07.07.2010 – 4 AZR 537/08 – BAGE 135, 80.
[22] Vgl. nur Hohenstatt/Schramm, NZA 2007, 1034 ff.; Wank, AP Nr. 173 zu Art. 9 GG Arbeitskampf.
[23] Otto, RdA 2010, 135 ff.; Hohenstatt/Schramm, NZA 2007, S. 1034 (1034).
[24] BAG Urt. v. 19.06.2007 – 1 AZR 396/06 – DB 2007, 2038 – BAGE 123, 134-152.
[25] BAG Urt. v. 24.04.2007 – 1 AZR 252/06 – BAGE 122, 134-167.
[26] BAG Urt. v. 24.04.2007 – 1 AZR 252/06 – AP Nr. 2 zu § 1 TVG Sozialplan.

In der praktischen Anwendung[27] und durch weitere Konkretisierung der diesbezüglichen Rechtsprechung wurde deutlich, dass diese Entscheidungen erst der Beginn einer neuen Arbeitskampfkonzeption des BAG sind.[28] Dies lässt sich nicht nur den als unnötige obiter dicta kritisierten neuen Rechtsgrundsätzen[29] und den weiteren Andeutungen des 1. Senats in dieser Entscheidung entnehmen, die bereits eine weitere Öffnung des Arbeitskampfrechtes für bisher nicht als zulässig anerkannte Kampfmittel erkennen lassen, sondern auch der von Otto als „folgerichtiger Fortsetzungstat"[30] bezeichneten Flashmob-Entscheidung aus dem Jahr 2009[31], welche erstmalig auch die freie Einbeziehung außenstehender Dritter in den Arbeitskampf zulässt.

Die heftigen Abwehrreaktionen im Schrifttum[32] zu diesen Entscheidungen ließen die Tragweite dieses Wandels der Rechtsprechung deutlich werden.

Aber nicht nur die Weiterungen der neuen Arbeitskampfkonzeption, sondern auch die sich zeitgleich zuspitzende weltweite Finanz- und Wirtschaftskrise steigerten das wissenschaftliche Interesse an den Auswirkungen dieser neuen Rechtsprechung. Schließlich lassen sich die Auswirkungen eines Wandels in der Rechtsprechung zum Arbeitskampf nur mit aussagekräftigen, vergleichsfähigen Arbeitsmarktdaten messen.

Da ein Arbeitskampf grundsätzlich prozyklisch wirkt, er also bei positiver Wirtschaftsentwicklung ebenfalls Konjunktur hat und in der Krise nur sehr zurückhaltend betrieben wird, standen vor allem im Verlauf der Jahre 2007 bis 2009 krisenbedingt keine validen Arbeitsmarktdaten zur Verfügung. Eine Untersuchung, ob die Arbeitskampfparteien zukünftig verstärkt Gebrauch von der ihnen durch die Entscheidungen neu zugestandenen Freiheit der Wahl der Kampfmittel machen werden oder ob die Entscheidung zur grundsätzlichen Zulässigkeit des Unterstützungsstreiks zwar rechtsdogmatisch belangvoll, aber – nicht zuletzt wegen der in der Verhältnismäßigkeitsprüfung zu beach-

---

[27] Z.B. durch die Gewerkschaft der Flugsicherung: Hessisches LAG Urt. v. 25.042013 – 9 Sa 561/12.
[28] Otto, RdA 2010, 135.
[29] Wank, AP Nr. 173 zu Art. 9 GG Arbeitskampf.
[30] Otto, RdA 2010, 135 (135).
[31] BAG Urt. v. 22.09.2009 – 1 AZR 972/08, AP GG Art. 9 Arbeitskampf Nr. 174 – BAGE 132, 140.
[32] Wank, AP Nr. 173 zu Art. 9 GG Arbeitskampf; De Beauregard, NZA-RR 2010, 453 (455); Hohenstatt/Schramm, NZA 2007, 1034 (1037); Rieble, BB 2007, 1506 ff.

tenden hohen Hürden – ohne große praktische Bedeutung ist, wird sich erst im Laufe der Jahre zeigen.

Im Vordergrund der Überprüfung der Reichweite der verfassungsrechtlich garantierten Koalitionsfreiheit stehen die Fragen, ob der Paritätsgrundsatz in der neuen Arbeitskampfkonzeption des BAG noch Bestand hat und wie sich die Freiheit der Wahl der Kampfmittel auf das bis dato herrschende Paritätsgefüge auswirkt. Die hier vorgenommene Betrachtung der neuen Arbeitskampfkonzeption des BAG und der Einfluss auf die Tarifautonomie der Tarifparteien ist begrenzt auf die Freiheit der Wahl der Kampfmittel und der auf diese bezogenen Entscheidungen. Auf die darüber hinaus erfolgte Aufgabe des Grundsatzes der Tarifeinheit oder auf Streikrechte von bestimmten Personengruppen wie z.B. von Beamtinnen und Beamten wird in dieser Arbeit dagegen nicht eingegangen.

Abschnitt 1: Arbeitskampf

A. Die Bedeutung des Arbeitskampfes

Der Grundsatz der Kampfparität ist ein Konstrukt aus dem Arbeitskampfrecht. Doch ebenso wie das Arbeitskampfrecht selbst ist dieser Grundsatz gesetzlich nicht geregelt.

Um das Erfordernis einer paritätischen Ausgangslage in Bezug auf den Arbeitskampf als Regulativ des Machtgefüges zwischen Arbeitgeber und Arbeitnehmer verständlich zu machen und ihre Existenz in den verschiedenen Wirtschaftsepochen der Bundesrepublik Deutschland untersuchen zu können, ist es sinnvoll, zunächst den Arbeitskampf insgesamt darzustellen.

Daher wird im Folgenden zunächst ein Überblick über das Arbeitskampfrecht, die Parteien, die Geschichte und die Kampfmittel als Einführung in die Thematik der Begriffsklärung der Kampfparität vorangestellt.

I. Definition

Bezüglich des Begriffs des Arbeitskampfes kommen in Rechtsprechung und Literatur vor allem zwei Definitionen vor:

1. Kampfzielorientierter Arbeitskampfbegriff

Eine enge kampfzielorientierte Auslegung definiert Arbeitskampf als die aufgrund eines Kampfentschlusses der Arbeitnehmer- oder Arbeitgeberseite erfolgende Störung des Arbeitslebens durch kollektive Kampfmaßnahmen mit dem Zweck, eine freiwillig nicht zugestandene kollektivvertragliche Regelung zu erreichen.[33] Andere lassen es bereits ausreichen, dass das Kampfziel irgendeinen Regelungsgegenstand hat.[34]

---

[33] Hueck/Nipperdey, Arbeitsrecht II, § 47, S. 888.
[34] Wohlgemuth, Staatseingriff und Arbeitskampf, S. 39.

2. Kampfmittelorientierter Arbeitskampfbegriff

Der weitere kampfmittelbezogene Arbeitskampfbegriff stellt dagegen nicht[35] oder jedenfalls nicht nur auf das Kampfziel bzw. das Druckmittel, sondern auf eine kollektiv verursachte Störung der Arbeitsbeziehungen ab.[36]

Nach diesem weiten Begriffsverständnis kommt es im Kern auf die Störung der Arbeitsbeziehungen im Zusammenspiel mit der Konfliktlösung durch Kampf an.[37] Ein besonderes Kampfziel ist dabei nicht erforderlich.[38] Hierauf wird erst im Rahmen der Prüfung der Rechtmäßigkeit des Arbeitskampfes abgestellt.[39] Von diesem weiten Verständnis geht auch die Rechtsprechung aus. In seiner ersten Definition äußerte sich das BAG zum Begriff des Arbeitskampfes wie folgt:

> *„Als Kampfmaßnahme im allgemeinen Sprachgebrauch und im Sinne des einen Teil des Arbeitsrechts bildenden Arbeitskampfrechts sind [...] alle Maßnahmen anzusehen, die den Verhandlungspartner bewusst und gewollt unter den unmittelbaren Druck eingeleiteter Arbeitskämpfe setzen und damit seine Entschließungsfreiheit beeinträchtigen sollen. Kampfmaßnahme in diesem Sinne ist jede Maßnahme, die an die Stelle des freien Verhandelns den Zwang zum Bewilligen der Forderungen des Partners oder jedenfalls zum Nachgeben setzen soll, und zwar aus Furcht vor den Nachteilen oder Verlusten, die der Arbeitskampf mit sich bringt."*[40]

Vereinzelt wird im Rahmen des weiten Begriffsverständnisses sogar bei der Druckausübung auf eine konkrete Störung der Arbeitsbeziehungen verzichtet und ganz allgemein die Zufügung von Nachteilen für ausreichend gehalten.[41]

---

[35] Zöllner/Loritz/Hergenröder, Arbeitsrecht, § 41 II.1.
[36] ErfK/Dieterich, Art. 9 GG Rn. 94; Kissel, Arbeitskampfrecht, § 15 Rn. 1; MüHBArb/Ricken, § 193 Rn. 3; Otto, Arbeitskampf- und SchlichtungsR, § 11 Rn. 730.
[37] ErfK/Dieterich, Art. 9 GG Rn. 94; MüHBArb/Ricken, § 193 Rn. 3.
[38] Brox/Rüthers/Henssler, Rn. 22.
[39] Ebenda.
[40] BAG Urt. v. 31.10.1958 – 1 AZR 632/57, NJW 1959, 356 – BAGE 6, 321 ff.
[41] Otto, Arbeitskampf- und SchlichtungsR, § 1 Rn. 3.

3. Stellungnahme

Die enge Auslegung des kampfzielorientierten Arbeitskampfbegriffs ist zu subjektiv auf den jeweiligen Verhandlungspartner bezogen, gegen den das Ziel erreicht werden soll. Dieses enge Verständnis lässt keinen Raum für rechtspolitische Entwicklungen des Arbeitskampfes und erfasst auch nicht alle sozialen Erscheinungsformen des Phänomens „Arbeitskampf". Der Boykott oder der Flashmob beispielsweise ließen sich nicht hierunter subsumieren.

Dieses Argument lässt sich jedoch auch umdrehen und gegen eine weite Auslegung anführen, denn ein zu weites Begriffsverständnis birgt bei allen Vorteilen auch Abgrenzungsschwierigkeiten. Hier besteht die Gefahr, jede kollektive Beeinträchtigung als Arbeitskampf anzusehen.

Einige Autoren nehmen daher innerhalb des weiten Begriffsverständnisses die Einschränkung vor, dass erst nach Ausschöpfung der Einigungsmöglichkeiten Interessengegensätze mittels Einsatzes von Arbeitskampfmitteln ausgetragen werden dürfen.[42] Teilweise wird auch gefordert, Störungen im Bereich des allgemeinen Vertragsrechts nicht unter diese Begriffsdefinition zu erfassen.[43]

Derartige Einschränkungen erscheinen sinnvoll, besonders wenn es um die reine Ausübung individualvertraglicher Rechte geht. Im Bereich des kollektiven Handels ist dies aber nicht unproblematisch, wie die in der Historie des Streikrechts gar nicht so unbekannte Ausübung von Massenkündigungen sowohl auf Arbeitnehmer- als auch auf Arbeitgeberseite zeigt.

Zusammenfassend lässt sich nach der hier vertretenen Auffassung Arbeitskampf daher als zielgerichtete Ausübung von kollektivem Druck durch die Arbeitnehmer- oder Arbeitgeberseite mittels Zufügung oder Abwehr von Nachteilen beschreiben.

---

[42] Kissel, Arbeitskampfrecht, § 2 Rn. 1, § 60 Rn. 1; Däubler/ders., Arbeitskampfrecht, 3. Aufl., Rn. 58; MüHBArbR/Ricken, § 193, Rn.2.
[43] Däubler, Arbeitskampfrecht, 3. Aufl., Rn. 54; Fütterer, Reichweite des Solidaritätsstreikrechts, S. 38.

II. Auswirkungen des Arbeitskampfes

Neben den Vorteilen des Arbeitskampfes birgt dieser für alle Beteiligten sowie für unbeteiligte Dritte aber auch erhebliche Nachteile: Die Arbeitnehmer verlieren durch Arbeitsniederlegung oder Aussperrung ihren Vergütungsanspruch gegenüber dem Arbeitgeber und erhalten stattdessen als Mitglieder der kämpfenden Gewerkschaft im Verhältnis zu ihrer bisherigen Vergütung ein sehr viel geringeres Streikgeld. Diejenigen Arbeitnehmer, die nicht Mitglieder in der den Arbeitskampf führenden Gewerkschaft sind, erhalten kein Streikgeld und erleiden daher – zumindest im Falle ihrer eigenen Streikbeteiligung – während der Streikdauer erhebliche finanzielle Nachteile. Nur für den Fall, dass sich diese sogenannten Außenseiter selbst nicht am Streik beteiligen, erhalten sie gem. § 146 SGB III Arbeitslosen- bzw. Kurzarbeitergeld, welches in der Höhe aber die übliche Vergütung nicht erreicht.

Auch der Arbeitgeber erleidet im Arbeitskampf finanzielle Nachteile. Er muss neben Produktions- und Umsatzeinbußen die laufenden Kosten (wenn auch abzüglich eines Teils der Personalkosten) weiter tragen. Bei länger anhaltenden Arbeitskampfmaßnahmen droht ihm der Verlust von Marktanteilen, wenn sich die Kunden langfristig an die Mitbewerber am Markt binden, auf die sie während der Dauer des Arbeitskampfes ausweichen mussten.

Neben diesen finanziellen Nachteilen kann ein Arbeitskampf aber auch zu Verärgerungen der Kunden und damit zu einem Verlust des Ansehens des bestreikten Unternehmens in der Öffentlichkeit führen. Denn auch die Kunden und sogar unbeteiligte Dritte können von einem Arbeitskampf betroffen sein. So erleiden Kunden neben Unbequemlichkeiten oft auch finanzielle Nachteile etwa durch Fernwirkungen von Streiks, wenn sie z.B. durch den Streik in einem anderen Unternehmen selbst wegen fehlender Rohstoffe nicht weiter produzieren können.[44]

Dritte können als Verbraucher oder einfache Verkehrsteilnehmer von einem Streik mit fühlbar negativen Streikauswirkungen – wie z.B. dem Ausfall von Dienstleistungen – belastet werden.[45]

---

[44] BAG Beschl. v. 22.12.1980 – 1 ABR 2/79 – AP Nr. 70 zu Ar. 9 GG Arbeitskampf – NJW 1981, 937 (938); MüHBArbR/Ricken, § 206 Rn. 9; Lieb, NZA 1990, 289 ff.
[45] MüHBArbR/Ricken, § 200 Rn. 58.

Daneben sind auch finanzielle Einbußen der Allgemeinheit als Drittbetroffene bis hin zu erheblichen gesamtwirtschaftlichen Schäden möglich – etwa durch fehlende Sozialabgaben und die Zahlung von Arbeitslosen- und Kurzarbeitergeld an unbeteiligte Außenseiter. In Bezug auf die Rechtsbeziehungen der Arbeitnehmer zur Sozialversicherung hat der Streik allerdings nur suspendierende Wirkung;[46] die Rechtsbeziehungen zu den Trägern der Kranken- und Rentenversicherung bleiben bestehen.[47]

Ein Arbeitskampf bedeutet also stets eine Leistungsstörung im Individualarbeitsverhältnis, welche mit Arbeitskampfmitteln – primär dem Streik und der Aussperrung – auf kollektiver Ebene vollzogen wird, um wiederum positiven Einfluss auf die künftige Gestaltung des Inhalts der Arbeitsverhältnisse zu nehmen.

Diese Aspekte der Selbstschädigung der Tarifparteien im Arbeitskampf tragen auf der anderen Seite aber auch zum beiderseitigen Streben nach einer schnellen Verhandlungslösung bei und ist damit ein wesentliches Element der Verhandlungsparität.

Trotz der Tatsache, dass Arbeitskämpfe, wie gezeigt, für alle Seiten kurzfristige Nachteile haben können, sind sie zugleich notwendige Mechanismen zur Erreichung angemessener Arbeits- und Wirtschaftsbedingungen. Sie sichern die Tarifautonomie, um derentwillen sie gewährleistet werden.[48]

Wie bereits einleitend dargestellt, wären anderenfalls die Arbeitnehmer zumindest in Zeiten hoher Arbeitslosigkeit aufgrund ihrer aus der Natur der Sache heraus bestehenden schlechteren Verhandlungsposition gezwungen, sich grundsätzlich den Vorgaben des Arbeitgebers zu unterwerfen. Insofern kritisiert Otto[49] zu Recht die Aussage des Großen Senats des BAG in seiner ersten Grundsatzentscheidung von 1955[50], dass Arbeitskämpfe unerwünscht sind.

---

[46] BSG GS, Beschl. v. 11.12.1973, AP Nr. 48 zu Art. 9 GG Arbeitskampf (Tenor zu 1) und C II Rn. 29; BSGE 37, 10.
[47] Däubler, Das Arbeitsrecht 1, S. 289 f.
[48] BAG GS, Beschl. v. 21.04.1971 – AP Nr. 43 zu Art. 9 GG Arbeitskampf; BAGE 1, 291.
[49] Otto, Arbeitskampf- und SchlichtungsR, § 11 Rn. 731; Paukner, ZTR 2008, 130 (133).
[50] BAG GS, Beschl. v. 28.01.1955 – GS 1/54 – unter I 3 (Rn. 35) – AP Nr. 1 zu Art. 9 GG Arbeitskampf.

III. Verfassungsrechtliche Anerkennung des Arbeitskampfes

Mit der vorgenannten Entscheidung vom 28.01.1955[51] erkannte der Große Senat des Bundesarbeitsgerichts den Arbeitskampf in der Bundesrepublik Deutschland überhaupt erst als legitim an.

Bis dahin wurde zwar mit dem Zentralarbeitsgemeinschaftsabkommen zwischen Gewerkschaften und den Spitzenverbänden der Unternehmer vom 15.11.1918 und später mit Art. 159 der Weimarer Reichsverfassung vom 11. August 1919[52] die Vereinigungsfreiheit zunächst gewährleistet, allerdings unter bewusster Ausklammerung der Streikproblematik.[53]

Das Recht zum Arbeitskampf sollte bewusst nicht von dieser Gewährleistung erfasst sein,[54] weshalb man in der Weimarer Reichsverfassung zur Klarstellung anstelle des Begriffs der Koalitionsfreiheit den Begriff der Vereinigungsfreiheit gewählte hatte.

Art. 159 WRV lautete daher wie folgt:
„Die Vereinigungsfreiheit zur Wahrung und Förderung der Arbeits- und Wirtschaftsbedingungen ist für jedermann und für alle Berufe gewährleitet. Alle Abreden und Maßnahmen, welche diese Freiheit einzuschränken oder zu behindern suchen, sind rechtswidrig."

Grund hierfür war nicht, dass man den Streik grundsätzlich ablehnte, sondern, dass man sich nach dem Ausufern des Streikrechts unter den Gesellenverbindungen während des Absolutismus nicht über die Schranken des Streikrechts einigen konnte.[55] Daher entschloss man sich, von einer Regelung des Streikrechtes abzusehen und es bei einer reinen Gewährleitung der Vereinigungsfreiheit zu belassen.[56]

---

[51] Siehe Fn. 64.
[52] Die Verfassung des Deutschen Reiches vom 11.08.1919, RGBl. S. 1383.
[53] Däubler, Arbeitskampfrecht, 3. Aufl., S. 41; Gamillscheg, KollArbR, Bd. I, S. 118.
[54] Däubler, Arbeitskampfrecht, 3. Aufl., S. 41; Gamillscheg, KollArbR, Bd. I, S. 118.
[55] Preis, Kollektivarbeitsrecht, § 108, S. 277.
[56] Ebenda.

Die damals herrschende Meinung in der Literatur leitete aus Art. 159 WRV jedoch kein Recht auf eine koalitionsspezifische Betätigung ab.[57] Dies wurde mehrfach auch vom Reichsgericht ausdrücklich betont.[58]

Potthoff wollte dieser Auslegung nach dem Wortlaut nicht zustimmen und argumentierte, Art. 159 WRV habe neben Art. 124 WRV keine eigenständige Bedeutung, wenn man nicht über die Gewährleistung der Vereinigungsfreiheit aus dieser Norm auch ein Recht auf koalitionsspezifische Betätigung herleiten könne.[59]

Dennoch wird die Weimarer Reichsverfassung noch heute als „Geburtsstätte des deutschen Arbeitsrechts" angesehen,[60] da sie zumindest die Aufhebung der Rechtswidrigkeit von Arbeitskampfmaßnahmen im Sinne der Gewerbeordnung (§§ 152 Abs. 1, 153 der GewO des Norddeutschen Bundes vom 21.06.1896) zur Folge hatte.[61]

Abgesehen davon aber hielt die Gewährleistung der Vereinigungsfreiheit nur bis zum Beginn des „Dritten Reiches" am 30.01.1933 an; unter der nationalsozialistischen Herrschaft wurde die Vereinigungsfreiheit abgeschafft, die Gewerkschaften zerschlagen und die gesamte Festlegung der Arbeitsbedingungen in die Hände von Reichsbeamten als sog. „Treuhänder der Arbeit" gegeben.[62] Arbeitskämpfe waren in dieser Zeit durch § 36 Abs. 1 des Gesetzes zur Ordnung der nationalen Arbeit vom 20.01.1934[63] (auch als Arbeitsorganisationsgesetz oder kurz AOG bezeichnet) generell verboten.[64] Sie wurden als Angriff gegen den Staat gewertet und entsprechend geahndet.[65]

---

[57] Sinzheimer, Grundzüge des Arbeitsrechts, S. 86 ff.; Hueck/Nipperdey, Koll. Arbeitsrecht, Bd. 2, S. 497 f. m.w.N.
[58] RG Urt. v. 19.10.1922 – VI 541/22 – RGSt 34, 414 f.; Urt. v. 30.10.1922 – III 402/22 – RGSt 34, 419 (421).
[59] Potthoff, Arbeitsrecht, 1925, (XII), S. 992 ff.
[60] Preis, Kollektivarbeitsrecht, § 108, S. 277.
[61] Ebenda.
[62] Dies erfolgte durch das Gesetz zur Ordnung der nationalen Arbeit vom 20.01.1934 (AOG), RGBl. I S. 45.
[63] Dietz, in: Hueck/Nipperdey/Dietz, Kommentar zum AOG, 1934, § 1 Rn. 1.
[64] Weißhuhn, Alfred Hueck, 1889-1975, sein Leben, sein Wirken, seine Zeit, S. 120.
[65] Gamillscheg, KollArbR, Bd. I, S. 124 ff.

Die nach dem Zweiten Weltkrieg zwischen 1945 und 1947 durch Kontrollratsgesetze wieder hergestellte Ordnung führte dazu, dass eine ausdrückliche Garantie des Streikrechts und damit zumindest eine teilweise Anerkennung des Arbeitskampfes Eingang in einige Landesverfassungen fand.[66] Eine ausdrückliche Aussage zum Arbeitskampf findet sich im Grundgesetz vom 23.05.1949 nicht, obwohl dies Gegenstand der Beratungen zum GG war.[67] Der sog. Grundsatzausschuss hatte seinerzeit vorgeschlagen, Art. 9 GG um einen Absatz 4 zu ergänzen, nach dem das Streikrecht im Rahmen der Gesetze anerkannt werden sollte.[68] Nach einer Diskussion mit dem Allgemeinen Redaktionsausschuss u.a. über die Zulässigkeit von politischen Streiks und das Streikverbot für Beamte entschied der Hauptausschuss, auf eine ausdrückliche Regelung ganz zu verzichten.[69] Die Debatte habe gezeigt, dass sich eine große Kasuistik ergeben würde, wenn man eine Reihe von Beschränkungen des Streikrechts einfügte.[70]

Der Verzicht auf eine ausdrückliche Regelung darf aber nicht dahingehend missverstanden werden, dass das Grundgesetz keine Aussage zum Arbeitskampf enthielt.[71] Die Diskussion um die einzelnen Fallgruppen und Streikarten zeigt gerade, dass über die grundsätzliche Zulässigkeit des von einer Gewerkschaft getragenen Streiks um bessere Lohn- und Arbeitsbedingungen Einigkeit bestand.[72]

Das Recht zum Arbeitskampf wurde in dieser Zeit mangels einer ausdrücklichen Regelung in Art. 9 Abs. 3 GG überwiegend aus Art. 2 Abs.1 GG als Ausprägung der allgemeinen Handlungsfreiheit abgeleitet.[73]

---

[66] Z.B. Art. 51 Abs. 3 der Bremischen Verfassung vom 21.10.1947; Art. 27 Abs. 2 der Verfassung des Landes Berlin vom 23.11.1995; Art. 29 Abs. 4 der Hessischen Verfassung vom 01.12.1946; Art. 56 S. 2 der Verfassung des Saarlandes vom 15.12.1947.
[67] Vgl. Protokoll der Hauptausschuss-Verhandlungen, S. 21 ff.; Däubler, Arbeitskampfrecht, 3. Aufl., S. 44.
[68] Vgl. Protokoll der Hauptausschuss-Verhandlungen, S. 21 ff.; Däubler, Arbeitskampfrecht, 3. Aufl., S. 44.
[69] Däubler, Arbeitskampfrecht, 3. Aufl., S. 44.
[70] Brox/Rüthers/Henssler, Rn. 80; Däubler, Arbeitskampfrecht, 3. Aufl., S. 44 m.w.N.
[71] Däubler, Arbeitskampfrecht, 3. Aufl., S. 45.
[72] Ebenda.
[73] Preis, Kollektivarbeitsrecht, § 108, S. 278; Seiter, Streikrecht- und Aussperrungsrecht, S. 65; a.A. Brox/Rüthers/Henssler, Rn. 78 m.w.N.

Die Rechtsprechung erkannte das Recht auf Arbeitskampf erst mit der Entscheidung des Großen Senats des Bundesarbeitsgerichts vom 28.01.1955 ausdrücklich an.[74] Der Große Senat entschied damals, dass die Teilnahme an einem rechtmäßigen Streik einzelarbeitsvertraglich auch ohne vorherige Kündigung rechtmäßig ist, und formulierte in den Gründen darüber hinaus die zukünftigen Prinzipien des Arbeitskampfrechtes, indem er die Freiheit des Arbeitskampfes und die Streikfreiheit als bestehend anerkannte[75], die Wahl der Arbeitskampfmittel freistellte[76], die Aussperrung uneingeschränkt lösend oder suspendierend zuließ[77] und das Gebot der Kampfparität beschrieb[78].

Dabei stützte sich der Große Senat jedoch nicht auf eine verfassungsrechtliche Herleitung. Begründet wurde die Anerkennung des Arbeitskampfes vielmehr damit, dass Unterbrechungen der betrieblichen Arbeitstätigkeit durch einen Arbeitskampf sozialadäquat seien, da die beteiligten Arbeitnehmer und Arbeitgeber mit kampfweisen Störungen auf Veranlassung und unter der Leitung der Sozialpartner von jeher rechnen müssten und die deutsche freiheitliche Rechtsordnung Arbeitskämpfe als ultima ratio anerkenne.[79] Ebenfalls mit Bezug zur Sozialadäquanz hatte zuvor der damalige Bundespräsident Heuss in seiner Ansprache am 04.10.1954 vor dem 3. Ordentlichen Kongress des Deutschen Gewerkschaftsbundes das "Streikrecht" als "eine völlig legitime Sache" bezeichnet.[80]

An dieser Herleitung änderte zunächst auch der 1968 im Zuge der Notstandsgesetzgebung zu Art. 9 Abs. 3 GG eingefügte Satz 3[81] nichts, wonach sich bestimmte Maßnahmen im Notstandsfall nicht gegen Arbeitskämpfe richten dürfen. In diesem Satz wurde der Begriff Arbeitskampf nun zwar ausdrücklich erwähnt; Art und Umfang der verfassungsrechtlichen Anerkennung des Arbeitskampfes lassen sich ihm jedoch nicht entnehmen. Der Wortlaut des Art. 9 Abs. 3 S. 3 GG schützt den Arbeitskampf nicht als individuelles Recht des Einzel-

---

[74] BAG GS, Beschl. v. 28.01.1955 – GS 1/54 – AP Nr. 1 zu Art. 9 GG Arbeitskampf – BAGE 1, 291.
[75] Ebenda unter I 3 der Gründe.
[76] Ebenda, unter II 1 der Gründe.
[77] Ebenda, unter II 3 der Gründe.
[78] Ebenda, unter II 3 der Gründe.
[79] Ebenda, unter I 3 (Rn. 35) der Gründe.
[80] Bulletin des Presse- und Informationsamtes der Bundesregierung 1954, Nr. 189, S. 1674.
[81] Art. 9 Abs. 3 S. 3 GG wurde durch das 17. Gesetz zur Änderung des Grundgesetzes vom 24.06.1968, BGBl. I, 709 in das Grundgesetz aufgenommen.

nen im Sinne eines Grundrechts, sondern beschreibt ihn als Mittel der Koalitionen und damit als Instrument für den Bestand und das Funktionieren der Tarifautonomie.[82] Bei dieser Auslegung lässt sich die Gewährleistung des Arbeitskampfes aus seiner Hilfsfunktion für die Koalitionsbetätigung und aus der Tarifautonomie herleiten.[83] Sie wird daher auch als Annex der Tarifautonomie verstanden.[84] Aus dieser Hilfsfunktion folgt nach überwiegender Ansicht jedoch auch, dass Art. 9 Abs. 3 GG das Recht auf Arbeitskampf nur als institutionelle Garantie verankert[85] und damit nur insoweit garantiert, als er für den Bestand und das Funktionieren der Koalitionsbetätigung erforderlich ist.[86]

Sowohl das BVerfG als auch das BAG haben sich lange Zeit nicht zum grundrechtlichen Schutz der Arbeitskampffreiheit geäußert.[87] Mit den Aussperrungsentscheidungen vom 10.06.1980 erkannte das BAG zunächst das Streikrecht als durch Art. 9 Abs. 3 GG geschütztes Recht an, indem es ausführte, dass das Streikrecht einen notwendigen Bestandteil der freiheitlichen Kampf- und Ausgleichsordnung darstelle, die durch Art. 9 Abs. 3 GG im Kern gewährleistet ist.[88] Deutlicher, aber auch nur auf das Kampfmittel Streik bezogen hieß es dann in der Entscheidung des BAG vom 12.09.1984:[89]

„Art. 9 Abs. 3 GG gibt den Gewerkschaften das Recht, zur Durchsetzung ihrer Tarifforderungen zu streiken."

Das BVerfG führte schließlich mit Beschluss vom 26.06.1991 zur Zulässigkeit suspendierender Aussperrungen ausdrücklich aus, dass Arbeitskampfmaßnahmen, die auf den Abschluss von Tarifverträgen gerichtet sind, zu den ver-

---

[82] Hueck/Nipperdey/Säcker, Bd. 2, § 47, S. 918; Brox/Rüthers/Henssler, Rn. 83 f.; Paukner, ZTR 2008, 133.
[83] ErfK/Dieterich, Art. 9 GG Rn. 99; Löwisch, in: Löwisch/Rieble, Arbeitskampf- und Schlichtungsrecht, 170.1 Rn. 7 f.; Kissel, Arbeitskampfrecht, § 17 Rn. 12 f.; Hromadka/Maschmann, Arbeitsrecht, Bd. 2, § 14 Rn. 4.
[84] Wank, Anm. zu AP Nr. 173 zu Art. 9 GG Arbeitskampf unter III 1c.
[85] Hueck/Nipperdey/Säcker, Bd. 2, § 47, S. 915 f.; Säcker, Gruppenparität und Staatsneutralität, S. 34; Brox/Rüthers/Henssler, Rn. 85 m.w.N.
[86] BAG GS, Beschl. v. 21.04.1971 – GS 1/68 – AP Nr. 43 zu Art. 9 GG Arbeitskampf; BVerfG Urt. v. 26.06.1991 – 1 BvR 779/85 – unter Rn. 36 f. = AP Nr. 117 zu Art. 9 GG Arbeitskampf – Leitsatz 2 – NJW 1991, 2549 (2550) – BVerfGE 84, 212 (225); Urt. v. 02.03.1993 – 1 BVR 1213/85 – BVerfGE 88, 103 (114).
[87] Sachs/Höfling, Art. 9 GG Rn. 95 m.w.N.
[88] BAG Urt. v. 10.06.1980 – 1 AZR 822/79 – AP Nr. 64 zu Art. 9 GG Arbeitskampf; Urt. v. 10.06.1980 – 1 AZR 168/79 – AP Nr. 65 zu Art. 9 GG Arbeitskampf.
[89] BAG Urt. v. 12.09.1984 – 1 AZR 342/83 – BAGE 46, 322 (322) LS 2.

fassungsrechtlich geschützten Mitteln zählen.[90] Damit wird die verfassungsrechtliche Gewährleistung des Arbeitskampfrechts aus der in Art. 9 Abs. 3 GG gewährleisteten Koalitionsfreiheit bzw. aus der Tarifautonomie abgeleitet. Nach der ständigen Rechtsprechung des Bundesverfassungsgerichts gründet sich die verfassungsrechtliche Garantie des Arbeitskampfes aus der Aufnahme des Vereinigungszwecks in den Schutzbereich des Grundrechts.[91] Diese Garantie stehe allerdings unter der Einschränkung, dass der verfassungsrechtliche Schutz nur in Form einer Einrichtungsgarantie bestehe und die nähere Ausgestaltung der Koalitionsfreiheit dem Gesetzgeber bzw. der Rechtsprechung obliege.[92]

Der Schutzbereich des Art. 9 Abs. 3 GG umfasst sowohl die individuelle als auch die kollektive Koalitionsfreiheit.[93] Eine Vereinigung ist erst dann eine Koalition im Sinne des Art. 9 Abs. 3 GG, wenn sie freiwillig, gegnerfrei und privatrechtlich gebildet sowie von einer organisierten Willensbildung getragen ist.[94] Ihr Zweck muss zudem in der Wahrung und Förderung der Arbeits- und Wirtschaftsbedingungen bestehen.[95] Koalitionen müssen nicht auf Dauer, sondern können auch als Spontanvereinigung angelegt sein.[96]

Zu den geschützten Tätigkeiten im Bereich der individuellen Koalitionsfreiheit gehören die Gründung und der Beitritt zu einer Koalition sowie der Verbleib in ihr.[97] Die negative Koalitionsfreiheit schützt als Ausprägung der individuellen Koalitionsfreiheit auch die Entscheidung, einer Koalition nicht beizutreten oder aus ihr auszutreten.[98] Im Bereich der kollektiven Koalitionsfreiheit sind dane-

---

[90] BVerfG Beschl. v. 26.06.1991 – 1 BvR 779/85 – BVerfGE 84, 212 (225); Sachs/Höfling, Art. 9 GG Rn. 95.
[91] BVerfG v. 18.11.1954 – 1 BvR 629/52 – BVerfGE 4, 96 (101) – NJW 1954, 1881 ff.; v. 01.03.1979 – 1 BvR 419/78 – BVerfGE 50, 290 (367) – NJW 1979, 699 ff.
[92] BVerfG v. 01.03.1979 – BVerfGE 50, 290 (368 f.); v. 17.02.1981 – 2 BvR 384/78 – BVerfGE 57, 220 (245 ff.).
[93] Jarass/Pieroth, Art. 9 GG, Rn. 33.
[94] Ebenda, Rn. 33 f. m.w.N.
[95] Ebenda, Rn. 34; HK-ArbR/Hensche, Art. 9 GG Rn. 29.
[96] HK-ArbR/Hensche, Art. 9 GG Rn. 28; Jarass/Pieroth, Art. 9 GG Rn. 33; a.A. Sachs/Höfling, Art. 9 GG Rn. 53.
[97] BVerfG Beschl. v. 14.06.1983 – 2 BvR 488/80 – BVerfGE 64, 208 (213); Jarass/Pieroth, Art. 9 GG, Rn. 36; Sachs/Höfling, Art. 9 GG Rn. 51.
[98] BVerfG Beschl. v. 14.06.1983 – 2 BvR 488/80 – BVerfGE 64, 208 (213); BVerfG Beschl. v. 11.07.2006 – 1 BvL 4/00 – BVerfGE 116, 202 (218); Jarass/Pieroth, Art. 9 GG, Rn. 36.

ben alle Tätigkeiten geschützt, die für die Erhaltung und Sicherung der Koalition notwendig sind.[99] Geschützt werden ihr Bestand und ihre Organisation, das Verfahren ihrer Willensbildung und die Führung ihrer Geschäfte.[100] Bis 1995 ging das BVerfG in ständiger Rechtsprechung allerdings noch davon aus, dass Art. 9 Abs. 3 GG die Koalitionsfreiheit nur in ihrem Kernbereich schützt.[101] In der Folgezeit führte das BVerfG dazu Nachfolgendes aus:

„Das Grundrecht räumt den geschützten Personen und Vereinigungen nicht mit Verfassungsrang einen inhaltlich unbegrenzten und unbegrenzbaren Handlungsspielraum ein."[102]

„[...] Es ist vielmehr Sache des Gesetzgebers, die Tragweite der Koalitionsfreiheit dadurch zu bestimmen, dass er die Befugnisse der Koalitionen im Einzelnen gestaltet und näher regelt. Dabei kann er den besonderen Erfordernissen des jeweils zu regelnden Sachverhalts Rechnung tragen. Allerdings dürfen dem Betätigungsrecht der Koalitionen nur solche Schranken gezogen werden, die zum Schutz anderer Rechtsgüter von der Sache her geboten sind. Regelungen, die nicht in dieser Weise gerechtfertigt sind, tasten den durch Art. 9 III GG geschützten Kerngehalt der Koalitionsbetätigung an. Das gilt auch für die Gewährleistung der Tarifautonomie. Diese ist ganz allgemein; sie umfasst nicht die besondere Ausprägung, die das Tarifvertragssystem in dem zur Zeit des Inkrafttretens des Grundgesetzes geltenden Tarifvertragsgesetz erhalten hat. Sie lässt dem einfachen Gesetzgeber einen weiten Spielraum zur Ausgestaltung der Tarifautonomie."[103]

Mit Beschluss vom 14. November 1995[104] nahm das BVerfG eine Klarstellung in Bezug auf die Bedeutung der Kernbereichsformel vor und führte aus, dass das enge Verständnis vom Umfang des Schutzbereiches des Art. 9 Abs. 3 GG in Bezug auf Koalitionsfreiheit und Tarifautonomie auf einem Missverständnis

---

[99] BVerfG Beschl. v. 17.02.1981 – 2 BvR 384/78 – BVerfGE 57, 220 (246); Jarass/Pieroth, Art. 9 GG Rn. 37.
[100] BVerfG Beschl. v. 24.02.1999 – 1 BvR 123/93 – BVerfGE 100, 214 (221); Jarass/Pieroth, Art. 9 GG Rn. 37.
[101] BVerfG Urt. v. 18.11.1954 – 1 BvR 629/52 – BVerfGE 4, 96 (108); BVerfG Beschl. v. 19.10.1966 – 1 BvL 24/65 – BVerfGE 20, 312 (317).
[102] BVerfG Beschl. v. 19.02.1975 – 1 BvR 418/71 – NJW 1975, 968.
[103] BVerfG Beschl. v. 19.10.1966 – 1 BvL 24/65 – BVerfGE 20, 312 – NJW 1966, 2305 ff.
[104] BVerfG Beschl. v. 14.11.1995 – 1 BvR 601/92 – BVerfGE 93, 352 – B I 3.

seiner bisherigen Rechtsprechung beruhte. Danach beschränkt sich der Schutz des Art. 9 GG nicht auf diejenigen Tätigkeiten, die für die Erhaltung und die Sicherung des Bestandes der Koalition unerlässlich sind; er umfasst alle koalitionsspezifischen Verhaltensweisen.[105] Der Ursprung dieses Missverständnisses seiner bisherigen Rechtsprechung und die eigentliche Bedeutung werden in der Entscheidung wie folgt erläutert:[106]

"...das BVerfG [hat] in einer Reihe von Entscheidungen ausgeführt, Art. 9 Abs. 3 GG schütze die Koalitionsfreiheit und damit auch die Betätigung der Koalitionen lediglich in einem Kernbereich. Gewerkschaftliche Betätigung sei nur insoweit verfassungskräftig verbürgt, als diese für die Erhaltung und Sicherung der Koalition als unerlässlich betrachtet werden müsse (vgl. BVerfG 17, 319, 33 f.; 19, 303, 321 ff.; 28, 295, 304; 38, 281, 305; 38, 386, 393; 50, 290, 368; 57, 220, 245 f.). Diese Formulierungen können in der Tat den Eindruck erwecken, als schütze Art. 9 Abs. 3 GG jedenfalls die koalitionsmäßige Betätigung von vornherein nur in einem inhaltlich eng begrenzten Umfang.

Auch in der Literatur wird die Rechtsprechung des BVerfG in diesem Sinne verstanden, allerdings überwiegend kritisch gewürdigt [...].

Das in der Rechtsprechung des BVerfG entwickelte Verständnis der Koalitionsfreiheit wird damit jedoch nur unvollständig wiedergegeben. Ausgangspunkt der Kernbereichsformel ist die Überzeugung, dass das Grundgesetz die Betätigungsfreiheit der Koalitionen nicht schrankenlos gewährleistet, sondern eine Ausgestaltung durch den Gesetzgeber zulässt (vgl. BVerfG 28, 295, 306; 57, 220, 245 f.). Mit der Kernbereichsformel umschreibt das Gericht die Grenze, die dabei zu beachten ist; sie wird überschritten, soweit einschränkende Regelungen nicht zum Schutz anderer Rechtsgüter von der Sache her geboten sind (vgl. BVerfG 57, 220, 246).

Das BVerfG wollte damit den Schutzbereich des Art. 9 Abs. 3 GG aber nicht von vorherein auf den Bereich des Unerlässlichen beschränken. Das lassen die einschlägigen Entscheidungen beider Senate hinreichend deutlich erkennen. Denn sie verpflichten den Gesetzgeber auch dort, wo er – außerhalb des Kernbereichs – koalitionsmäßige Betätigungen ausgestaltend regelt, zu einer Rücksichtnahme auf die Koalitionen

---

[105] Ebenda, Leitsatz.
[106] Ebenda, unter B I 3a) der Gründe.

und ihre Mitglieder. Eine solche Bindung des Gesetzgebers lässt sich aber nur aus einem verfassungsrechtlich gewährleisteten Schutz der Koalitionsfreiheit rechtfertigen, der sachlich über den "Kernbereich" hinausgeht. So heißt es etwa in dem vom BAG herangezogenen Beschluss zu gewerkschaftlichen Zutrittsrechten bei kirchlichen Einrichtungen, dem Betätigungsrecht der Koalition dürften – auch im Bereich unerlässlicher Betätigungsfelder – allerdings nur solche Schranken gezogen werden, die im konkreten Fall zum Schutz anderer Rechtsgüter, etwa des Betriebsfriedens oder des ungestörten Arbeitsgangs, von der Sache her geboten seien. Regelungen, die nicht in dieser Weise gerechtfertigt seien, tasteten den Kernbereich der Koalitionsbetätigung an (vgl. BVerfG 57, 220, 246)."

Das BVerfG geht demnach von einer grundsätzlich umfassenden Betätigungsgarantie aus und nimmt Einschränkungen erst auf der Rechtfertigungsseite vor.[107]

Der Wortlaut des Art. 9 Abs. 3 GG enthält keine ausdrücklichen Einschränkungsmöglichkeiten der Koalitionsfreiheit oder des Arbeitskampfes.[108] Ein Eingriff in den Schutzbereich liegt vor, wenn der Staat zugunsten einer Seite interveniert oder eine Zwangsschlichtung vornimmt. Die gesetzliche Ausgestaltung der Koalitionsfreiheit stellt dagegen keinen Grundrechtseingriff dar[109] – jedenfalls nicht, sofern sie zulässig ist, sich also am Normziel von Art. 9 Abs. 3 GG orientiert.[110] Dabei kommt dem Gesetzgeber ein weiter Gestaltungsspielraum zu.[111]

Nach überwiegender Ansicht sind die Schranken aus Art. 9 Abs. 2 GG aus systematischen Gründen nicht auf Art. 9 Abs. 3 GG anwendbar.[112] Eine Rechtfertigung für Einschränkungen der Koalitionsfreiheit ergibt sich daher allenfalls aus kollidierendem Verfassungsrecht wie z.B. der Koalitionsfreiheit Dritter oder

---

[107] Sachs/Höfling, Art. 9 GG Rn. 74.
[108] Brox/Rüthers/Henssler, Rn. 92; HK-ArbR/Hensche, Art. 9 GG Rn. 68.
[109] Jarass/Pieroth, Art. 9 GG Rn. 46 m.w.N.
[110] BVerfG Urt. v. 10.01.1995 – 1 BvF 1/90 – BVerfGE 92, 26 (41); Jarass/Pieroth, Art. 9 GG Rn. 47.
[111] BVerfG Urt. v. 04.07.1995 – 1 BvF 2/86, 1 BvF 1/87, 1 BvF 2/87, 1 BvF 3/87, 1 BvF 4/87 und 1 BvR 1421/86 – BVerfGE 92, 365 (394); Brox/Rüthers/Henssler, Rn. 92.
[112] Jarass/Pieroth, Art. 9 GG Rn. 49 m.w.N.; HK-ArbR/Hensche, Art. 9 GG Rn. 72; a.A. Brox/Rüthers/Henssler, Rn. 93.

der Berufsfreiheit.[113] Zu lösen sind derartige Konflikte im Wege praktischer Konkordanz nach dem verfassungsrechtlichen Übermaßverbot.[114] Dieses verlangt, dass Arbeitskampfmaßnahmen, gemessen an ihrer Funktion, wirtschaftlichen Druck zur Lösung eines Tarifkonfliktes auszuüben, geeignet und erforderlich sind und dass die durch sie ausgelösten Beeinträchtigungen jener Rechtspositionen nicht außer Verhältnis zu dieser Funktion stehen.[115]

Wie anhand der Darstellung der Entscheidungen des 1. Senats des BAG zur Zulässigkeit des Unterstützungsstreiks, zum Streik um einen Tarifsozialplan und zur Zulässigkeit eines Flashmobs noch gezeigt wird, hat die Klarstellung der Anwendung der Kernbereichslehre und damit des Umfangs der verfassungsrechtlichen Garantie der Koalitionsfreiheit erheblichen Einfluss auf die bisherige Rechtsprechung des BAG zur Zulässigkeit derartiger Kampfmittel. An dieser Stelle sei hierzu jedoch nur angemerkt, dass es nach dieser neuen grundrechtsdogmatischen Entwicklung ausgeschlossen ist, koalitionsspezifische Maßnahmen des Arbeitskampfes von vornherein aus der Garantie des Schutzbereiches des Art. 9 Abs. 3 GG auszuklammern.[116]

Darauf weisen auch folgende Ausführungen des BAG im Urteil vom 19.06.2007[117] hin:

„Soweit den Ausführungen des Senats im Urteil vom 5. März 1985 (-1 AZR 468/83 – BAGE 48, 160, zu II 3 c der Gründe) die Beurteilung zugrunde gelegen haben sollte, ein Unterstützungsstreik unterfalle von voneherein nicht dem Schutzbereich des Art. 9 Abs. 3 GG, beruhte dies, wie die vom Senat in diesem Urteil angeführten Entscheidungen des Bundesverfassungsgerichts deutlich machen, noch auf der bis dahin

---

[113] HK-ArbR/Hensche, Art. 9 GG Rn. 66 ff.
[114] Löwisch, Arbeitskampf- und Schlichtungsrecht, Kapitel I 170.1, Rn. 25; Otto, RdA 2010, 135 (138).
[115] BAG Urt. v. 12.03.1985 – 1 AZR 636/82 – NJW 1985, 2548ff. – BAGE 48, 195; Löwisch, Arbeitskampf- und Schlichtungsrecht, Kapitel I, 170.1 Rn. 26 m.w.N. und Rn. 71 ff.
[116] BAG Urt. v. 19.06.2007 – 1 AZR 396/06 – AP Nr. 173 zu Art. 9 GG Arbeitskampf – OS 1, S. 1; BAG Urt. v. 22.09.2009 – 1 AZR 972/08 – AP Nr. 174 zu Art. 9 GG Arbeitskampf – OS 5, S. 1.
[117] BAG Urt. v. 19.06.2007 – 1 AZR 396/06 – AP Nr. 173 zu Art 9 GG Arbeitskampf – unter I1b.

vom Bundesverfassungsgericht verwendeten "Kernbereichsformel", die weithin dahin (miss-)verstanden wurde, Art. 9 Abs. 3 GG schütze die Betätigungsfreiheit der Koalitionen nur in einem Kernbereich. Bei einem solchen Verständnis wird jedoch die "Kernbereichsformel" unvollständig wiedergegeben und der Schutzbereich des Art. 9 Abs. 3 GG unzulässig verkürzt. Dies hat das Bundesverfassungsgericht im Beschluss vom 14. November 1995 (1 BvR 601/92 – BVerfGE 93, 352, zu B I 3 der Gründe) klargestellt und hieran in der Folgezeit festgehalten (vgl. etwa 6. Februar 2007 – 1 BvR 978/05 – NZA 2007, 394, zu II 2 a der Gründe). Der Senat hat sich dem hiernach gebotenen, alle koalitionsspezifischen Betätigungen umfassenden Verständnis des Schutzbereichs des Art. 9 Abs. 3 GG in ständiger Rechtsprechung angeschlossen (vgl. etwa 28. Februar 2006 – 1 AZR 461/04 – SAE 2007, 106, zu A II 1 b bb der Gründe m.w.N.)."

Dabei soll sich die Beurteilung eines Verhaltens als koalitionsspezifisch grundsätzlich nicht nach der Art des von der Koalition gewählten Mittels, sondern nach dem von ihr verfolgten Ziel richten.[118] Hierzu heißt es in der Entscheidung weiter:

"Dem Schutz des Art. 9 Abs. 3 GG unterfällt nicht nur ein historisch gewachsener, abschließender numerus clausus von Arbeitskampfmaßnahmen. Vielmehr gehört es zur verfassungsrechtlich geschützten Freiheit der Koalitionen, ihre Kampfmittel an die sich wandelnden Umstände anzupassen, um dem Gegner gewachsen zu bleiben und ausgewogene Tarifabschlüsse zu erzielen."[119]

Mit der wertfreien Darstellung dieser neuen uneingeschränkten Bejahung des Grundrechtsschutzes soll es an dieser Stelle zunächst sein Bewenden haben. In diesem ersten Abschnitt geht es nur um die Klärung der Rechtsgrundlagen und noch nicht um die Bewertung der neuen Maßstäbe und Anforderungen.

---

[118] BAG v. 22.09.2009 – 1 AZR 972/08 – AP Nr. 174 zu Art. 9 GG Arbeitskampf – OS 7.
[119] Ebenda, OS 6.

IV. Gesetzliche Ausgestaltung des Arbeitskampfrechtes

Die Regelungsbefugnis des Gesetzgebers im Bereich der Einrichtungsgarantie gibt ihm einen weiten Gestaltungsspielraum.[120]

Der Begriff des Arbeitskampfes findet sich zwar sowohl in Art. 9 Abs. 3 S. 3 GG als auch in verschiedenen Bundesgesetzen wie z.B. in § 74 Abs. 2 BetrVG, in § 25 KSchG, in den §§ 36 Abs. 3, 146, 320 Abs. 5 SGB III oder in § 2 Abs. 1 Nr. 2 ArbGG. Gesetzlich definiert ist dieser Begriff jedoch nicht und es existiert bis heute kein Gesetz zur Ausgestaltung des Arbeitskampfrechtes.

Ein Vorschlag für ein Arbeitskampfgesetz lag bereits 1988 vor.[121] Der Entwurf regelt in 40 Paragraphen das Arbeitskampf- und Schlichtungsrecht sowie das gerichtliche Verfahren zur Prüfung der Rechtswidrigkeit eines Arbeitskampfes. Die Verfasser des Entwurfes wollten damit zeigen, dass eine gesetzliche Ausgestaltung des Arbeitskampfes möglich sei und wie diese aussehen könnte. Sie wollten damit die Angst vor dem Unbekannten abbauen sowie zum Nachdenken und zur Diskussion anregen. Der Entwurf wurde dann auch breit diskutiert, scheiterte jedoch an dem gemeinsamen Widerstand der Gewerkschaften und der Arbeitgeberseite.[122]

Die Meinungen über die Notwendigkeit einer gesetzlichen Regelung des Arbeitskampfes gehen auseinander:

Sinzheimer führt gegen die Notwendigkeit eines Arbeitskampfgesetzes an, ein Arbeitskampfgesetz könne den ständigen Wandel der Arbeitsbeziehungen, der sich durch ökonomische, technische, strukturelle und politische Veränderung in den Betrieben ergebe, nicht erfassen.[123] Aus diesem Grund solle das Tarifrecht ein „atmendes" Recht sein, das relativ staatsfern sei, von den Verbänden gestaltet werde und die Idee der sozialen Selbstbestimmung gesellschaftlicher Gruppen zum Ausdruck bringe.[124]

---

[120] BVerfG Urt. v. 01.03.1979 – 1 BvR 419/78 – BVerfGE 50, 290 (369) m.w.N.
[121] Birk/Konzen/Löwisch/Raiser/Seiter, Gesetz zur Regelung kollektiver Arbeitskonflikte – Entwurf und Begründung, 1988.
[122] Rheder/Deinert/Callsen, Arbeitskampfmittelfreiheit, S. 9.
[123] Sinzheimer, Ein Arbeitstarifgesetz, 2. Aufl., 1977, S. 35.
[124] Ebenda, S. 37.

Wesentlich später, aber mit ähnlicher Begründung führt Benda aus, es entspreche wohl auch dem Grundgedanken der Tarifautonomie, wenn der Arbeitskampf nicht vom Gesetzgeber geregelt werde, sondern die Gerichte die allgemeinen Rechtsprinzipien so auf den Einzelfall anwendeten, wie es die Gesetzgebung nicht leisten könnte.[125]

Das Bundesverfassungsgericht hat die fehlende gesetzliche Regelung dagegen ebenso wie ein Großteil der Literatur[126] ausdrücklich kritisiert, dabei aber festgestellt, dass sich dadurch keine Folgen für die Entscheidung von Streitigkeiten zwischen den Koalitionen ergäben.[127] Dem stehe auch die Wesentlichkeitstheorie, nach der der Gesetzgeber Wesentliches, also Bereiche mit Grundrechtsbezug, selbst zu regeln habe, nicht entgegen.[128] Die Wesentlichkeitstheorie gelte nur für das Verhältnis zwischen Staat und Bürger, wohingegen Streitigkeiten zwischen den Sozialpartnern eines Arbeitskampfes das Verhältnis zweier gleichgeordneter Grundrechtsträger beträfen.[129] Aufgrund des bestehenden Justizgewährleistungsanspruches seien die Gerichte verpflichtet, das materielle Recht für diese Streitigkeiten aus den allgemeinen Rechtsgrundlagen, die für das betreffende Rechtsverhältnis maßgebend seien, abzuleiten und die Streitigkeiten entsprechend diesem materiellen Recht zu entscheiden.[130]

Mangels einer gesetzlichen Regelung richtet sich die Beurteilung der Rechtmäßigkeit von Arbeitskämpfen folglich nach Richterrecht.[131] Den Richtern obliegt damit in Bezug auf die verfassungsrechtliche Einbettung des Arbeitskampfes – resultierend aus seiner Ableitung aus der Tarifautonomie – vor allem die Auslegung des Grundrechts aus Art. 9 Abs. 3 GG.

Der Kritik des Bundesverfassungsgerichts an einer fehlenden gesetzlichen Regelung lässt sich entgegenhalten, dass dies für das Arbeitskampfrecht durchaus auch den Vorteil hat, dass die soziale Selbstbestimmung der gesellschaftlichen Gruppen gefördert wird.

---

[125] Benda, RdA 1986, 143 (145).
[126] Richardi, RdA 1986, 146 (150 f.); Hromadka, NZA 1989, 379 (379); Rosenau, Koalitionsbetätigungsfreiheit, S. 23; Fischer, RdA 2009, 287 ff. m.w.N.
[127] BVerfG Urt. v. 26.06.1991 – 1 BvR 779/85 – BVerfGE 84, 212 (226) unter C I 2a.
[128] Ebenda, unter C I 2 b.
[129] Ebenda, unter C I 2 b; ausführlich hierzu Ipsen, DVBl. 1984, 1102 (1105).
[130] BVerfG Urt. v. 26.06.1991, unter C I 2b.
[131] Ebenda, unter C I 2b.

Wie eingangs dargestellt, unterliegt das Tarifrecht einem ständigen Wandel der Arbeitsbeziehungen durch ökonomische, technische, strukturelle und politische Veränderungen in den Betrieben. Eine gesetzliche Regelung des Tarifrechts und der zulässigen Kampfmittel könnte diesem Veränderungsprozess kaum gerecht werden.[132]

Es gibt jedoch auch Nachteile des Fehlens einer gesetzlichen Regelung. So lässt sich z.b. die Einschätzung des Bundesverfassungsgerichts, dass sich durch die fehlende gesetzliche Regelung keine Folgen für die Entscheidung von Streitigkeiten zwischen den Koalitionen ergäben,[133] anhand des nachfolgenden Beispiels in Bezug auf die fehlende Rechtssicherheit bezweifeln:

Obwohl das Bundesarbeitsgericht in seiner Entscheidung vom 18.06.1980 die Abwehraussperrung in beschränktem Umfang für zulässig hielt und das in Art. 29 Abs. 5 der Hessischen Verfassung niedergelegte Aussperrungsverbot für obsolet erklärte,[134] gab ein Frankfurter Arbeitsgericht am 30.05.1984 im Einstweiligen Verfügungsverfahren dem gegen einen Arbeitgeberverband gerichteten Antrag einer Gewerkschaft auf Unterlassung der Aussperrung mit der Begründung statt, die Hessische Verfassung verbiete die Aussperrung.[135]

Besäße die inzwischen gefestigte Rechtsprechung des Bundesarbeitsgerichts zur Zulässigkeit der Aussperrung normative Verbindlichkeit, so hätten die Frankfurter Richter mit ihrer Entscheidung Rechtsbeugung begangen. Da es sich bei Richterrecht jedoch nicht um Normen i.S.d. Art. 97 Abs. 1 GG handelt, die eine Bindung anderer Richter auslösen und Richterrecht auch nicht der Kollisionsnorm des Art. 31 GG unterfällt, konnte das Arbeitsgericht aufgrund seiner Unabhängigkeit von der höchstrichterlichen Rechtsprechung abweichen.[136]

Solche Abweichungen von der ständigen Rechtsprechung erzeugen – auch wenn das LAG Frankfurt a.M. die Entscheidung schon wenige Tage später

---

[132] Rheder/Deinert/Callsen, Arbeitskampfmittelfreiheit, S. 9.
[133] BVerfG Urt. v. 26.06.1991 unter C I 2b.
[134] BAG Urt. v. 10.06.1980 – 1 AZR 822/79 – BAGE 33,140 (160 f.).
[135] ArbG Frankfurt a.M., Urt. v. 30.05.1984 – 13 Ga 6/84 – nicht veröffentlicht.
[136] Ausführlich zur Frage der wechselseitigen Abhängigkeit von Gesetzes- und Richterrecht als wesensverschiedenen Rechtsbildungsfaktoren vgl. Ipsen, DVBl. 1984, 1102 (1102 ff.); Gamillscheg, AcP 164 (1964), 385 (388); MüHBArb/Richardi, § 6 Rn. 32 ff.

wieder aufhob[137] – Rechtsunsicherheit und haben damit durchaus Folgen für die Entscheidung von Streitigkeiten zwischen den Koalitionen.

In Bezug auf Richterrecht gibt es keine festen Grenzen der Rechtsfortbildung, zumal weder Analogie noch Umkehrschluss rein logische Schlussverfahren sind, sondern eine Wertung voraussetzen, ob der Normzweck angesichts der „Ähnlichkeit" oder „Unähnlichkeit" des Lebenssachverhalts zu dem tatbestandlich vertypten Sachverhalt eine Analogie oder einen Umkehrschluss rechtfertigt.[138] Das BVerfG hat hierzu 1973 folgende allgemeine Feststellungen getroffen:[139]

„Der Richter ist nach dem Grundgesetz nicht darauf verwiesen, gesetzgeberische Weisungen in den Grenzen des möglichen Wortsinns auf den Einzelfall anzuwenden. Eine solche Auffassung würde die grundsätzliche Lückenlosigkeit der positiven staatlichen Rechtsordnung voraussetzen, ein Zustand, der als prinzipielles Postulat der Rechtssicherheit vertretbar, aber praktisch unerreichbar ist. Richterliche Tätigkeit besteht nicht nur im Erkennen und Aussprechen von Entscheidungen des Gesetzgebers. Die Aufgabe der Rspr. kann insbesondere erfordern, Wertvorstellungen, die der verfassungsmäßigen Rechtsordnung immanent, aber in den Texten der geschriebenen Gesetze nicht oder nur unvollkommen zum Ausdruck gelangt sind, in einem Akt des bewertenden Erkennens, dem auch willenhafte Elemente nicht fehlen, ans Licht zu bringen und in Entscheidungen zu realisieren. Der Richter muss sich dabei von Willkür freihalten; seine Entscheidung muss auf rationaler Argumentation beruhen. Es muss einsichtig gemacht werden können, dass das geschriebene Gesetz seine Funktion, ein Rechtsproblem gerecht zu lösen, nicht erfüllt. Die richterliche Entscheidung schließt dann diese Lücke nach den Maßstäben der praktischen Vernunft und den ‚fundierten allgemeinen Gerechtigkeitsvorstellungen der Gemeinschaft'."

Diese Aufgabe und Befugnis zu ‚schöpferischer Rechtsfindung' ist dem Richter – jedenfalls unter der Geltung des Grundgesetzes – im Grundsatz nie bestritten worden. Die Auslegung einer Gesetzesnorm kann nicht immer auf die Dauer bei dem ihr zu ihrer Entstehungszeit beigeleg-

---

[137] LAG Frankfurt a.M., Urt. v. 05.06.1984 – 5 SaGa 677/84 – NAZ 1984, 128 ff.
[138] Larenz, Methodenlehre, S. 381.
[139] BVerfG Beschl. v. 14.02.1973 – 1 BvR 112/65 – BVerfGE 34, 269; ferner: BVerfG Beschl. v. 02.03.1993 – 1 BvR 1213/85 – BVerfGE 88, 103, 116.

ten Sinn stehen bleiben. Es ist zu berücksichtigen, welche vernünftige Funktion sie im Zeitpunkt der Anwendung haben kann. Die Norm steht ständig im Kontext der sozialen Verhältnisse und der gesellschaftlichpolitischen Anschauung, auf die sie wirken soll; ihr Inhalt kann und muss sich unter Umständen mit ihnen wandeln. Das gilt besonders, wenn sich zwischen Entstehung und Anwendung eines Gesetzes die Lebensverhältnisse und Rechtsanschauungen so tiefgreifend geändert haben wie in diesem Jahrhundert. Einem hiernach möglichen Konflikt der Norm mit den materiellen Gerechtigkeitsvorstellungen einer gewandelten Gesellschaft kann sich der Richter nicht mit dem Hinweis auf den unverändert gebliebenen Gesetzeswortlaut entziehen, er ist zu freierer Handhabung der Rechtsnorm gezwungen, wenn er nicht seine Aufgabe, Recht zu sprechen, verfehlen will."

Wie einleitend dargestellt, ändern sich auch im Arbeits- und Wirtschaftsleben die Lebensverhältnisse, so dass auch hier die richterliche Rechtsfortbildung stets ein Prozess der Auslegung unter Einbeziehung dieser Prozesse ist. Hinzu kommt, dass sich neben dem Richterrecht ein „nahezu unübersehbares Schrifttum zum Arbeitskampfrecht" entwickelt hat, was vom Bundesarbeitsgericht schon 1980 als Publikationsfülle zum Arbeitskampfrecht kritisiert worden ist.[140]

Daneben hat trotz des Regelungsausschlusses für das Koalitions-, das Streik- und das Aussperrungsrecht in Art. 153 Abs. 5 des Vertrages über die Arbeitsweise der Europäischen Union (AEUV) auch die Rechtsprechung des Europäischen Gerichtshofes zur Koalitionsbetätigungsfreiheit im Rahmen der europäischen Grundfreiheiten erhebliche Auswirkungen auf das Arbeitskampfrecht.[141]

Die Gegenansicht nimmt gerade diesen Aspekt als Teil der Begründung für die Notwendigkeit eines Arbeitskampfgesetzes: Ihrer Ansicht nach führt die fehlende Ausgestaltung des Arbeitskampfrechtes durch den Gesetzgeber und die über Jahrzehnte anhaltende Diskussion in der Literatur zu einer Rechtsunsicherheit sowohl des Einzelnen über die rechtliche Bewertung des eigenen Verhaltens als auch der Arbeitskampfparteien in Bezug auf bestehende Rech-

---

[140] BAG Urt. v. 10.06.1980 – 1 AZR 822/79 – BAGE 33, 140 (154) – unter A I 3c.
[141] Ausführlich dazu unter Abschnitt A V 1 b).

te und Pflichten im Kampf um die Verbesserung von Arbeits- und Wirtschaftsbedingungen.[142]

Dies ist auch ein Grund dafür, dass sich in Rechtsprechung und Literatur fortwährend – auch in der aktuellen gegenwartsbezogenen Diskussion – die Bewertung des Arbeitskampfes als „unerwünscht" bzw. als „Übel" findet.[143] Verglichen wird der Arbeitskampf dabei vor allem mit den Selbsthilferechten des Bürgerlichen Rechts[144] und kritisiert als die Rückkehr zum Recht des Stärkeren, zu einer faustrechtlich-archaischen Interessenverfolgung.[145]

Die Gefahr der Rechtsunsicherheit im Rahmen unterschiedlicher Rechtsfortbildung durch die Rechtsprechung vermag jedoch keinen gesetzlichen Regelungszwang zu begründen. Es bestätigt nur, dass bei einer fehlenden gesetzlichen Ausgestaltung des Arbeitskampfrechtes der Ausprägung einer verlässlichen und vor allem einheitlichen Rechtsprechung hohe Bedeutung zukommt. Die Rechtsfortbildung ist aus diesem Grund den großen Senaten der obersten Bundesgerichte gesetzlich zugewiesen.[146]

Die Ausgestaltung des Arbeitskampfrechtes richtete sich daher in den letzten Jahrzehnten im Wesentlichen nach den vom Großen Senat des Bundesarbeitsgerichts[147] aus dem Grundsatz der Verhältnismäßigkeit abgeleiteten vier zwingenden Grundsätzen des Arbeitskampfrechts:

(1) Arbeitskämpfe dürfen nur zwischen Tarifparteien geführt werden.

(2) Das verfolgte Kampfziel muss mit der gegnerischen Kampfpartei tariflich regelbar sein.

(3) Zwischen den Kampfparteien muss ein Mindestmaß von Regelungsgleichgewicht (Verhandlungs- und Kampfgleichgewicht / „Waffengleichheit") herrschen.

---

[142] De Beauregard, NZA-RR 210, 453 (455); Rüthers, NZA 2010, 6 (11); Rosenau, Koalitionsbetätigungsfreiheit, S. 23 und 291 ff.
[143] BAG GS, Beschl. v. 28.01.1955 – GS 1/54 – AP Nr. 1 zu Art. 9 GG unter I 3 der Entscheidungsgründe; Otto, Arbeitsrecht, 4. Aufl., S. 359.
[144] Rüthers, DB 1990, 113 (114).
[145] Picker, ZfA 1986, 199 (210).
[146] Z.B. in § 45 Abs. 4 ArbGG, § 41 Abs. 4 SGG oder § 11 Abs. 4 VwGO.
[147] BAG GS, Beschl. v. 21.04.1971 – BAGE 23, 292 (306) – NJW 1971, 1668 ff.

(4) Der Einsatz der Kampfmittel und ihrer Folgen müssen dem Grundsatz der Verhältnismäßigkeit („Übermaßverbot") entsprechen. Arbeitskämpfe dürfen nur als „letztes Mittel" („ultima ratio") eingesetzt werden, wenn alle Möglichkeiten einer friedlichen Einigung wie z.B. ein vorgeschaltetes Schlichtungsverfahren ausgeschöpft sind.[148]

Nach § 45 Abs. 2 ArbGG sind Grundsätze des Großen Senats für alle Senate des BAG verbindlich.[149] Trotzdem ist der 1. Senat des BAG unter erheblicher Kritik eines angeblichen Verstoßes gegen Art. 101 Abs. 1 Satz 2 GG von diesen Grundsätzen des Arbeitskampfrechts mehrfach abgewichen.[150] Diese Abweichungen werden im Folgenden an unterschiedlichen Stellen eine Rolle spielen – angefangen von der Rechtsprechung zu den Aussperrungsquoten über diejenige zum Unterstützungsarbeitskampf bis hin zu dem „Flashmob-Urteil"[151].

Rosenau kritisiert im Zusammenhang einer fehlenden gesetzlichen Regelung, dass der Gesetzgeber nicht einmal die Grundregeln der Koalitionsbetätigung festgelegt hat, so dass sich die Entscheidungen der Rechtsprechung vielfach widersprächen und eine Fortentwicklung des Rechts der Koalitionsbetätigungsfreiheit erst durch das BAG erfolge.[152] Dies sei vor allem im Arbeitskampfrecht problematisch; hier könne eine Rechtsvereinheitlichung durch das BAG häufig gar nicht erfolgen.[153] Dies gelte in Fällen, in denen sich der Arbeitgeber gegen eine Arbeitskampfmaßnahme mittels einstweiliger Verfügung wehre und der Rechtsweg damit bereits in der zweiten Instanz ende, so dass eine umfassende Konturierung der Koalitionsbetätigungsfreiheit nicht erfolgen könne.[154] Seiner Meinung nach kann Rechtsfortbildung durch Richterrecht nicht grenzenlos sein;[155] vielmehr sei die Gesetzesbindung Grund und Grenze der Rechtsfortbildung. Konkret auf das Fehlen einer gesetzlichen Regelung des Arbeitskampfrechts bezogen kritisiert Rosenau, die höchstrichterlichen Konkretisierungsversuche zur Koalitionsbetätigungsfreiheit der letzten fünf

---

[148] Ebenda.
[149] Rüthers, NZA 2010, 6 (7).
[150] Ebenda.
[151] BAG Urt. v. 22.09.2009 – 1 AZR 972/08 – BAGE 132, 140.
[152] Rosenau, Koalitionsbetätigungsfreiheit, S. 23.
[153] Ebenda, S. 23.
[154] Ebenda, S. 23.
[155] Ebenda, S. 297.

Jahre seien ohne hinreichende Anknüpfung an die verfassungsrechtliche Grundnorm des Art. 9 Abs. 3 GG erfolgt.[156]

Die Annahme Rosenaus, Rechtsfortbildung durch die Rechtsprechung dürfe nur eine Fortentwicklung eines bestehenden Rahmens, den der Gesetzgeber zuvor festgelegt haben müsse, sein, überzeugt nicht und lässt sich weder Art. 20 Abs. 3 noch Art. 97 GG entnehmen. Vielmehr ist die Rechtsprechung allein durch die bestehende Werteordnung begrenzt. Die Tatsache, dass Gesetze lückenhaft sind und es darüber hinaus immer auch Rechtsbereiche geben wird, die bisher nicht gesetzlich geregelt sind, ist eine natürliche Folge der Vielfalt an regelbaren Sachverhalten, der sich ändernden Lebensverhältnisse und gesellschaftlichen Strukturen des Zusammenlebens sowie des Erfordernisses von Flexibilität der Parteien zur eigenverantwortlichen Regelung von Rechtsbeziehungen untereinander in Bereichen wie z.B. im Bereich der Ausübung der Koalitionsbetätigungsfreiheit, in denen staatliche Eingriffe eine untergeordnete Rolle spielen.

Richtig ist zwar, dass sich widersprechende Entscheidungen der Rechtsprechung zu ein- und demselben Sachverhalt zu Rechtsunsicherheit führen. Diese Folge der unterschiedlichen Auslegungen im Rahmen der Werteordnung durch die Rechtsprechung vermag aber keine Verpflichtung des Gesetzgebers zur Schaffung eines Rahmens durch Erlass eines Gesetzes zu begründen. Diesbezüglich stellt Rosenau selbst zutreffend fest, dass dieser Gefahr durch die Kompetenz der Großen Senate für Fragen der Rechtsfortbildung entgegengewirkt wird,[157] wenn er auch weiterhin am Erfordernis eines erkennbaren Willens des Gesetzgebers als Rahmen der Rechtsfortbildung festhält.[158]

Rüthers vergleicht das Phänomen voneinander abweichender Rechtsfortbildung durch Richterrecht ironisch mit einer nachträglichen Änderung der Abseitsregeln durch die FIFA im Anschluss an die Fußball-Weltmeisterschaft.[159]

Die Kritik ist jedoch ebenso unberechtigt wie der Einwand Rosenaus, das BAG verknüpfe die Koalitionsbetätigungsfreiheit nicht hinreichend mit der verfassungsrechtlichen Grundnorm Art. 9 Abs. 3 GG.[160]

---

[156] Ebenda, S. 23.
[157] Ebenda, S. 297.
[158] Ebenda, S. 297.
[159] Rüthers, NZA 2010, 6.

Richtig ist zwar, dass der 1. Senat des BAG offenbar eine neue Arbeitskampfkonzeption verfolgt und einige bisher bekannte Regel-Ausnahme-Verhältnisse nach dem neuen Verständnis zur Anwendbarkeit der Kernbereichsformel folgerichtig umgekehrt und dadurch einen neuen Begründungsansatz geschaffen hat. Wie noch gezeigt wird, ändert sich der Zulässigkeitsmaßstab in Bezug auf Arbeitskampfpraktiken dadurch aber nicht maßgeblich. Es findet zwar eine Abweichung von bisherigen Grundsätzen statt wie etwa mit der Flashmob-Entscheidung von dem Grundsatz, dass Arbeitskämpfe nur zwischen den Tarifparteien geführt werden dürfen. Das BAG passt seine oben genannten Grundsätze [161] damit aber nur an die klarstellende Rechtsprechung des BVerfG in Bezug auf die Kernbereichsformel sowie an die sich ändernden gesellschaftlichen und wirtschaftspolitischen Strukturen an und entwickelt diese durch entsprechende Konkretisierungen weiter.

Positiv lässt sich in diesem Kontext feststellen, dass der 1. Senat mit den vorstehend angesprochenen Urteilen immer wieder den Grundsatz der Verhältnismäßigkeit als verlässlichen Prüfungsmaßstab für die Zulässigkeit von Kampfmitteln hervorhebt und dieses Regulativ in seiner Anwendung deutlich konkretisiert. Die Kritik, dass mit dieser Rechtsfortbildung Rechtsunsicherheit entsteht, relativiert sich durch den positiven Effekt, dass durch eine Angleichung der Rechtsprechung an verfassungsrechtliche Grundsätze und sich ändernde Arbeitswelten zukunftsweisende Konkretisierungen des Arbeitskampfrechts erfolgen.

Neben diesen aus der Wesentlichkeitstheorie bzw. aufkommender Rechtsunsicherheit abgeleiteten Begründungsansätzen wird für den Erlass eines Arbeitskampfgesetzes teilweise auch auf den Grundsatz der Gewaltenteilung und das Demokratieprinzip abgestellt.[162]

Rosenau führt in diesem Zusammenhang aus, dass das Grundgesetz im Rahmen der Gewaltenteilung bewusst nur den Gesetzgeber ermächtige, abstrakte Regelungen aufzustellen, und die Rechtsprechung auf deren Anwendung beschränke. Daraus werde deutlich, dass der Rechtsprechung allgemein

---

[160] Siehe oben bei Fn. 162.
[161] Siehe oben, Text bei den Fußnoten 153 und 154.
[162] Rosenau, Koalitionsbetätigungsfreiheit, S. 299; Engels, Verfassung und Arbeitskampfrecht, S. 319.

nicht die Aufgabe zukomme, einen Lebensbereich eigenverantwortlich abstrakt zu regeln. Die Rechtsfortbildung durch die Rechtsprechung könne daher nur in Form einer punktuellen Anpassung der gesetzlichen Vorschriften, insbesondere durch Lückenfüllung zur Herstellung des gesetzgeberischen Willens, zulässig sein.[163]

Ausgehend von dieser Grundannahme zeigt sich Rosenau darüber verwundert, dass das BVerfG keinen Anstoß an der Rechtsprechung des BAG zum Arbeitskampfrecht nimmt, mit der wesentliche Grundsätze ohne gesetzlichen Rahmen entwickelt worden seien, und dessen Rechtsfortbildungskompetenz nicht entsprechend begrenzt.[164] Auch die Einordnung der Tarifautonomie nimmt er im Rahmen der veralteten Delegationstheorie vor, nach welcher der Rechtsnormcharakter von Tarifverträgen auf einer Delegation stattlicher Hoheitsgewalt zurückgeführt wird.[165]

Dies ist mit der hier vertretenen Mandatstheorie der h.M. abzulehnen, wonach die Rechtssetzungsbefugnis der Tarifvertragsparteien auf einer von den Verbandsmitgliedern kollektiv wahrgenommenen Privatautonomie als originäre Normsetzungsbefugnis beruht.[166] Diese Regelungsmacht ist vom Staat anerkannt und wird durch das TVG nachträglich einfachgesetzlich anerkannt.[167] Dies entspricht der sich aus der Staatsferne ergebenden bewussten Zurückhaltung des Gesetzgebers bei der inhaltlichen Ausgestaltung der Beziehungen zwischen den Tarifparteien, die nach der hier vertretenen Auffassung zu begrüßen ist.

Das BVerfG hatte die Unerheblichkeit der Entwicklung maßgebender Grundsätze zum Arbeitskampfrecht durch das BAG ohne Vorliegen eines gesetzli-

---

[163]   Rosenau, Koalitionsbetätigungsfreiheit, S. 299; Engels, Verfassung und Arbeitskampfrecht, S. 320; Meier-Hayoz, JZ 1981, 417 (421 f.); Classen, JZ 2003, 693 (700).
[164]   Rosenau, Koalitionsbetätigungsfreiheit, S. 301.
[165]   Ebenda; ebenso Greiner, Habilitationsschrift, 2009, S. 127.
[166]   BVerfG, Beschl. v. 01.12.2010 – 1 BvR 2593/09 – DB 2011, 361; BVerfG Beschl. v. 26.06.1991 – 1 BvR 779/85 – BVerfGE 84, 212 (229); BAG Urt. v. 11.03.1998 – 7 AZR 700/96 – AP Nr. 12 zu § 1 TVG Tarifverträge Luftfahrt; Reim/Nebe in Däubler, TVG, 3. Aufl., § 1 Rn. 53; Paschke, Der firmenbezogene Arbeitskampf, S. 27 f.
[167]   Reim/Nebe in Däubler, TVG, 3. Aufl., § 1 Rn. 53.

chen Rahmens mit der Nichtanwendbarkeit der Wesentlichkeitstheorie begründet.[168]

Rosenau hält diesen Begründungsansatz für falsch: Seiner Ansicht nach ist in Bezug auf eine gesetzliche Regelungspflicht vor der Wesentlichkeitstheorie als Maßstab in einem ersten Schritt darauf abzustellen, ob und inwieweit Richterrecht überhaupt zulässig ist.[169] Dies sei im Arbeitskampfrecht gerade nicht der Fall, da die Besonderheit des Arbeitskampfrechts darin bestehe, dass es sich um ein Rechtsgebiet mit nur rudimentärerer Vorprägung durch gesetzliche Regelungen handele, welches durch eine Vielzahl einzelner Entscheidungen der Rechtsprechung eine erhebliche Regelungsdichte erhalte.[170]

Diese Kritik überzeugt nicht. Einerseits fordert Rosenau zumindest einen groben gesetzlichen Rahmen, will dann aber die bestehenden Einzelnormen im Arbeitskampfrecht nicht ausreichen lassen. Er selbst grenzt die Aufgabe der richterlichen Rechtsfortbildung mit der Entscheidung von Einzelfällen zu der Aufgabe des Gesetzgers, die in der Herstellung abstrakt-genereller Regelungen von Lebenssachverhalten liegt, ab.

Nicht anders aber ist die Rechtsfortbildung durch das BAG erfolgt. Die vom BAG aufgestellten oben beschriebenen Grundsätze beziehen sich immer auf die durch Art. 9 Abs. 3 GG vorgebeben verfassungsrechtlichen Grundsätze, die gesetzgeberischen Wertvorstellungen und die im konkreten Einzelfall sich ergebenden Regelungsnotwendigkeiten im jeweiligen Arbeitskampfgeschehen der Arbeitskampfparteien.

V. Europa- und Völkerrecht

Neben dem einfachen Recht und dem deutschen Richterrecht sind auch europarechtliche und völkerrechtliche Regelungen und Rechtsgrundsätze für das Arbeitskampfrecht in Europa und seine grenzüberschreitenden Auswirkungen zu berücksichtigen. Das Recht der Europäischen Union (Unionsrecht) geht

---

[168] BVerfG Beschl. v. 26.06.1991 – 1 BvR 779/85 – BVerfGE 84, 212 (229); NZA 1991, 809 (810).
[169] Rosenau, Koalitionsbetätigungsfreiheit, S. 301.
[170] Ebenda.

nationalem Recht vor. Bei Widersprüchen zu europarechtlichen Vorgaben ist zunächst der Versuch einer EU-rechtskonformen Auslegung des nationalen Rechts vorzunehmen.[171]

Der Rang des Arbeitsvölkerrechts ist dagegen abhängig vom Grad der Selbstverpflichtung der Bundesrepublik Deutschland sowie seiner Transformation in das nationale Recht.[172] Innerstaatliche Geltung erhalten die internationalen Regelungen mit ihrer Ratifizierung aufgrund eines Zustimmungsgesetzes. Einen solchen innerstaatlichen Rechtsanwendungsbefehl enthält Art. 59 Abs. 2 GG:[173]

Nach Art. 59 Abs. 2 GG bedürfen Verträge, welche die politischen Beziehungen des Bundes regeln oder sich auf Gegenstände der Bundesgesetzgebung beziehen, der Zustimmung oder der Mitwirkung der jeweils für die Bundesgesetzgebung zuständigen Körperschaften in der Form eines Bundesgesetzes. Für Verwaltungsabkommen gelten die Vorschriften über die Bundesverwaltung entsprechend. Durch die Transformation in das innerstaatliche Recht verlieren diese Rechtsquellen jedoch nicht etwa ihre völkerrechtliche Natur; sie gelten in gleicher Weise wie innerstaatliches Recht.[174] Teilweise bauen sie aufeinander auf oder stehen mit ähnlichem Regelungsgehalt selbständig nebeneinander.[175]

Fragen der Konkurrenzen untereinander sowie zum innerstaatlichen Recht und zur Verbindlichkeit der Regelungen werden sehr kontrovers diskutiert[176] und sind nur teilweise vom Bundesverfassungsgericht beantwortet worden.[177] Überwiegend werden diese Fragen offen gelassen.

Für den Bereich des kollektiven Arbeitsrechts werden Lösungen über das Günstigkeitsprinzip erreicht, nach welchem zu prüfen ist, welche die jeweils für

---

[171] HK-ArbR/Däubler, S. 44 Rn. 27.
[172] Ebenda.
[173] Ständige Rspr. des BVerfG, zuletzt Urt. v. 30.06.2009 – 2 BvE 2/08 – BVerfGE 123 (267).
[174] HK-ArbR/Däubler, S. 44 Rn. 27.
[175] Wilting, Vertragskonkurrenz im Völkerrecht, S. 160.
[176] Wilting etwa geht von einer kumulativen Anwendbarkeit aller Rechtsquellen aus, wobei dem ILO-Übereinkommen Nr. 87 und Art. 6 Abs. 4 ESC der Mindeststandard zu entnehmen sei. Wilting, Vertragskonkurrenz im Völkerrecht, S. 160.
[177] Ausdrücklich für das ILO-Übereinkommen Nr. 87: BVerfG Beschl. v. 20.10.1981 – 1 BvR 404/78 – BVerfGE 58, 233 (235).

das Streikrecht günstigste Regelung / Auslegung ist. In einigen internationalen Rechtsquellen ist das Günstigkeitsprinzip ausdrücklich ausgestaltet.[178] Wo dies nicht der Fall ist, erfolgt die Klärung über anerkannte Auslegungsgrundsätze bzw. nach dem sog. „Lex-posterior-Gund-satz"[179], nach welchem die zeitlich spätere Regelung Vorrang hat.

Lange Zeit wurde den internationalen Regelungen vielfach nahezu keine Beachtung beigemessen.[180] In jüngerer Zeit lässt sich jedoch durch die zunehmende Globalisierung ein deutlicher Bedeutungszuwachs dieser Rechtsquellen wahrnehmen.[181] Zum einen hat die Große Kammer des Europäischen Gerichtshofes für Menschenrechte in der Rechtssache Demir und Baykara[182] mit der Anerkennung des Rechts auf Kollektivverhandlungen eine grundlegende Änderung der Rechtsprechung im Hinblick auf das in Art. 11 EMRK gewährleistete Grundrecht der Vereinigungsfreiheit eingeleitet. Zum anderen hat das Inkrafttreten des Lissabon-Vertrages am 01.12.2009 dazu geführt, dass die Charta der Grundrechte der Europäischen Union (GRCh) insgesamt und damit auch die für das Arbeitsrecht relevanten Grundrechte des mit „Solidarität" überschriebenen Titel IV der Charta (Art. 27 bis 38) für die Europäische Union sowie für die Mitgliedstaaten, soweit sie Unionsrecht durchführen (Art. 51 Abs. 1 GRCh), rechtsverbindlich sind (vgl. Art. 6 Abs. 1 EUV) und mit den europäischen Verträgen auf eine Stufe gestellt wurden.[183]

Jedoch besteht bei der Berücksichtigung dieser Rechtsquellen im nationalen Kontext – jedenfalls in Deutschland – weiterhin großer Nachholbedarf. Dies zeigt sich z.B. in der auf die Europäische Menschenrechtskonvention (EMRK) gestützten stetigen Kritik an der Bundesrepublik Deutschland in Bezug auf das Streikverbot für Beamte.[184]

---

[178] Art. 19 Abs. 8 der Verfassung der Internationalen Arbeitsorganisation (ILO).
[179] Ausführlich dazu und zu den Konkurrenzen: Pache/Bielitz, EuR 2006, 316 (333).
[180] Seifert, EuZA, 2013, 205; Nachweise zu aktuellen Untersuchungen bei Däubler/ Lörcher, Arbeitskampfrecht, 3. Aufl., § 10 Rn. 1.
[181] Auf europäischer Ebene z.B. über die Rechtssachen Viking und Laval – EuGH Urt. v. 11.12.2007 – C-438/05 – Amtl. Slg. 2007, I-10779 – NZA 2008, 124 ff. – Viking; EuGH Urt. v. 18.12.2007 – C-341/05 – Amtl. Slg. 2007, I-11767 – NZA 2008, 159 ff. – Laval und Demir and Baykara vs. Turkey – EGMR Urt. v. 12.11.2008 Nr. 34503/97 – NZA 2010, 1425 ff. Auf nationaler Ebene hat das BAG im Urt. v. 19.06.2007 – 1 AZR 396/06 – AP Nr. 173 zu Art. 9 GG Arbeitskampf – Art. 6 Abs. 4 ESC erstmalig zur Argumentation herangezogen.
[182] Demir and Baykara vs. Turkey – EGMR Urt. v. 12.11.2008 Nr. 34503/97 – NZA 2010, 1425 ff.
[183] Preis/Sagan, Europäisches Arbeitsrecht, § 1 Rn. 16; Seifert, EuZA, 2013, 205 f.
[184] Nachweise z.B. für den UN-Sozialpaktausschuss bei Däubler/Lörcher, Arbeitskampf

Zu den Regelungen im Einzelnen:

1. Europarecht

a. EUV

Mit Art. 6 Abs. 1 des Vertrages über die Europäische Union (EUV) wird die Charta der Grundrechte den Europäischen Verträgen im Rang gleichgestellt (Primärrecht). Art. 6 Abs. 2 EUV enthält eine Verpflichtung der EU zum Beitritt zur Europäischen Konvention zum Schutz der Menschenrechte und Grundfreiheiten, deren Grundrechte über Art. 6 Abs. 3 EUV bis dahin als allgemeine Grundsätze bereits Teil des Unionsrechts sind.

b. AEUV

Nach Art. 153 Abs. 5 des Vertrages über die Arbeitsweise der Europäischen Union (AEUV) sind zwar sowohl das Streikrecht als auch das Koalitionsrecht und die daraus folgenden Tarifverträge von dem Kompetenzbereich der Europäischen Union ausdrücklich ausgenommen. Diese Beschränkung der Kompetenz bezieht sich jedoch nur auf Maßnahmen i.S.d. Art. 153 Abs. 5 AEUV und das in Abs. 2 genannte Verfahren. Darüber hinaus ist aber nicht ausgeschlossen, dass andere Regelungen des AEUV z.B. (etwa zu den Grundfreiheiten) für das nationale Arbeitskampfrecht von Bedeutung sind.[185] Dies wurde in Bezug auf die Dienstleistungsfreiheit wiederholt diskutiert und vom EuGH in einem Urteil vom 18.12.2007 festgestellt.[186]

---

[185] recht, § 10 Rn. 57, 61. In der Rechtssache Demir an Baykara hat der EuGH türkischen Beamten erstmalig ein Streikrecht aus Art. 11 EMRK zugebilligt. Auswirkungen auf das deutsche Recht ergeben sich erst bei einem Urteil gegen die BRD.
Reich, EuZW 2007, 391 (392); Schubert, RdA 2008, 289 (292).
[186] EuGH Urt. v. 18.12.2007 – C-341/05 – NZA 2008, 159 ff. – Amtl. Slg 2007, I-11767 – Laval.

Im Fall Viking[187] und kurz darauf auch im Fall Laval[188] hat der EuGH im Jahr 2007 das in Finnland bzw. Schweden geltende Arbeitskampfrecht mit dem Verweis auf die Höherrangigkeit des EU-Rechts (hier der Grundfreiheiten) ausdrücklich beschränkt. Zwar erkannte der EuGH in beiden Fällen erstmals an, dass nach europäischer Grundrechtstradition die Arbeitskampffreiheit zu den allgemeinen Grundsätzen des Gemeinschaftsrechts gehört, und begründete dies auch mit der seinerzeit bereits proklamierten Charta der Grundrechte der Europäischen Union. Bei der Abwägung mit den Grundfreiheiten wurde aber in beiden Fällen das Arbeitskampfrecht verdrängt.

---

[187] EuGH Urt. v. 11.12.2007 – C-438/05 – NZA 2008, 124 ff. – Amtl. Slg. 2007, I-10779 – Viking.
[188] EuGH Urt. v. 18.12.2007 – C-341/05 – NZA 2008, 159 ff. – Amtl. Slg 2007, I-11767 – Laval.

c. Charta der Grundrechte der Europäischen Union

Aus der Perspektive des Arbeitsrechts ist bedeutsam, dass der Vertrag von Lissabon die Grundrechtecharta, einschließlich der in ihr enthaltenen sozialen Grundrechte, mit Art. 6 Abs. 1 EUV zum verbindlichen Teil des europäischen Rechts erhoben und sie mit den Europäischen Verträgen auf eine Stufe gestellt hat.[189] Aus Art. 12 Abs. 1 GRCh ergibt sich die Vereinigungsfreiheit; aus Art. 28 Abs. 1 GRCh das Recht auf Kollektivverhandlungen und Kollektivmaßnahmen. Der Streik ist hier als Kampfmittel ausdrücklich erwähnt. Nach Art. 51 Abs. 1 S. 1 GRCh gilt die Grundrechtecharta für die Organe, Einrichtungen und sonstigen Stellen der Union unter Wahrung des Subsidiaritätsprinzips und für die Mitgliedstaaten ausschließlich bei der Durchführung des Rechts der Union.

d. Gemeinschaftscharta der sozialen Grundrechte

Auch die Gemeinschaftscharta der sozialen Grundrechte von 1989 enthält als Absichtserklärung mit Nr. 13 eine ausdrückliche Regelung zum Streikrecht. Nr. 13 der Gemeinschaftscharta der sozialen Grundrechte lautet:

„Das Recht, bei Interessenkonflikten Kollektivmaßnahmen zu ergreifen, schließt, vorbehaltlich der Verpflichtungen aufgrund der einzelstaatlichen Regelungen und der Tarifverträge, das Streikrecht ein."

Diese Charta hat jedoch nur Empfehlungscharakter. Sie stellt eine bloße Erklärung der Staats- und Regierungschefs dar; es war nie beabsichtigt, dass sie einen rechtlich verbindlichen Charakter erhält.[190]

---

[189] Preis/Sagan, Europäisches Arbeitsrecht, § 1 Rn. 17.
[190] Konzen in Dörr/Dreher, S. 53 und 59; Krebber, EuZA 2013 (2), 188 (189 f.).

2. Völkerrecht

a. Wiener Vertragsrechtskonvention

Die Wiener Vertragsrechtskonvention (WVRK) vom 23.05.1969[191], die von der Bundesrepublik Deutschland erst 1985 ratifiziert wurde, enthält als eine Art übergeordnetes Instrument vor allem gewohnheitsrechtlich anerkannte Grundsätze und Auslegungsregelungen wie z.b. das Günstigkeitsprinzip zur Klärung von Konkurrenzen zwischen völkerrechtlichen Vereinbarungen und dem innerstaatlichen Recht. Jedoch betonte das Bundesverfassungsgericht im Jahr 2004, dass das Gebot völkerrechtsfreundlicher Auslegung kein absolutes sei und sich die Wirkung der Auslegung nur im Rahmen des demokratischen und rechtsstaatlichen Systems des Grundgesetzes entfalten könne.[192]

Besondere Bedeutung für die Praxis haben die Auslegungsgrundsätze der Art. 31 bis 33 WVRK. Art. 31 WVRK erkennt die Auslegung nach Wortlaut und Systematik an, während Art. 32 WVRK Telos und Historie ausdrücklich als gegenüber den in Art. 31 WVRK genannten Auslegungsgrundsätzen als nachrangig einstuft.

b. Europäische Konvention zum Schutz der Menschenrechte und Grundfreiheiten

Die Europäische Konvention zum Schutz der Menschenrechte und Grundfreiheiten (EMRK) vom 04.11.1950 ist ein völkerrechtlicher Vertrag zwischen den Mitgliedstaaten des Europarats.[193] Nach Art. 6 Abs. 3 EUV sind die in ihr enthaltenen Grundrechte bis zu einem Beitritt der Europäischen Union als allgemeine Grundsätze Teil des Unionsrechts.

---

[191] BGBl. 1985 II, S. 926 ff.
[192] BVerfG Beschl. v. 14.10.2004 – 2 BvR 1481/04 – BVerfGE 111, 307 (307).
[193] Hannich/Schädler, Karlsruher Kommentar zur StPO, EMRK, Vorbemerkung Rn. 4.

Ihre Normen wurden durch das Gesetz über die Konvention zum Schutze der Menschenrechte und Grundfreiheiten vom 07.08.1952 in das deutsche Recht transformiert.[194] Die EMRK ist für die Bundesrepublik Deutschland zum 03.09.1953 in Kraft getreten.

Die EMRK steht gem. Art. 59 Abs. 2 S. 1 GG im Rang eines einfachen Bundesgesetzes;[195] sie hat also keinen Verfassungsrang. Auch sind ihre Gewährleistungen keine allgemeinen Regeln des Völkerrechts im Sinne des Art. 25 GG, so dass sie rechtlich gegenüber anderem Bundesrecht nicht vorgehen.[196] Nach der Rechtsprechung des Bundesverfassungsgerichts vom 14.10.2004 im Fall Görgülü[197] haben alle staatlichen Organe der Bundesrepublik Deutschland dennoch die Gewährleistungen der Konvention und ihrer in Deutschland in Kraft getretenen Zusatzprotokolle sowie die Rechtsprechung des Europäischen Gerichtshofs für Menschenrechte (EGMR) bei der Auslegung von Grundrechten und rechtsstaatlichen Gewährleistungen zu berücksichtigen.

Der EGMR ist eine auf der Grundlage der EMRK eingerichtete Gerichtsbarkeit, die die Einhaltung der in der Konvention verbürgten Garantien sicherstellen soll. Seit dem 11. Zusatzprotokoll von 1998 hat der Gerichtshof als Institution maßgeblich an Einfluss gewonnen, da seither auch Individualbeschwerden zulässig sind. Seine Urteile sind nicht nur eine Auslegungshilfe für die nationalen Gerichte; sie ermöglichen in nationalen Gerichtsverfahren das Führen von Restitutionsklagen nach § 580 Nr. 8 ZPO, auf den für Arbeitsrechtsprozesse § 79 ArbGG verweist.

Die EMRK gewährleistet in erster Linie liberale Abwehrrechte.[198] Daneben enthält sie aber auch Elemente mit sozialstaatlicher Zielsetzung wie die Vereinigungsfreiheit.[199] Das in der EMRK als soziales Menschenrecht normierte Streikrecht geht allerdings nicht über die Gewährleistung von Art. 9 Abs. 3 GG hinaus.[200] Art. 11 Abs. 1 EMRK, nach welchem alle Menschen das Recht haben, sich friedlich zu versammeln und sich frei mit anderen zusammenzuschließen sowie zum Schutz ihrer Interessen Gewerkschaften zu bilden und

---

[194] BGBl. II 1952, S. 685 (berichtigt in BGBl. II 1952, S. 953).
[195] BVerfG Urt. v. 28. 1. 1960 – 1 BvR 145, 746/58 – BVerfGE 10, 271, 274.
[196] Hannich/Schädler, Karlsruher Kommentar zur StPO, EMRK, Vorbemerkung Rn. 4.
[197] BVerfG Beschl. v. 14.10.2004 – 2 BvR 1481/04 – BVerfGE 111, 307 ff.
[198] Seifert, EuZA 6 (2013), 205 (207).
[199] Ebenda.
[200] BAG Urt. v. 10.06.1980 – 1 AZR 168/79 – AP Nr. 65 zu Art. 9 GG Arbeitskampf.

ihnen beizutreten, umfasst nach Auffassung des EGMR auch das Recht, die beruflichen Interessen der Mitglieder einer Gewerkschaft durch von dieser durchgeführte kollektive Maßnahmen wahrzunehmen.[201]

Hier bestehen deutliche Überschneidungen zu den etwas klarer formulierten Bestimmungen der Vereinigungsfreiheit in Art. 5 und 6 der Europäischen Sozialcharta.

Aufgrund aktueller Entscheidungen des EGMR aus dem Jahr 2009 ist die Bedeutung von Art. 11 EMRK erheblich gestiegen.[202] So hat die Große Kammer des EGMR erstmalig das Streikrecht aus Art. 11 EMRK ausdrücklich anerkannt und das Bestehen eines Rechts auf Kollektivverhandlungen für Beamte klargestellt.

Die neue Entwicklung wird daher im Rahmen der Auslegung des Art. 9 GG künftig zu beachten sein. Lörcher spricht zu Recht von einem „Meilenstein in der Menschenrechtsentwicklung allgemein und der kollektiven Rechte (im öffentlichen Dienst) im Besonderen".[203] Die Darstellung der Konkretisierung kollektiver Rechte von Beamtinnen und Beamten ist jedoch nicht Gegenstand dieser Arbeit.

c. Europäische Sozialcharta

Das Recht der Arbeitnehmer und Arbeitgeber auf Arbeitskampfmaßnahmen bei Interessenkonflikten ist daneben auch in Teil II der Europäischen Sozialcharta (ESC) von 1961 völkerrechtlich verbindlich anerkannt. Art. 5 ESC gewährleistet die Vereinigungsfreiheit, während Art. 6 ESC das Recht auf Kollektivverhandlungen normiert. Dabei garantiert Art. 6 ESC das Streikrecht ausdrücklich.

---

[201] EGMR Gr. Kammer, Urt. v. 12.11.2008 – 34504/97 (Demir and Baykara/Türkei) – AuR 2009, 269 ff.; MüHBArbR/Ricken, § 197 Rn. 6 m.w.N.
[202] EGMR Gr. Kammer, Urt. v. 12.11.2008 – 34503/97 – Demir/Baykaral – Auszüge in AuR 2009, 269 ff.; EGMR, Urt. v. 21.04.2009 – 68959/01 – Enerji Yapi-Yol Sen – Auszüge in AuR 2009, 274 ff.
[203] Däubler/Lörcher, Arbeitskampfrecht, 3. Aufl., § 10 Rn. 41.

Aus Art. 6 Abs. 4 ESC leitet der Sachverständigenausschuss des Europarates die grundsätzliche Zulässigkeit von Unterstützungsstreiks und spontanen Arbeitsniederlegungen her.[204] Hierauf hat sich das BAG allerdings bisher in keiner seiner Entscheidungen gestützt – und zwar auch dann nicht, als es vom Ministerkomitee des Europarates ausdrücklich aufgefordert wurde, das nationale Arbeitskampfrecht zu ändern.[205]

Bei der ESC, die 1964 von der Bundesrepublik Deutschland ratifiziert wurde, handelt es sich um eine völkerrechtliche Verpflichtung, deren Regelungen die deutschen Gerichte im Rahmen der Auslegung beachten müssen, wenn sie die im Gesetzesrecht bezüglich der Ordnung des Arbeitskampfes bestehenden Lücken anhand von Wertentscheidungen der Verfassung ausfüllen.[206]

Dass die Bundesrepublik Deutschland diese Regelungen bei der Auslegung der innerstaatlichen Regelung des Arbeitskampfrechts zu beachten hat, hat das BAG wiederholt ausdrücklich klargestellt.[207] Zuletzt hat der 1. Senat in der Entscheidung vom 19.06.2007 im Zusammenhang mit der Aufgabe des unmittelbaren Tarifbezuges hierauf auch noch einmal Bezug genommen.[208]

Art. 31 ESC hebt wichtige Grenzen für Einschränkungen des Streikrechts hervor.[209] Solche Einschränkungen kommen nur in Betracht, wenn sie in einer demokratischen Gesellschaft zum Schutz der Rechte und Freiheiten anderer oder zum Schutz der öffentlichen Sicherheit und Ordnung, der Sicherheit des Staates, der Volksgesundheit und der Sittlichkeit notwendig sind.[210]

In seinem Urteil vom 19.06.2007 zur Zulässigkeit des Unterstützungsstreiks hat das BAG dieser Klarstellung folgend jetzt auch auf die ESC Bezug ge-

---

[204] Däubler, AuR 1998, 144 (147).
[205] Ministerkomitee des Europarats vom 03.02.1998, AuR 1998, 154; ausführlich dazu: Däubler, AuR 1998, 144 (147).
[206] BAG Urt. v. 10.06.1980 – 1 AZR 168/79 – AP Nr. 65 zu Art. 9 GG Arbeitskampf; BAG Urt. v. 05.03.1985 – 1 AZR 468/83 – AP Nr. 85 zu Art. 9 GG Arbeitskampf; v. 10.02.2002 – AP Nr. 162 zu Art. 9 GG Arbeitskampf; MüHBArbR/Ricken, § 197 Rn. 4; Konzen, JZ 1986, 157.
[207] BAG Urt. v. 10.12.2002 – 1 AZR 96/02 – AP Nr. 162 zu Art. 9 GG Arbeitskampf; BAG Beschl. v. 28.03.2006 – 1 ABR 58/04 – AP Nr. 4 zu § 2 TVG Tariffähigkeit.
[208] BAG Urt. v. 19.06.2007 – 1 AZR 396/06 – AP Nr. 162 zu Art. 9 Abs. 3 GG Arbeitskampf – BAGE 123, 134 – unter B I 3a.
[209] MüHBArbR/Ricken, § 197 Rn. 4.
[210] Ebenda.

nommen,[211] allerdings nur im Gesamtkontext und ohne die konkrete Überprüfung der dazu vom BAG entwickelten Grenzen bzw. Fallgruppen anhand dieses Maßstabes.[212] Damit zeigt das BAG zwar, dass es diese völkerrechtliche Verpflichtung der Bundesrepublik Deutschland ernst nimmt, ihr aber eine unmittelbare Geltung auf der Ebene eines Bundesgesetzes abspricht.[213]

d. ILO-Übereinkommen

Die Übereinkommen der ILO sind völkerrechtliche Vereinbarungen, die in der Regel keine unmittelbaren Rechtsfolgen für Arbeitnehmer, Arbeitgeber und ihre Koalitionen, sondern programmierte Schutzpflichten der ratifizierenden Staaten enthalten,[214] die bei der Rechtssetzung durch den Gesetzgeber sowie bei der Rechtsanwendung durch die Gerichte im Rahmen der völkerrechtsfreundlichen Auslegung zu berücksichtigen sind.[215]

Das Übereinkommen Nr. 87 der Internationalen Arbeitsorganisation[216] (Sonderorganisation der Vereinten Nationen [217]) ist von der Bundesrepublik Deutschland ratifiziert worden[218] und damit innerstaatliches Recht im Rang einfachen Bundesrechts.[219]

Art. 3 dieses Übereinkommens regelt die Koalitionsfreiheit, ohne dabei über den Regelungsgehalt von Art. 9 Abs. 3 GG hinauszugehen.[220] Dort heißt es:
> "1. Die Organisationen der Arbeitnehmer und der Arbeitgeber haben das Recht, sich Satzungen und Geschäftsordnungen zu geben, ihre Vertreter frei zu wählen, ihre Geschäftsführung und Tätigkeit zu regeln und ihr Programm aufzustellen.

---

[211] BAG Urt. v. 19.06.2007 – 1 AZR 396/06 – AP Nr. 162 zu Art. 9 Abs. 3 GG Arbeitskampf – unter B I 3a.
[212] Ebenda.
[213] Paukner, ZTR 2008, 130 (134).
[214] BAG Urt. v. 19.01.1982 – 1 AZR 279/81 – NJW 1982, 2279 ff.
[215] Däubler, Gewerkschaftsrechte im Betrieb, Rn. 31 ff.; Löwisch/Rieble, TVG, Rn. 310 ff.
[216] Übereinkommen Nr. 87 der ILO, in Kraft getreten seit dem 20.03.1958, Bekanntmachung vom 2.5.1958, BGBl. II S. 113.
[217] MüHBArbR/Ricken, § 197 Rn. 22.
[218] BGBl. 1956 II, S. 2072; 1958 II, S. 113.
[219] Kissel, Arbeitskampfrecht, § 20 Rn. 42; MüHBArbR/Ricken, § 197 Rn. 22.
[220] MüHBArbR/Ricken, § 197 Rn. 22.

2. Die Behörden haben sich jeden Eingriffs zu enthalten, der geeignet wäre, dieses Recht zu beschränken oder dessen rechtmäßige Ausübung zu behindern."

Die ILO leitet aus dieser Regelung nicht nur die Koalitionsfreiheit, sondern eine Streikgarantie[221] sowie diverse Verbote, diese zu beschränken, ab.[222] Auch ein Solidaritätsstreik sei danach zulässig, sofern der Hauptarbeitskampf zulässig sei.[223] Diese Auslegung hat auch der Ausschuss der ILO für Vereinigungsfreiheit getroffen.[224]

e. UN-Sozialpakt (ICESCR)

Der Internationale Pakt über wirtschaftliche, soziale und kulturelle Rechte (International Covenant on Economic, Social and Cultural Rights, ICESCR) ist ein von inzwischen 160 Staaten ratifizierter völkerrechtlicher Vertrag, mit dem die Unterzeichnerstaaten die wirtschaftlichen, sozialen und kulturellen (Menschen-)Rechte garantieren. Er ist von der Bundesrepublik Deutschland 1973 ratifiziert worden[225] und 1976 in Kraft getreten.[226] Seine Einhaltung wird vom UN-Ausschuss über wirtschaftliche, soziale und kulturelle Rechte überwacht.

Der UN-Sozialpakt garantiert in Teil III Art. 8 c) das Recht der Gewerkschaft auf freie Betätigung sowie in Art. 8 d) das Streikrecht, soweit dieses in Übereinstimmung mit der innerstaatlichen Rechtsordnung ausgeübt wird.[227] Auch Möglichkeiten der Einschränkung dieser in Art. 8 Sozialpakt gewährleisteten Rechte sind dort ausdrücklich genannt.

---

[221] Ableitung aus den in Art. 3 Abs. 1 ILO Nr. 87 enthaltenen Begriffen „Tätigkeit" und „Programm" i.V.m. Art. 10 ILO Nr. 87 „Förderung und den Schutz der Interessen der Arbeitnehmer oder der Arbeitgeber.
[222] MüHBArb/Ricken, § 197 Rn. 23.
[223] ILC, 69th Session 1983, Report III Part 4 b, Freedom of Association and Collective Bargaining, §§ 215 ff.; MüHBArb/Ricken, § 197 Rn. 23.
[224] Committee of Experts, General Survey of the Reports of the Freedom of Association and the Right to Organize Convention, Rn. 168.
[225] BGBl. 1973 II, S. 1569 sowie Drucksache 305/73 des Bundesrates v. 25.05.1973.
[226] BGBl. 1976 II, S. 428.
[227] Englischer Originaltext: http://www2.ohchr.org/english/bodies/cescr. Die Übersetzung und weitere Informationen über den Pakt finden sich unter: http://humanrights.ch/de/Instrumente/UNO-Abkommen/Pakt-I/index.htmlHumanrights.ch

Durch das Vertragsgesetz vom 23.12.1973, welches Grundlage der Ratifikation ist, haben auch die Normen des UN-Sozialpakts den Rang eines formellen Bundesgesetzes.

Am 05. März 2013 trat in zehn Staaten ein Zusatzprotokoll zum UN-Sozialpakt in Kraft, welches Individualbeschwerden bei den Vereinten Nationen ermöglicht, wenn sich Menschen in ihren durch den Pakt geschützten Rechten verletzt fühlen. Dieses Zusatzprotokoll wurde von der Bundesrepublik Deutschland bisher nicht ratifiziert.

Weder in den bisher vorgelegten Berichten der Bundesrepublik Deutschland an den zuständigen Ausschuss der Vereinten Nationen noch in den Berichten von Nicht-Regierungsorganisationen wird auf Art. 8 Sozialpakt eingegangen, so dass es bisher noch keine diesbezüglichen Feststellungen durch den Ausschuss gibt. Art. 8 Sozialpakt ist zwar kein unmittelbar geltendes nationales Recht; bei der Interpretation nationaler Rechtsvorschriften ist diese völkerrechtliche Verpflichtung aber zu beachten.[228]

Die vorstehend vorgestellten völkerrechtlichen Regelungen finden überwiegend im Wege der Auslegung Berücksichtigung und sind stets an Art. 9 Abs. 3 GG zu messen. Hieraus hat die Rechtsprechung das materielle Recht abzuleiten. Wie noch zu zeigen sein wird, öffnet die Rechtsprechung durch die neue Arbeitskampfkonzeption des 1. Senats des BAG das deutsche Recht zunehmend unionsrechtlichen und völkerrechtlichen Maßstäben.

B. Die Parteien des Arbeitskampfes

Partei des Arbeitskampfes kann grundsätzlich nur sein, wer tariffähig ist.[229] Dies folgt aus der bereits dargestellten Funktion des Arbeitskampfes als reines Hilfsinstrument der Tarifautonomie.[230]

---

[228] BVerfG Urt. v. 26.01.2005 – 2 BvF 1/03 – BVerfGE 112, 226 (245) – NJW 2005, 493 (494); Däubler, Gewerkschaftsrechte im Betrieb, Rn. 41.
[229] Kissel, Arbeitskampfrecht, § 25 Rn. 1.
[230] Hromadka/Maschmann, Arbeitsrecht, Bd. 2, § 14 Rn. 38; Kissel, Arbeitskampfrecht, § 25 Rn. 1.

Tariffähigkeit ist die Fähigkeit, einen Tarifvertrag abzuschließen. Diese Fähigkeit wird auch als Sonderfall der Rechtsfähigkeit bezeichnet.[231]

Gemäß § 2 Tarifvertragsgesetz (TVG) besitzen nur die Gewerkschaften, Arbeitgeberverbände (einschließlich ihrer Spitzenorganisationen) sowie einzelne Arbeitgeber Tariffähigkeit. Einzelne Arbeitnehmer können dagegen nicht Tarifpartei sein.

Damit eine Personenmehrheit als Gewerkschaft anerkannt wird und im Gegensatz zu sonstigen Zusammenschlüssen von Arbeitnehmern Tariffähigkeit erlangt, muss sie die Interessen der Mitglieder wahrnehmen, vom Gegner unabhängig sein, eine überbetriebliche Organisation vorweisen können und über die Bereitschaft verfügen, Tarifverträge zu schließen.[232] Auf ihre Rechtsfähigkeit oder Rechtsform kommt es ebenso wenig an wie bei den Arbeitgebervereinigungen, für deren Tariffähigkeit dieselben Voraussetzungen gelten.[233]

Die Tarifzuständigkeit, also die Fähigkeit der betroffenen Koalitionen, innerhalb des in ihrer jeweiligen Satzung festgelegten Geschäftsbereichs einen wirksamen Tarifvertrag abschließen zu können,[234] ist – jedenfalls seit der noch zu erörternden neuen Rechtsprechung des Bundesarbeitsgerichts zur Zulässigkeit des Unterstützungsstreiks[235] – keine Voraussetzung (mehr) für die Parteistellung im Arbeitskampf.

Daran ändert auch das Erfordernis nichts, dass ein Arbeitskampf auf ein tariflich regelbares Ziel gerichtet sein muss.[236] Diesbezüglich deutet sich – wie an späterer Stelle[237] noch dargestellt und von Däubler schon lange gefordert wird[238] – die Aufgabe dieser Voraussetzung für das Arbeitskampfrecht an.

---

[231] Kissel, Arbeitskampfrecht, § 9 Rn. 1.
[232] BAG, Beschl. v. 28.03.2006 – 1 ABR 58/04 – BAGE 117, 308 – NZA 2006, 1112 (1115).
[233] Ebenda.
[234] BAG Urt. v. 23.10.1996 – 4 AZR 409/95 – BAGE 84, 238 (244) v. 23.02.2005 – 4 AZR 186/04 – AP Nr. 42 zu § 4 TVG Nachwirkung.
[235] BAG Urt. v. 19.06.2007 – 1 AZR 396/06 – AP Nr. 173 zu Art 9 GG Arbeitskampf – BAGE 123, 134.
[236] Siehe unter Abschnitt 1 A VI (2).
[237] Siehe unter Abschnitt 2, 4. Teil unter E.
[238] Däubler, AuR 1998, 144 (148).

Hierzu an dieser Stelle zunächst nur so viel auszuführen, dass sich ein Unterstützungsstreik an einen Arbeitgeber richtet, der rein faktisch gar nicht in der Lage ist, die mit dem Hauptarbeitskampf bezweckten Forderungen zu erfüllen.[239] Das BAG stellt dazu fest, es reiche aus, dass in der Realität des Arbeits- und Wirtschaftslebens unabhängig von formellen Verbandszugehörigkeiten zahlreiche unterschiedliche Einfluss- und Reaktionsmöglichkeiten bestehen.[240] So existierten insbesondere zwischen wirtschaftlich und regional verbundenen Arbeitgebern unabhängig von einer Mitgliedschaft im selben Arbeitgeberverband regelmäßig zahlreiche Verbindungen und Kontakte, die eine zumindest informelle, darum aber keineswegs weniger wirksame Einflussnahme ermöglichen.[241] In der Entscheidung zum Unterstützungsstreik stellt das BAG somit ganz bewusst nicht auf die Tarifzuständigkeit, sondern darauf ab, dass die jeweiligen Maßnahmen „auf den Abschluss von Tarifverträgen gerichtet" sind.[242]

---

[239] BAG Urt. v. 19.06.2007 – 1 AZR 396/06 – AP Nr. 173 zu Art 9 GG Arbeitskampf – BAGE 123, 134 – unter I 3c) der Gründe (Rn. 34); Meyer, NZA 2011, 1392 (1392); ErfK/Dieterich, Art. 9 GG Rn. 116.
[240] BAG Urt. v. 19.06.2007 – 1 AZR 396/06 – AP Nr. 173 zu Art 9 GG Arbeitskampf – BAGE 123, 134.
[241] BAG Urt. v. 19.06.2007 – 1 AZR 396/06 – AP Nr. 173 zu Art 9 GG Arbeitskampf – BAGE 123, 134 – unter I 3c) der Gründe (Rn. 34); Urt. v. 18.02.2003 – 1 AZR 142/02 – BAGE 105, 5.
[242] BAG Urt. v. 19.06.2007 – 1 AZR 396/06 – AP Nr. 173 zu Art 9 GG Arbeitskampf – BAGE 123, 134 unter I1a der Gründe (Rn. 11).

C. Arbeitskampfmittel

Die Wahl der Mittel, die die Arbeitskampfparteien zur Erreichung ihres Ziels für geeignet halten, überlässt Art. 9 Abs. 3 GG grundsätzlich den Koalitionen.[243] Einen numerus clausus zulässiger Kampfmittel gibt es nicht.[244] Soweit die Verfolgung des Vereinigungszwecks von dem Einsatz bestimmter Mittel abhängt, werden daher auch diese vom Schutz des Grundrechts umfasst.[245]

Dies stellt der 1. Senat des BAG in seinem Urteil zur Zulässigkeit des Unterstützungsstreiks vom 19.06.2007 noch einmal ausdrücklich klar, indem er ausführt, dass Art. 9 Abs. 3 S. 1 GG nicht nur bestimmte Formen des Streiks schützt, welche für eine funktionsfähige Tarifautonomie erforderlich sind, sondern alle koalitionsspezifischen Verhaltensweisen.[246] Als Begrenzung für den Einsatz jeglicher Arbeitskampfmaßnahme – und somit auch für die Wahl des Kampfmittels – gelte aber der Grundsatz der Verhältnismäßigkeit.[247]

Im Folgenden werden die typischen Arbeitskampfmittel der Arbeitnehmer- und der Arbeitgeberseite in ihren jeweiligen Ausprägungen vorgestellt. Einige von ihnen sind verfassungsrechtlich anerkannt, andere dagegen wurden von der Rechtsprechung – zumindest bisher – als rechtswidrig eingestuft.

---

[243] BVerfG Urt. v. 06.05.1964 – 1 BvR 79/62 – BVerfGE 18, 18 (29 ff.); BVerfG Beschl. v. 26.06.1991 – 1 BvR 779/85 – unter C I 1a (Rn. 34) der Gründe – AP Nr. 117 zu Art. 9 GG Arbeitskampf.

[244] Anders das BAG Urt. v. 22.09.2009 – 1 AZR 972/08 – BAGE 132, 140 – unter B II 2 bb (Rn. 34). – Danach unterfällt dem Schutz des Art.9 Abs.3 GG ein historisch gewachsener, abschließender numerus clausus von Arbeitskampfmitteln. Diesen erstmals festgestellten abschließenden Charakter der Kampfmittel hebt das BAG aber im darauffolgenden Satz selbst wieder auf, in dem es ausführt, es gehöre zur verfassungsrechtlich geschützten Freiheit der Koalitionen, ihre Kampfmittel an die sich wandelnden Umstände anzupassen, um dem Gegner gewachsen zu bleiben und ausgewogene Tarifabschlüsse zu erzielen.

[245] BVerfG Beschl. v. 26.06.1991 – 1 BvR 779/85 – unter C I 1 a der Gründe – AP Nr. 117 zu Art. 9 GG Arbeitskampf.

[246] BAG Urt. v. 19.06.2007 – 1 AZR 396/06 – AP Nr. 173 zu Art 9 GG Arbeitskampf – BAGE 123, 134 – Rn. 11, 19 ff.

[247] BVerfG Beschl. v. 26.06.1991 – 1 BvR 779/85 – unter A II 2 der Gründe – BVerfGE 84, 212 (225); BVerfG Beschl. v. 02.03.1993 – 1 BvR 1213/85 – unter C II 3 der Gründe – BVerfGE 88, 103 (114).

Diese Darstellung verdeutlicht die jeweilige Kampfstärke der Parteien in Bezug auf die bisher schon herrschende Vielfalt und Kreativität in Bezug auf die eingesetzten Kampfmittel und zeigt die bisherige Ausdifferenzierung auf der Ebene des Schutzbereichs des Art. 9 Abs. 3 GG.

I. Kampfmittel der Arbeitnehmerseite

1. Streik

Hauptkampfmittel der Arbeitnehmerseite ist der Streik.[248] Streik ist die von einer größeren Anzahl von Arbeitnehmern planmäßig und gemeinschaftlich durchgeführte Verletzung der Arbeitspflicht zur Erreichung eines gemeinschaftlichen Ziels[249] oder prägnanter: die kollektive Arbeitsniederlegung.[250]

Unter Streik wird nicht nur der Kampfzustand selbst verstanden; Streik ist zugleich Kampfbeschluss, Kampfzustand und das Gesamthandeln aller Streikenden während des gesamten Streikverlaufs.[251] Daher ist auch der Sprachgebrauch richtig, der gleichbedeutend von „Streik" in der bayerischen Metallindustrie" oder "Streik der bayerischen Metallarbeiter" spricht.[252]

Entlehnt ist der Begriff „Streik" vom englischen Verb „to strike", womit ursprünglich das unerwartete Zuschlagen durch die Arbeitnehmer beschrieben wurde.[253] Gamillscheg bedauert in diesem Zusammenhang das Aussterben des ursprünglich mal synonym verwendeten deutschen Begriffs „Ausstand".[254]

---

[248] MüHBArbR/Ricken, § 193 Rn. 5.
[249] BAG GS, Beschl. v. 28.01.1955 – GS 1/54- BAGE 1, 291 (304); Gamillscheg, KollArbR,Bd. I, S. 985; Hromadka, Bd. 2, § 14 Rn. 24; Preis, Kollektivarbeitsrecht, § 113 S. 306.
[250] BAG GS, Beschl. v. 28.01.1955 – GS 1/54 – unter I 3 (Rn. 33 ff.) der Gründe – AP Nr. 1 zu Art 9 GG Arbeitskampf; Decruppe, Anm. 1 zu LAG Berlin-Brandenburg, 5. Kammer, Urt. v. 29.09.2008 – 5 Sa 967/08 – jurisPR – ArbR 1/2009 unter B; Rüthers, NZA 2010, 6 (8).
[251] Gamillscheg, KollArbR, Bd. I, S. 912.
[252] BAG GS, Beschl. v. 28.01.1955 – GS 1/54 – unter I 5 (Rn. 49) der Gründe.
[253] Gamillscheg, KollArbR, Bd. I, S. 912.
[254] Ebenda.

Der Streik ist als Arbeitskampfmittel verfassungsrechtlich anerkannt.[255]

Folge eines rechtmäßigen Streiks ist das Entfallen des Vergütungsanspruches bedingt durch die Suspendierung der gegenseitigen Hauptpflichten aus dem Arbeitsvertrag (Leistung von Arbeit gegen Zahlung der Vergütung).[256] Da den Arbeitnehmern dadurch vorübergehend die Existenzgrundlage entzogen wird, bezeichnet der Große Senat des Bundesarbeitsgerichtes das Kampfmittel Streik auch als durchaus zweischneidige Waffe mit ambivalenten Rechtsfolgen.[257] Das Entfallen des Vergütungsanspruches ist aber gemessen an den mit einem Streik langfristig zu erzielenden Verbesserungen der Arbeitsbeziehungen ein relativ kurzfristiger Nachteil.[258]

Es lassen sich verschiedene Arten des Streiks unterscheiden. Diese gliedern sich zunächst nach der Angriffsrichtung in Angriffsstreik, als Regelfall des Streiks, mit welchem die Gewerkschaft den Arbeitskampf beginnt, und den weitaus selteneren Abwehrstreik, bei dem die Arbeitgeberseite den Arbeitskampf als Angreifer z.B. mit einer Angriffsaussperrung anfängt.[259]

Weiter unterscheidet man Streikarten nach der Angriffsrichtung bzw. der räumlichen Intensität in Voll- bzw. Flächenstreik, Teilstreik, Schwerpunktstreik, Spezialistenstreik und Generalstreik.[260]

Während von einem Generalstreik alle wesentlichen Industriezweige und bei einem Flächenstreik zumindest alle Unternehmen eines Tarifgebietes erfasst sind, liegt ein Teilstreik vor, wenn nicht alle Arbeitnehmer, für die der zu erstreikende Tarifvertrag Geltung haben soll, die geschuldete Arbeit verweigern.[261] Beschränkt sich ein Streik auf einzelne Unternehmen eines Tarifge-

---

[255] BVerfG v. 02.03.1993 – 1 BvR 1213/85 – unter C II 1 der Gründe – BVerfGE 88, 103 (114); v. 04.07.1995 – 1 BvF 2/86 – unter C I 1 b – BVerfGE 92, 365 (394).
[256] BAG GS, Beschl. v. 21.04.1971 – GS 1/68 – Teil III C 1, AP Nr. 43 zu Art. 9 GG Arbeitskampf.
[257] BAG Urt. v. 10.06.1980 – 1 AZR 822/79 – AP Nr. 64 zu Art 9 GG Arbeitskampf – unter AV1 (Rn. 82).
[258] Otto, Arbeitskampf- und SchlichtungsR, § 11 Rn. 738.
[259] Ebenda; MüHBArb/Ricken, § 193 Rn. 5.
[260] ErfK/Dieterich, Art. 9 GG Rn. 162; Gamillscheg, KollArbR, Bd. I, S. 912 f.; MüHBArb/Ricken, § 193 Rn. 5
[261] Gamillscheg, KollArbR, Bd. I, S. 912 f.; Otto, Arbeitskampf- und SchlichtungsR, § 11 Rn. 738; MüHBArb/Ricken, § 193 Rn. 5.

bietes oder einzelne Betriebe eines Unternehmens, handelt es sich um einen Schwerpunktstreik.[262]

Dieser wiederum ist abzugrenzen vom Spezialistenstreik, der einen Streikaufruf an nur einzelne Arbeitnehmer in bestimmten Schlüsselpositionen bezeichnet.[263] Durch die Veränderung industrieller Fertigungsabläufe und die immer engere Verzahnung der Produktion verschiedener Hersteller und Standorte (sog. „just-in-time-Produktion") hat sich in vielen Wirtschaftsbereichen eine erheblich gesteigerte Störanfälligkeit für die zeitgerechte Fertigstellung von Gütern und Dienstleitungen entwickelt.[264] Flächendeckende Lähmungen von Wirtschaftszweigen und Unternehmen können dadurch heute schon mit sehr kleinen Gruppen von Streikenden erzeugt werden.[265]

Rüthers bezeichnet diese Streikform als die „Minimax-Strategie".[266] Typisches Beispiel hierfür sei die Automobilindustrie, in der durch einen Streik in einem kleinen hoch spezialisierten Zulieferbetrieb die gesamte Produktion eines Automobilwerkes lahmgelegt werden kann.[267]

In den letzten Jahren werden vermehrt auch sog. Wechselstreiks, die z.T. auch als rollierende Streiks[268] bezeichnet werden, durchgeführt. Bei dieser Streikform werden in ständig wechselnden Unternehmen kurze Arbeitsniederlegungen durchgeführt.[269]

Ein Wellenstreik beschreibt dagegen die wechselnde Arbeitsverweigerung von Arbeitnehmern verschiedener Abteilungen oder Schichten innerhalb eines Unternehmens, die zeitlich nacheinander ohne vorherige Ankündigung ihre Arbeit niederlegen bzw. diese wieder aufnehmen, sobald eine andere Abteilung mit der Arbeitsverweigerung beginnt.[270] Ein bekanntes Beispiel hierfür ist ein Wellenstreik im Rahmen der Tarifauseinandersetzungen in der Druckindustrie im

---

[262] Otto, Arbeitskampf- und SchlichtungsR, § 11 Rn. 5; MüHBArb/Ricken, § 193 Rn. 5.
[263] Gamillscheg fasst auch dieses Vorgehen unter den Begriff „Punktstreik" ohne begrifflich weiter zu differenzieren (KollArbR, Bd. I, S. 912 unter a) (1)).
[264] MüHBArb/Ricken, § 193 Rn. 5.
[265] Ebenda.
[266] Rüthers, NZA 2010, 6 (8).
[267] Rüthers, NZA 2010, 6 (8).
[268] Rüthers, NZA 1986, 11 (14).
[269] MüHBArb/Ricken, § 193 Rn. 5.
[270] BAG Urt. v. 12.11.1996 – 1 AZR 364/96 – AP Nr. 147 zu Art. 9 GG Arbeitskampf – BAGE 84, 302; Otto, Arbeitskampf- und SchlichtungsR, § 11 Rn. 738.

Jahr 1994.[271] Damals war ein Druckhaus an 15 Tagen von Arbeitskampfmaßnahmen betroffen. Die Streiks erstreckten sich jeweils auf einzelne Schichten oder Teile davon. So wurden am 5., am 14. und 15. Mai sowie am 1. und am 2. Juli 1994 die Früh- und die Mittelschicht bestreikt. Dabei waren die Streikaufrufe zeitlich unbeschränkt; die Arbeitsniederlegungen wurden jeweils zum Ende der Mittelschicht beendet.

---

[271] BAG Urt. v. 17.02.1998 – 1 AZR 386/97 – AP Nr. 152 zu Art. 9 GG Arbeitskampf – BAGE 88, 53 ff.

2. Warnstreik

Warnstreiks sind tarifbezogene befristete Streiks, die während laufender Tarifverhandlungen stattfinden[272] und von vornherein auf eine bestimmte Dauer beschränkt sind.[273]

Das BAG erkennt Warnstreiks nicht als eigenständiges Kampfmittel an, sondern bezeichnet sie als eine Form des Erzwingungsstreiks.[274] In der Literatur[275] werden sie dagegen vielfach als Arbeitsniederlegungen vor dem Scheitern der Verhandlungen zum Zwecke der Demonstration der Kampfbereitschaft und damit als eigenständiges Kampfmittel angesehen.

Die andersartige Zielrichtung verdeutlicht den Unterschied: Bei den o.g. Streikformen geht es darum, im Hinblick auf die umkämpfte Forderung mit dem höchstmöglichen Druck eine abschließende Regelung zu erzielen, dabei aber möglichst die Kampfkosten gering zu halten.[276] Der Warnstreik will dagegen keine abschließende Regelung bewirken, sondern nur den erhobenen Forderungen Nachdruck verleihen oder zumindest Verhandlungsbereitschaft beim Gegner erzeugen.[277]

Für die Gewerkschaften bietet diese Streikform zahlreiche Vorteile, nämlich die nur geringe Belastung der Streikkassen, die Effektivität der Druckwirkung und die solidarisierende Wirkung unter den Arbeitnehmern.[278]

Diese Streikform wurde vom BAG trotz des vom Großen Senat mehrfach aufgestellten und damit nach § 45 Abs. 2 ArbGG für alle Senate verbindlichen „Ultima-ratio-Grundsatzes"[279] mit Urteil vom 17.12.1976 als milderes Mittel im Verhältnis zum Dauerstreik zugelassen und der Einsatz dieses Kampfmittels

---

[272] BAG Urt. v. 17.12.1976 – AP Nr. 51 zu Art. 9 GG Arbeitskampf – NJW 1977, 1079 (1079); Rüthers, NZA 2010, S. 6 (9).
[273] Brox/Rüthers/Henssler, Rn. 40.
[274] BAG Urt. v. 21.06.1988 – 1 AZR 651/86 – AP Nr. 108 zu Art. 9 GG – Arbeitskampf – BAGE 58, 364.
[275] Otto, Arbeitskampf- und SchlichtungsR, § 10 Rn. 19; Henssler, ZfA 2010, 397 (420).
[276] Gamillscheg, KollArbR, Bd. I, S. 1159.
[277] MüHBArb/Ricken, § 193 Rn. 5; Gamillscheg, KollArbR Bd. I, S. 1159.
[278] Gamillscheg, KollArbR, Bd. I, S. 1159.
[279] BAG GS, Beschl. v. 28.01.1955 – GS 1/54 – BAGE 1, 291 und BAG GS, Beschl. v. 21.04.1971 – BAGE 23, 292 (306) – NJW 1971, 1668.

den Gewerkschaften durch die Fiktion einer Scheiternserklärung durch die Aufnahme von Kampfmaßnahmen erleichtert.[280]

Nach scharfer Kritik aus der Literatur[281] nahm das BAG diese Entscheidung später wieder zurück.[282] Der Warnstreik ist von nun an nicht mehr verhandlungsbegleitend zulässig, sondern darf – wie alle Kampfmittel – erst nach Scheitern der Verhandlungen eingesetzt werden.[283] Allerdings überlässt das BAG die Bestimmung des Zeitpunktes des Scheiterns der Verhandlungen weiterhin den Tarifpartnern. Diesen Zeitpunkt können sie auch konkludent durch Einsatz von Kampfmitteln erklären.[284] Das Ultima-ratio-Prinzip verlange nicht, dass die Tarifverhandlungen förmlich für gescheitert erklärt würden, damit Arbeitskampfmaßnahmen zulässig würden.[285] In der Einleitung von Arbeitskampfmaßnahmen liege vielmehr die freie und nicht nachprüfbare Entscheidung der Tarifvertragspartei, dass sie die Verhandlungsmöglichkeiten ohne begleitende Arbeitskampfmaßnahmen als ausgeschöpft ansehe.[286]

Dies führt dazu, dass es die Gewerkschaften in der Praxis weiterhin in der Hand haben, jederzeit zu Warnstreiks zu greifen und damit die Verhandlungen für gescheitert zu erklären.

---

[280] BAG Urt. v. 17.12.1976 – 1 AZR 605/75 – AP Nr. 51 zu Art. 9 GG Arbeitskampf – BAGE 28, 295.
[281] Adomeit, NJW 1985, 2515 ff.; Lieb, NZA 1985, 265 ff.
[282] BAG Urt. v. 21.06.1988 – 1 AZR 651/86 – NZA 1988, 846 (847 f.) – BAGE 58, 364 (A I 2 der Gründe).
[283] Ebenda, LS 2.
[284] Ebenda, A I 3 b) der Gründe.
[285] Ebenda, A I 3 b) der Gründe.
[286] Ebenda, A I 3c) der Gründe.

3. Bummelstreik

Keine Streiks im Sinne einer vollständigen Arbeitsniederlegung sind Bummelstreiks.[287] Diese werden oft auch als „Dienst nach Vorschrift" bezeichnet.[288] Der Arbeitnehmer bietet seine Arbeitsleistung zwar an, erbringt sie aber bewusst langsam und nicht in der geschuldeten Weise oder missversteht bewusst Vorschriften zum Arbeitsablauf.[289]

Dieses Arbeitskampfmittel wurde und wird vor allem von Beamten angewendet, da das Beamtenrecht den legalen Streik in Form einer vollständigen Arbeitsverweigerung nicht vorsieht.[290] Die penible Einhaltung aller Vorschriften erzeugt einen streikähnlichen Zustand.[291]

Beispiel für dieses Vorgehen ist die von der Postgewerkschaft im Jahre 1962 durchgeführte Aktion „Igel". Hierbei wurden die von der Bundespost angeordneten Dienstvorschriften penibel eingehalten und ihre Einhaltung sogar bewusst überzogen. So wurden z.B. von der Bundespost angeordnete Stichproben für Briefe auf korrekte Frankierung von den Arbeitnehmern zum Zwecke des Bummelstreiks bei jedem zweiten Brief vorgenommen, falsch geklebte Briefmarken beanstandet, Sendungen ohne Anlass umständlich abgewogen, alle Geldscheine untersucht und Fragen weitschweifig beantwortet. Durch dieses Vorgehen wollte die Postgewerkschaft die Vorteile eines Streiks erreichen, ohne die den Beamten drohenden negativen Folgen – vor allem disziplinarische Maßnahmen wie Dienstaufsichtsbeschwerden – auszulösen.

---

[287] MüHBArbR/Ricken, § 193 Rn. 6; ErfK/Dieterich/Linsenmaier, Art. 9 GG Rn. 274 bezeichnen Bummelstreiks als atypisches Arbeitskampfmittel.
[288] Otto, Arbeitskampf- und SchlichtungsR, § 11 Rn. 739; MüHBArbR/Ricken, § 193 Rn. 6 mit weiteren Synonymen wie z.B. „Slow go".
[289] MüHBArbR/Ricken, § 193 Rn. 6.
[290] Der Regierungsentwurf des Bundesbeamtengesetzes von 1951 enthielt sogar den Passus: „Dienstverweigerung oder Arbeitsniederlegung, auch zum Zweck der Wahrung oder der Förderung der Arbeitsbedingungen, sind unzulässig". Dieser wurde vom Bundestagsausschuss zwar gestrichen – allerdings mit der Begründung, die Unvereinbarkeit der Dienstverweigerung oder der Arbeitsniederlegung mit den Pflichten eines deutschen Beamten sei so klar gegeben, dass die Aufnahme dieser Regelung nicht notwendig sei.
[291] Otto, Arbeitskampf- und SchlichtungsR, § 10 Rn. 48.

4. Massenhaft ausgeübte Individualarbeitsrechte

Eine weitere Form von Streik ist auch, wenn Arbeitnehmer eines Unternehmens kollektiv individualarbeitsrechtliche Rechtspositionen einsetzen, um den Arbeitgeber zum Erreichen eines Kampfziels zu zwingen.[292]

Dies kann z.B. durch eine abgestimmte Beendigung der Arbeitsverhältnisse durch Kündigungen geschehen, um den Arbeitgeber zur Fortsetzung der Beschäftigungsverhältnisse unter verbesserten Bedingungen zu bewegen.[293] Denkbar ist auch die kollektive Ausübung des Widerspruchsrechts aus § 613a Abs. 6 BGB. Der Einsatz dieser Art von Streik birgt indes erhebliche Risiken für die Arbeitnehmer, denn zum einen sieht die herrschende Meinung nur von einer Gewerkschaft getragene Streiks als rechtmäßig an und zum anderen bewegt sich die kollektive Ausübung z.B. des Rechtes aus § 613a BGB an der Grenze des Rechtsmissbrauchs, wenn dieses zum Ziel hat, nicht nur einen Arbeitgeberwechsel, sondern einen Betriebsübergang als solchen zu verhindern.[294]

5. Boykott

Ein weiteres, „althergebrachtes Kampfmittel"[295] ist der Boykott. Der Boykott ist die planmäßige Absperrung eines Gegners vom geschäftlichen Verkehr aufgrund einer Aufforderung des Boykottierers (Verrufers) an die Ausführenden des Boykotts (Boykottanten), den Vertragsabschluss mit dem Boykottierten (Verrufenen) zu unterlassen, mit dem Ziel, dadurch die kollektivvertragliche Beilegung einer Gesamtstreitigkeit zu erreichen.[296] Es handelt sich also um

---

[292] BAG Urt. v. 08.02.1957 – 1 AZR 169/55 – NJW 1957, 647 (648); MüHBArb/Ricken, § 193 Rn. 7; Otto, Arbeitskampf- und SchlichtungsR, § 11 Rn. 742; a.A. Däubler, Arbeitskampfrecht, 3. Aufl., Rn. 54, der Störungen im Bereich des allgemeinen Vertragsrechtes nicht unter Arbeitskampfmaßnahmen fassen möchte.
[293] MüHBArbR/Ricken, § 193 Rn. 7.
[294] BAG Urt. v. 30. 9. 2004 – 8 AZR 462/03 – AP Nr. 275 zu § 613a BGB – NZA 2005, 43.
[295] BAG Urt. v. 19.10.1976 – 1 AZR 611/75 – AP Nr. 6 zu § 1 TVG – BAGE 28, 225.
[296] Dieterich, Solidaritätsstreik, 2003, S. 29 m.w.N.

einen Ausdruck kollektiver Verweigerungshaltung in Bezug auf den Abschluss rechtsgeschäftlicher Kontakte.[297]

Mit diesem organisierten, wirtschaftlichen Druckmittel wurden vor allem um die Jahrhundertwende viele Unternehmen zeitweise vom regelmäßigen Geschäftsverkehr ausgeschlossen.[298] Öffentlichkeitswirksame Beispiele liegen lange zurück, denn dieses Kampfmittel wird von den Gewerkschaften inzwischen nur noch selten angewandt.

Zu erwähnen ist hier ein Aufruf der ÖTV an Hafenarbeiter Mitte der siebziger Jahre. Die Hafenarbeiter sollten die Entladung solcher Schiffe verweigern, deren Reeder sich weigerten, Tarifverträge zugunsten der Seeleute abzuschließen.[299]

Die überwiegende Meinung in der Literatur sieht diese Form des Boykotts auch als Unterform des Unterstützungsstreiks an.[300] Zwar kann es hier – anders als beim typischen Unterstützungsstreik – auch zu einer direkten Druckausübung auf den „Adressaten-Arbeitgeber" kommen; eine solche direkte Einwirkung auf den Adressaten der Kampfforderung ist aber auch dem Unterstützungsstreik nicht fremd. Jedenfalls in der Fallgruppe der Neutralitätspflichtverletzung kommt dies vor, wenn der bestreikte Dritte Streikarbeiten übernimmt.

Dieterich erkennt zwar eine Gemeinsamkeit zwischen Boykott und Unterstützungsstreik darin, dass die agierenden Arbeitnehmer das Ziel haben, die Arbeitnehmer des Hauptarbeitskampfes zu unterstützen.[301] Die Arbeitsverweigerung im Rahmen eines Boykotts sei – anders als beim Unterstützungsstreik – aber deshalb nicht als Streik einzustufen, weil von den Arbeitnehmern nicht

---

[297] MüHBArb/Ricken, § 193 Rn. 9; Kissel, Arbeitskampfrecht, § 61 Rn. 122 f.; Otto, Arbeitskampf- und SchlichtungsR, § 11 Rn. 741.
[298] Kissel, Arbeitskampfrecht, § 61 Rn. 123.
[299] BAG v. 19.10.1976 – 1 AZR 611/75 – AP Nr. 6 zu § 1 TVG – BAGE 28, 225.
[300] Gamillscheg, KollArbR, Bd. I, S. 1056; Seiter, Arbeitskampfparität, S. 29; Däubler/Wolter, Arbeitskampfrecht, 3.Aufl., § 17 Rn. 93; Birk, Rechtmäßigkeit, S. 97; Schaub/Treber, Arbeitsrechts-Handbuch, 14. Aufl., § 192 Rn. 12.
[301] Dieterich, Solidaritätsstreik, 2003, S. 31.

jede Arbeit schlechthin verweigert wird, sondern nur diejenige in Bezug auf das boykottierte Unternehmen.[302]

Dies vermag nicht zu überzeugen, da, wie vorstehend bei den Streikarten ausgeführt, nicht jeder Streik die vollständige Arbeitsniederlegung voraussetzt. Die Grundannahme Dieterichs, dass es sich beim Boykott in den meisten Konstellationen nicht um einen Unterfall des Unterstützungsstreiks handelt, verdient aber Zustimmung. Als Begründung überzeugender ist aber, dass sich die Arbeitsverweigerung bei einem Boykott nicht (jedenfalls nicht in jeder denkbaren Konstellation) auf eine Arbeitsleistung bezieht, die eigentlich von den streikenden Arbeitnehmern zu verrichten wäre, sondern gegen Arbeit, die dazu dient, das bestreikte Unternehmen zu bedienen. Ziel ist es also, dass bestreikte Unternehmen vom geschäftlichen Verkehr auszuschließen.[303]

Zwischenzeitlich gibt es auch über das Internet immer mal wieder Aufrufe zu einem Boykott, die jedoch meistens erfolglos ablaufen. So fanden sich im Internet in den letzten Jahren z.B. immer wieder Aufrufe gegen die ehemalige Drogerie-Kette Anton Schlecker, ohne dass diese jedoch ein ernst zu nehmendes Ausmaß angenommen hätten.

6. Betriebsblockade

Auch die klassische Betriebsblockade, also das vollständige Blockieren des Betriebsablaufes eines Unternehmens etwa durch eine Blockade der Zu- und Abfahrten des Betriebsgeländes[304] oder durch die Bildung von Menschenketten[305], die den Zutritt auf das Werksgelände vereiteln sollen, wird als Kampfmittel von den deutschen Gewerkschaften heute nur noch selten angewendet. Grund für die Anwendung solcher Kampfmittel in den aufkommenden 1980iger Jahren war der zunehmende Einzug der Technisierung in die Unternehmen, die es in einigen Branchen (z.B. der Druckindustrie) ermöglicht, mit nur einem geringen Teil der Stammbelegschaft die Produktion aufrecht zu erhalten.[306]

---

[302] Ebenda.
[303] MüHBArb/Ricken, § 193 Rn. 9; Kissel, Arbeitskampfrecht, § 61 Rn. 122 f.; Otto, Arbeitskampf- und SchlichtungsR, § 11 Rn. 741.
[304] MüHBArbR/Ricken, § 193 Rn. 8.
[305] Lieb/Jacobs, Arbeitsrecht, 9. Aufl., § 7 Rn. 700.
[306] Otto, Arbeitskampf- und SchlichtungsR, § 11 Rn. 740; Löwisch, RdA 1987, 219 (221).

Ziel von Betriebsblockaden ist somit die Verhinderung der Zulieferung von Materialien bzw. die Auslieferung der Produktion.[307]

Inzwischen hat der 1. Senat des Bundesarbeitsgerichts in zwei Grundsatzentscheidungen im Zusammenhang mit einem im Sommer 1984 geführten Arbeitskampf in der Druckindustrie entschieden, dass eine Blockade eines Betriebes ein Eingriff in den eingerichteten Gewerbebetrieb und damit eine unerlaubte Handlung ist.[308] Für den Einsatz dieser unerlaubten Handlungen wurde die verantwortliche Gewerkschaft dem Grunde nach zu Schadensersatzleistungen gegenüber dem betroffenen Arbeitgeber verurteilt, da sie ihrer Pflicht, alles zu tun, um eine Schädigung des bestreikten Unternehmens zu verhindern, nicht nachgekommen sei.[309] Diese Maßnahmen gehen damit über die kollektive Verweigerung der eigenen Arbeitsleistung hinaus.[310]

7. Politischer Streik

Unter einem politischen Streik ist die Niederlegung der Arbeit zur Durchsetzung politischer Ziele zu verstehen.[311] Er richtet sich also gegen den Gesetzgeber (Regierung und Parlament), die Verwaltung oder die Rechtsprechung in einem Staat oder einer Gebietskörperschaft mit dem Ziel, die öffentliche Meinung in einem bestimmten Sinn zu beeinflussen, und nicht wie der Tarifstreik gegen einen einzelnen Arbeitgeber bzw. einen Arbeitgeberverband, um bessere Arbeits- und Wirtschaftsbedingungen durchzusetzen.[312]

Anders als im europäischen Ausland[313] ist der politische Streik in der Bundesrepublik Deutschland verboten, da er mit dem in der Verfassung verankerten Demokratieprinzip (Art. 20 Abs. 2 GG) unvereinbar ist, nach dem politische Willensentscheidungen frei von jeglichen Zwängen zu treffen sind.[314] Anderen-

---

[307] Otto, Arbeitskampf- und SchlichtungsR, § 11 Rn. 740; MüHBArbR/Ricken, § 193 Rn. 8.
[308] BAG Urt. v. 21.06.1988 – 1 AZR 653/86 – Rn. 24 ff. – DB 1988, 1397; 1 AZR 651/86 – unter I 6 Rn. 80 f. und II 2 Rn. 92 ff. – DB 1988 S. 1952.
[309] Ebenda.
[310] Otto, Arbeitskampf- und SchlichtungsR, § 11 Rn. 740.
[311] ErfK/Dieterich, Art. 9 GG Rn. 119, 162; Gamillscheg, KollArbR, Bd. I, S. 913.
[312] Gamillscheg, KollArbR, Bd. I, S. 913.
[313] Z.B. Griechenland, Frankreich, Italien: Seifert, EuZA 6, 205 (213).
[314] LAG Rheinland-Pfalz Urt. v. 05.03.1986 – 1 Ta50/86 – LAGE Nr. 26 zu Art. 9 GG

falls könnten starke Gewerkschaften durch dieses Instrument politische Forderungen durchsetzen, die von einem großen Teil der Bevölkerung nicht geteilt werden. Aus diesem Grund liegen Beispiele für in der Bundesrepublik Deutschland geführte politische Streiks weit in der Vergangenheit. Zu nennen ist hier der Streik der Zeitungsdrucker im Mai 1952, der sich sowohl gegen den Entwurf des Betriebsverfassungsgesetzes der Bundesregierung als auch gegen den Generalvertrag richtete. Seinerzeit erschienen im gesamten Bundesgebiet nur wenige Notausgaben der Tageszeitungen.

Im Zusammenhang mit politischen Streiks werden in der Literatur häufig auch die beiden Reichsbahnerstreiks 1949 und 1980 in Berlin genannt,[315] wobei diese nicht nur politische Ziele verfolgten, sondern auch der Verbesserung der Arbeits- und Wirtschaftsbedingungen dienten. 1949 ging es um das Werteverhältnis der 1948 anfangs für beide Teile Deutschlands eingeführten Deutschen Ostmark zur wenige Monate später nur in Westberlin eingeführten Westmark. Die in Westberlin wohnenden Eisenbahner erhielten damals ihre Lohnzahlung in Ostmark, mussten jedoch wesentliche Lebenshaltungskosten (Miete) in Westmark zahlen (Verhältnis 1:4).[316] Die von der Reichsbahn erhobene Forderung, der Berliner Magistrat solle die Bezüge nach dem Vorbild der so genannten Grenzgänger in Westgeld umtauschen, musste dieser ablehnen, weil die Eisenbahner nicht in Ostberlin bei einem Ost-Betrieb tätig waren.[317] 1980 führte dann die Tatsache, dass die DDR die vom „sozialistischen Verkehrsbetrieb" in Westberlin betriebene Reichsbahn (S-Bahnnetz) nicht aus der Hand geben wollte, erneut zu politischen Diskussionen. Der Streik der Reichsbahner im Winter 1980 entzündete sich jedoch nicht allein an diesen politischen Unstimmigkeiten zwischen Ost und West, sondern an einer nur geringen Lohnerhöhung, zahlreichen Überstunden und einem neuen Winterfahrplan, der vorsah, den Zugbetrieb auf einem Großteil der Westberliner S-Bahnstrecken zwischen 21 und 5 Uhr auszudünnen.[318]

Zwar fallen bei einem politischen Streik der Adressat der Kampfforderung (Staat) und der Adressat des Arbeitskampfes (bestreikter Arbeitgeber) ebenso wie beim Unterstützungsstreik auseinander. Diese vermeintliche Ähnlichkeit

---

Arbeitskampf; HK-ArbR/Hensche, Art. 9 GG Rn. 122 m.w.N.; Krichel, NZA 1987, 297 (298).
[315] Teichert, Die Sozialistische Einheitspartei Westberlins, S. 130 m.w.N.
[316] Ebenda.
[317] Ebenda.
[318] http://www.stadtschnellbahn-berlin.de/geschichte/streik1980/index.php.

zum Unterstützungsstreik führt aber nicht dazu, den politischen Streik als einen Unterfall des Unterstützungsstreiks anzusehen.[319] Der Unterschied zwischen beiden Streikformen liegt in der Zielrichtung des politischen Streiks, der auf eine staatliche Regelung der Wirtschafts- und Arbeitsbedingungen der Streikenden gerichtet ist.[320]

Das Verbot von politischen Streiks widerspricht nicht der weitgehend schrankenlos gewährten Koalitionsfreiheit aus Art. 9 Abs. 3 GG, da sich diese explizit nur auf Arbeitskämpfe „zur Wahrung und Förderung der Arbeits- und Wirtschaftsbedingungen" bezieht.[321] Vielfach kritisiert wird jedoch, dass den Arbeitsgerichten eine legitimierende Rechtsgrundlage fehle, um darüber zu befinden, ob und inwieweit wegen politischer Zielsetzungen arbeitsvertragliche Pflichten ausgesetzt und Dritte geschädigt werden dürfen.[322] Dies betreffe allein das Verhältnis zwischen Bürger und Staat.[323]

Vielfach wird bei den Rechtmäßigkeitserwägungen noch zwischen einem politischen Erzwingungsstreik und einem politischen Demonstrationsstreik differenziert.[324] Nach Krichel[325] soll das Kriterium der Druckausübung maßgebend sein, da gerade dieses den Vorwurf der Verfassungswidrigkeit begründe. Druckfreie politische Demonstrationsstreiks seien jedoch kaum vorstellbar. Allenfalls würden bei Arbeitsniederlegungen mit einer Dauer von nur wenigen Minuten nachhaltige Störungen des Arbeits- und Wirtschaftslebens ausbleiben. Ansonsten komme es auch bei befristeten Aktionen im Allgemeinen zu gewollten oder gebilligten Schäden, die sich lediglich in ihrem Umfang von solchen bei länger dauernden Streiks unterschieden.[326] Wesentlich sei demgegenüber, dass auch die nur durch einen politischen Demonstrationsstreik ausgelösten Störungen den staatlichen Entscheidungsträger zu einer gewünschten Reaktion veranlassen sollen.[327] Zu Recht kritisiert daher Seiter, dass sich die an dem Grad der Druckausübung anknüpfende Unterscheidung

---

[319] Brox/Rüthers/Henssler, Rn. 42.
[320] Ebenda.
[321] Ebenda; Krichel, NZA 1987, 297 (298).
[322] ErfK/Dieterich, Art. 9 GG Rn. 119.
[323] ErfK/Dieterich, Art. 9 GG Rn. 119 m.w.N.
[324] Übersicht über den Meinungsstand bei Seiter, Anm. zu LAG München, EzA Nr. 35 zu Art. 9 GG – Arbeitskampf – (III, Bl. 366v ff.); vgl. auch Krichel, NZA 1987, S. 297 (298).
[325] Krichel, NZA 1987, 297 (289) m.w.N.
[326] Ebenda.
[327] Ebenda.

zwischen politischen Demonstrations- und Erzwingungsstreiks nicht exakt fassen lasse, praktisch undurchführbar sowie vor allem normativ nicht zu begründen sei.[328]

8. Unterstützungsstreik

Unter einem Unterstützungsstreik versteht man den gewerkschaftlichen Streik, der der Unterstützung eines in einem anderen räumlichen oder fachlichen Tarifgebiet geführten Hauptarbeitskampf dient.[329]

Der bis dahin häufig als Synonym für den Unterstützungsstreik verwendete Begriff „Sympathiestreik"[330] erscheint nicht ganz zutreffend. Bei der Anwendung dieses Kampfmittels geht es nämlich nicht nur darum, Sympathie für die im Hauptarbeitskampf Agierenden auszudrücken. Das Wort Sympathie kommt aus dem Griechischen und bedeutet „mit leiden".[331] Es handelt sich also um einen eher passiven Gefühlsausdruck.

Auch der Begriff „Solidaritätsstreik" wird häufig zur Beschreibung einer unterstützenden Arbeitsniederlegung verwendet.[332] Im Herkunftswörterbuch der deutschen Sprache (Duden) wird der Begriff „Solidarität" als „unbedingtes Zusammenhalten mit jemanden aufgrund gleicher Anschauungen und Ziele"[333] beschrieben und in der Erläuterung vor allem der Arbeiterbewegung zugeschrieben. Solidarität ist mehr als reine Sympathie. Hier geht es nicht nur um das Teilen einer gemeinsamen Meinung, sondern um das Erreichen eines gemeinsamen Ziels.[334] Auch eine gemeinsame Aktion ist in diesem Begriff enthalten. Wolter verweist auf die darin liegende politische Antriebskraft als politisch-moralisches Moment.[335]

„Unterstützen" geht jedoch noch darüber hinaus. „Unterstützen" steht ausdrücklich für gemeinsames aktives Handeln. Der Begriff wird im deutschen

---

[328] Seiter, Anm. zu LAG München, EzA Nr. 35 zu Art. 9 GG – Arbeitskampf.
[329] BAG Urt. v. 19.06.2007 – 1 AZR 396/06 – NZA 2007, 1055 (1055).
[330] BAG Urt. v. 05.03.1985 – 1 AZR 468/83 – NZA 1985, 504 (504).
[331] Duden, Bd. 7, S. 3328.
[332] Däubler/Wolter, Arbeitskamprecht, 3. Aufl., § 17 Rn. 86.
[333] Duden, Bd. 7, S. 3321.
[334] Däubler/Wolter, Arbeitskampfrecht, 3. Aufl., § 17 Rn. 86.
[335] Ebenda.

Duden beschrieben mit „Helfen, Fördern, Hilfe leisten".[336] Ebenso wie im Begriff „Solidarität" lässt sich der Begriff „Unterstützen" auch politisch-moralisch verstehen.[337]

Da ein Unterstützungsstreik zur Bündelung von Macht genutzt wird und dieser Begriff auch das Verfolgen gemeinsamer Interessen einschließt, beschreibt der Begriff das Wesen dieser Art von Streik am besten. Im Folgenden wird daher einheitlich dieser Begriff verwendet.

Der Unterstützungsstreik unterscheidet sich von einem normalen Streik darin, dass die streikenden Arbeitnehmer nicht für einen eigenen Tarifvertrag streiken, sondern einen anderen Arbeitskampf bei einem anderen Unternehmen unterstützen. Der Adressat der Kampfforderung und der Kampfgegner fallen bei dieser Streikform auseinander.[338]

Problematisch an dieser Streikform ist, dass sich der Streik gegen einen Arbeitgeber richtet, der das damit verbundene Ziel (den Abschluss eines Tarifvertrages) selbst gar nicht erfüllen kann.[339] Dies ist dem mit einem Unterstützungsstreik konfrontierten Arbeitgeber allenfalls dann möglich, wenn eine besondere Nähebeziehung zum im Hauptarbeitskampf bestreikten Arbeitgeber(-verband) besteht.[340] Aus diesem Grund hielt die frühere Rechtsprechung Unterstützungsstreiks für grundsätzlich unzulässig und nur in Ausnahmefällen mit derart gelagerten Konstellationen für zulässig.[341]

Voraussetzung für einen ausnahmsweise zulässigen Unterstützungsstreik war bisher eine enge wirtschaftliche Verflechtung etwa in einem Konzern bei einem gegen die Konzernmutter gerichteten Unterstützungsstreik oder eine Verletzung der Neutralität im Hauptarbeitskampf zur Herstellung der erforderlichen Nähebeziehung zwischen den von Haupt- und Unterstützungsarbeitskampf betroffenen Unternehmen.[342] In Bezug auf ein solches Konzerngeflecht

---

[336] Duden, Bd. 7, S. 3595.
[337] Ebenda.
[338] BAG Urt. v. 19.06.2007 – 1 AZR 396/06 – BAGE 123, 134 Rn. 38.
[339] Otto, Arbeitskampf- und SchlichtungsR, § 10 Rn. 39.
[340] BAG Urt. v. 12.01.1988 – 1 AZR 219/86 – AP Nr. 90 zu Art. 9 GG Arbeitskampf.
[341] BAG Urt. v. 05.03.1985 – 1 AZR 468/83 – AP Nr. 85 zu Art. 9 GG Arbeitskampf; BAG Urt. 12.01.1988 – 1 AZR 219/86 – AP Nr. 90 zu Art. 9 GG Arbeitskampf.
[342] BAG Urt. v. 20.12.1963 – 1 AZR 157/63 – NJW 1964, 1291 ff. – BAGE 15, 211; BAG

wurde unterstellt, dass die Konzernmutter aufgrund bestehender Beherrschungsverträge eine im Hauptarbeitskampf betroffene Tochter zum tarifpolitischen Einlenken bewegen kann.[343]

Dieses Regel-Ausnahme-Verständnis wurde erstmals mit Urteil des BAG vom 18.03.2003 gelockert.[344] In dem dieser Entscheidung zugrunde liegenden Sachverhalt hatte eine Gewerkschaft einen nicht dem Arbeitgeberverband angehörenden Arbeitgeber, für den ein ungekündigter Firmentarifvertrag galt, welcher den Verbandstarifvertrag mit dynamischer Verweisung für anwendbar erklärte, in den Verbandsarbeitskampf einbezogen.[345]

Das BAG erklärte die Einbeziehung dieses Arbeitgebers in den Verbandsarbeitskampf für zulässig, weil sein Unternehmen vom Ergebnis des Streiks ebenfalls partizipiere.[346] Die gegen dieses Urteil erhobene Verfassungsbeschwerde wurde vom Bundesverfassungsgericht nicht zur Entscheidung angenommen.[347]

In dem Urteil des 1. Senats vom 19.06.2007 zur Zulässigkeit des Unterstützungsstreiks[348] wird das bisher geltende Regel-Ausnahme-Verhältnis erstmalig vollständig umgekehrt. Danach sind Unterstützungsstreiks grundsätzlich zulässig und nur unter bestimmten Voraussetzungen unverhältnismäßig und damit unzulässig.[349] Der 1. Senat geht sogar noch einen Schritt weiter und

---

Urt. v. 05.03.1985 – 1 AZR 468/83 – NJW 1985, 2545 (2547) – in dieser Entscheidung argumentiert das BAG bereits in der Auslegung mit Art. 6 Nr. 4 ESC unter II 3 d) der Gründe.
[343] BAG Urt. v. 20.12.1963 – 1 AZR 157/63 – NJW 1964, 1291 – BAGE 15, 211.
[344] BAG Urt. v. 18.02.2003 – 1 AZR 142/02 – AP Nr. 163 zu Art. 9 GG Arbeitskampf; BAGE 105, 5.
[345] Ebenda.
[346] Ebenda.
[347] BVerfG Beschl. v. 10.09.2004 – 1 BvR 1191/03 – AP Nr. 167 zu Art. 9 GG Arbeitskampf.
[348] BAG Urt. v. 19.06.2007 – 1 AZR 396/06 – AP Nr. 173 zu Art. 9 GG Arbeitskampf; BAGE 123, 134.
[349] Ebenda.

verzichtet zusätzlich auf den Gesichtspunkt der Partizipation[350] des in einen Streik einbezogenen unbeteiligten Arbeitgebers.[351]

Zwar lag auch dieser Entscheidung eine Konzernkonstellation zugrunde; unmittelbar in Haupt- und Unterstützungsarbeitskampf involviert waren hier jedoch nur zwei Konzerntöchter.[352] Etwaige gesellschaftsrechtliche Einwirkungsmöglichkeiten der Töchter untereinander oder der Konzernmutter hat der 1. Senat des BAG in dieser Entscheidung allerdings außer Acht gelassen.[353]

Zur Begründung dieser Entscheidung stützt sich der 1. Senat des BAG auf ein geändertes Verständnis der aus Art. 9 Abs. 3 GG abzuleitenden Kampfmittelfreiheit, die lediglich über den Grundsatz der Verhältnismäßigkeit einzuschränken sei.[354]

Dieses geänderte Verständnis des Schutzbereichs des Art. 9 Abs. 3 GG bildet das Kernstück dieser Arbeit. Anhand der sich dadurch ändernden Arbeitskampfkonzeption des BAG wird im Folgenden der Fortbestand des Grundsatzes der Kampfparität überprüft.

Weitere Ausführungen hierzu sind in diesem Teil der Arbeit daher noch nicht angängig. An dieser Stelle geht es lediglich um einen kurzen Überblick über die den Kampfparteien zur Verfügung stehenden Arbeitskampfmittel.

9. Flashmob

Unter Flashmob-Aktionen im Sinne des Arbeitskampfes versteht man gewerkschaftliche Aktionen, bei denen kurzfristig aufgerufene Teilnehmer durch gezielte Aktionen, wie z.B. den Kauf geringwertiger Waren oder das Befüllen und Stehenlassen von Einkaufswagen in einem Einzelhandelsgeschäft, eine Stö-

---

[350] BAG Urt. v. 18.02.2003 – 1 AZR 142/02 – NZA 2003, 866 (867).
[351] BAG Urt. v. 19.06.2007 – 1 AZR 396/06 – AP Nr. 173 zu Art. 9 GG Arbeitskampf; BAGE 123, 134.
[352] Ebenda.
[353] Ebenda.
[354] Ebenda.

rung betrieblicher Abläufe herbeiführen.[355] Teilnehmer dieser Arbeitskampfform können nicht nur Arbeitnehmer, sondern auch außenstehende Dritte sein, denen das Ziel der Maßnahme (der Abschluss eines Tarifvertrages) selbst in keiner Weise zugutekommt.[356]

Es handelt sich hier um eine neue Kampfmittelform, die sich vor allem durch die Möglichkeiten der neuen Medien, die Massen zu erreichen, entwickelt hat. Zu nennen sind hier insbesondere die digitalen Netzwerke.[357] Eng verwandt mit dieser Kampfform sind auch Störungen des Internets und des Telefonverkehrs.[358]

Mit dem Flashmob-Urteil vom 22.09.2009[359] hat das BAG seine neue Arbeitskampfkonzeption konsequent fortgesetzt, indem es den Arbeitskampf zunächst mit Blick auf die Kampfmittelfreiheit und den Kampfgegner und schließlich auch in Bezug auf die Teilnehmer geöffnet hat.

Franzen fasst die neue Konzeption in Bezug auf die Entscheidung überspitzt wie folgt zusammen:[360]

„Kämpfen darf jeder gegen jeden mit jedem (friedlichen) Mittel zu jedem Zweck, solange dieser Zweck in irgendeinem Tarifvertrag geregelt werden kann und noch nicht geregelt ist (Friedenspflicht) und irgendeine Gewerkschaft zum Kampf aufruft."

Gegen die Flashmob-Entscheidung hat der unterlegene Einzelhandelsverband HdE Verfassungsbeschwerde beim Bundesverfassungsgericht eingelegt. Sie

---

[355] BAG Urt. v. 22.09.2009 – 1 AZR 972/08 – AP Nr. 174 zu Art. 9 GG – Arbeitskampf.
[356] BAG Urt. v. 22.09.2009 – 1 AZR 972/08 – AP Nr. 174 zu Art. 9 GG – Arbeitskampf, mit krit. Anmerkungen von Willemsen/Mehrens; Erfk/Dieterich, Art. 9 GG Rn. 277b.
[357] ErfK/Dieterich, Art. 9 GG Rn. 277c.
[358] Ebenda.
[359] BAG Urt. v. 22.09.2009 – 1 AZR 972/08 – AP GG Art. 9 Arbeitskampf Nr. 174; BAGE 132, 140.
[360] Franzen, JbArbR 47 (2010), 119 (121).

ist mit Beschluss vom 26.03.2014 nicht zur Entscheidung angenommen worden.[361]

II. Kampfmittel der Arbeitgeberseite

Ebenso wenig wie es auf Arbeitnehmerseite einen abschließenden Katalog an Kampfmitteln gibt, ist die Arbeitgeberseite auf bestimmte Kampfmittel beschränkt. Das Spektrum bisher typischerweise angewandter Kampfmittel ist jedoch auf Arbeitgeberseite nicht so umfangreich wie das vorstehend dargestellte Kampfarsenal der Arbeitnehmerseite.

1. Betriebsfortführung

Der bestreikte Arbeitgeber hat zunächst die Möglichkeit, seinen Betrieb fortzuführen und den Streik ohne den Einsatz von Streikabwehr-Mechanismen gleichsam zu dulden. Ihm fehlt es allerdings an Planungssicherheit im Hinblick auf die Anzahl der arbeitswilligen Arbeitnehmer.[362] Um hier Anreize zu bieten, bleibt ihm die Möglichkeit, Streikbruchprämien zur Aufrechterhaltung des Betriebes auszuloben.[363] Dabei darf allerdings nicht zwischen Gewerkschaftsmitgliedern und Außenseitern differenziert werden.[364]

Außerdem besteht die Möglichkeit des Einsatzes von Leiharbeitskräften, welcher als atypisches Arbeitskampfmittel der Arbeitgeberseite einen Unterfall der Betriebsfortführung darstellt. Auch hier ist die Einbeziehung Dritter zulässig. Dafür wird durch die Rechtsprechung des 1. Senats schon seit langem sogar das Mitbestimmungsrecht des Betriebsrats nach § 99 BetrVG außer Kraft gesetzt,[365] was ausreichend verdeutlicht, dass es sich keineswegs um ein neuartiges Phänomen, sondern um eine geradezu klassische Abwehrreaktion der

---

[361] BVerfG, Beschl. v. 26.03.2014 – 1 BvR 3185/09, abgedruckt in NJW 2014, 1874; NZA 2014, 493; NJ 2014, 302, DB 2014, 956. Siehe auch die Pressemitteilung Nr. 35/2014 des BVerfG v. 09.04.2014 „Erfolglose Verfassungsbeschwerde gegen gewerkschaftlichen Aufruf zu einer ‚Flashmob-Aktion' im Einzelhandel".
[362] ErfK/Dieterich, Art. 9 GG Rn. 214.
[363] Ebenda, Rn. 215.
[364] Ebenda.
[365] BAG Urt. v. 10.12.2002 – 1 AZR 96/02 – NZA 2004, 223; Urt. v. 26.10.1981 – AP Nr. 44 zu Art. 9 GG Arbeitskampf.

Arbeitgeberseite handelt. Nach § 11 Abs. 5 S. 1 AÜG sind Leiharbeitnehmer allerdings nicht verpflichtet, „bei einem Entleiher tätig zu sein, soweit dieser durch einen Arbeitskampf unmittelbar betroffen ist.". Ohne dieses Leistungsverweigerungsrecht stünde die Leiharbeitskraft vor der Alternative, die Arbeit im bestreikten Betrieb zu verweigern und damit ihre fristlose Kündigung wegen Arbeitsverweigerung zu riskieren oder den Streikenden „in den Rücken zu fallen".

2. Vorrübergehende Betriebsschließung

Nicht nur als Reaktion auf herkömmliche Streikaktionen, sondern auch als Reaktion auf einen Flashmob verweist das BAG den betroffenen Arbeitgeber auf die Möglichkeit der Ausübung des Hausrechtes sowie auf eine vorübergehende Betriebsschließung.[366] Durch diese dem Arbeitgeber zur Verfügung stehenden Verteidigungsmittel sei die Kampfparität gewahrt.[367]

Diese Argumentation wird in der Literatur teilweise scharf kritisiert.[368] Danach handele es sich bei den vom BAG angeführten Verteidigungsmitteln um stumpfe Schwerter: Ein Kunde sei für den Arbeitgeber oftmals erst dann von einem Aktionsteilnehmer zu unterscheiden, wenn dieser einen befüllten Einkaufswagen stehen lässt oder sich in die Reihe der Käufer von Cent-Artikeln einreiht.[369] Zu diesem Zeitpunkt sei eine Verteidigung durch Ausübung des Hausrechtes längst wirkungslos.[370] Die Einkaufswagen blockierten die Gänge und potenzielle Kunden ließen sich von den Schlangen im Kassenbereich vom Einkaufen abhalten. Der Schaden sei bereits entstanden.[371] Zudem sei – da während der laufenden Aktion keine ausreichende Differenzierung möglich sei – der Arbeitgeber unter Umständen gezwungen, bei seiner Verteidigung weiteren Schaden anzurichten, indem er einen normalen Kunden im Eifer des Ge-

---

[366] BAG Urt. v. 22.09.2009 – 1 AZR 972/08 – AP Nr. 174 zu Art. 9 GG Arbeitskampf; BAGE 134, 140.
[367] Ebenda.
[368] Krieger/Günther, NZA 2010, 20 (21); Otto, RdA 2010, 135 (145); Schmitt-Rolfes, AuA 2009, 631.
[369] Otto, RdA 2010, 135 (145).
[370] Ebenda.
[371] Ebenda.

fechtes verwechselte.[372] Darüber hinaus erscheine die praktische Durchsetzung von Hausverboten in einer solchen Situation kaum möglich.[373] Die Polizei werde kaum mit einer größeren Menge von Einsatzkräften anrücken, um Aktionsteilnehmer nach Erteilung eines Hausverbots aus einer Einzelhandelsfiliale zu entfernen.[374]

Die vorübergehende Betriebsschließung sei erst Recht kein geeignetes Verteidigungsmittel.[375] Hiermit werde der Gewerkschaft quasi in die Hände gespielt, was einer Kapitulation gleich komme.[376] Eine solche Maßnahme verärgere zudem potenzielle Kunden genauso wie ein durch einen Aktionsteilnehmer blockierter Kassenbereich.[377] Verschlossene Türen zu den üblichen Öffnungszeiten leiteten den abgewiesenen Kunden zu einem anderen Händler.[378]

Das Argument, dass die Verteidigungsmaßnahmen zu spät einsetzen, überzeugt nicht. Ein Flashmob wird i.d.R. im Vorfeld öffentlich bekannt gemacht, so dass der betroffene Arbeitgeber ebenso wie die Aktionsteilnehmer rechtzeitig vorher Kenntnis nehmen und entsprechende Dispositionen treffen kann. Und selbst wenn der Arbeitgeber nicht vorher von der geplanten Aktion erfahren haben sollte, bleibt ihm eine nachträgliche (Verhältnismäßigkeits-)Prüfung durch das Gericht. Auf die berechtigte Frage nach dem Kräftegleichgewicht im Zeitpunkt des Arbeitskampfs soll an dieser Stelle noch nicht eingegangen werden.

3. Betriebsstilllegung

Eine Betriebsstilllegung hat zwar eine Suspendierung der Arbeitsverhältnisse zur Folge; das BAG ordnet diese jedoch nicht als Arbeitskampfmittel ein, da sich die Arbeitgeberseite damit nur dem Druck der Gewerkschaften beuge, ohne selbst aktiv zu werden.[379] Das BAG rechtfertigt die Stilllegungsbefugnis des Arbeitgebers damit, dass er während des Andauerns eines Streiks nicht

---

[372] Maaß, ArbRAktuell 2009, 151.
[373] Krieger/Günther, NZA 2010, 20 (21).
[374] Ebenda.
[375] Ebenda.
[376] Ebenda.
[377] Ebenda.
[378] Ebenda.
[379] BAG Urt. v. 11.07.1995 – 1 AZR 63/95 – AP Nr. 138 zu Art. 9 GG Arbeitskampf.

mit einer unverändert anhaltenden Arbeitsbereitschaft der bisher nicht streikenden Arbeitnehmer rechnen könne.[380] Wolle er die Streikfolgen minimieren, müsse er die Möglichkeit haben, seine arbeitsvertraglichen Pflichten der arbeitskampfrechtlichen Lage anzupassen.[381] In der Stilllegungsbefugnis sei kein Eingriff in die Kampfparität zu erblicken, da der Arbeitgeber mit der Stilllegung im Umfang des gewerkschaftlichen Streikbeschlusses nur das vollziehe, was die kampfführende Arbeitnehmerseite anstrebe, nämlich die vollständige Arbeitsniederlegung durch alle Arbeitnehmer des Betriebes.[382]

4. Androhung der Verlagerung der Betriebsstätte

Unter engen Voraussetzungen dürfte auch die Androhung der Verlagerung der Betriebsstätte ein Kampfmittel sein.[383] Hierfür müsste die Drohung den Zweck haben, eine Veränderung der Arbeitsbedingungen herbeizuführen.[384] Dies wiederum setzt voraus, dass die Verlagerung der Betriebsstätte nicht bereits aus anderen Gründen (z.B. einer bereits getroffenen Unternehmerentscheidung) feststeht.

5. Boykott

Denkbar – wenn auch zuweilen etwas zweifelhaft anmutend – sind Boykottmaßnahmen auf Arbeitgeberseite.[385] Allerdings dürften diese eher im Rahmen einer Drohung zur Anwendung kommen. Ricken[386] führt hierzu als Beispiel sog. „schwarze Listen" an. Diese enthielten Namen von Arbeitnehmern, denen angedroht werden könnte, diese an andere Arbeitgeber mit der Aufforderung

---

[380] BAG Urt. v. 14.12.1993 – 1 AZR 550/93 – AP Nr. 129 zu Art. 9 GG Arbeitskampf; Preis, Kollektivarbeitsrecht, § 122, S. 365.
[381] BAG Urt. v. 31.01.1995 – 1 AZR 142/94 – AP Nr. 135 zu Art. 9 GG Arbeitskampf.
[382] BAG Urt. v. 14.12.1993 – 1 AZR 550/93 – AP Nr. 129 zu Art. 9 GG Arbeitskampf; Preis, Kollektivarbeitsrecht, § 122. S. 365.
[383] MüHBArb/Ricken, § 193 Rn. 17.
[384] Ebenda, Rn. 17.
[385] Ebenda, Rn. 14.
[386] Ebenda, Rn. 14.

zu verteilen, diese Personen nicht bei sich zu beschäftigen. Wirkungsvoller dürfte auch hier allerdings die umgekehrte Konstellation sein, wenn die Gewerkschaft als Boykottierer schwarze Listen mit Arbeitgebern an die organisierten Arbeitnehmer verteilt, mit der Aufforderung, mit den aufgeführten Arbeitgebern keine Arbeitsverträge zu schließen.

6. Aussperrung

Das Hauptinstrument im Arbeitskampf der Arbeitgeberseite ist die Aussperrung. Aussperrung ist die generelle Zurückweisung der Arbeitsleistung unter Verweigerung der Lohnzahlung als Mittel der kollektiven Druckausübung zur Erreichung eines Tarifziels.[387]

In einem Grundsatzurteil zum Arbeitskampfrecht, in dessen Rahmen die Rechtmäßigkeit einer bundesweiten Aussperrung als Reaktion auf einen Teilstreik zu beurteilen war, führte der Große Senat des BAG zu den Kampfmitteln Streik und Aussperrung ganz grundsätzlich aus, dass die suspendierende, den personellen Kampfrahmen erweiternde Abwehraussperrung genau die gleichen ambivalenten Rechtsfolgen habe, wie ein Streik.[388] Der einzige Unterschied der beiden Kampfmittel bestehe darin, dass die Gewerkschaft beim Angriffsstreik den taktischen Vorteil nutze, Kampfbeginn und Kampfrahmen bestimmen zu können. Daraus ergebe sich die klar abgrenzbare Funktion einer suspendierenden Abwehraussperrung: Sie erweitere lediglich den Kampfrahmen, zwinge also Arbeitnehmer in den Ausstand, die durch den Streik weder unmittelbar noch mittelbar betroffen seien.[389]

Trotz der Anerkennung von Streik und Aussperrung auf völkerrechtlicher Ebene in der Europäischen Sozialcharta von 1961, welche die Bundesrepublik Deutschland im Jahr 1964 ratifiziert hat,[390] sahen sowohl das BVerfG als auch das BAG zunächst weiterhin nur den Streik als verfassungsrechtlich anerkanntes Kampfmittel an,[391] während das BVerfG der Aussperrung noch in einem

---

[387] ErfK/Dietrich, Art. 9 GG Rn. 236; Otto, Arbeitskampf- und SchlichtungsR, § 11 Rn. 74.
[388] BAG GS, Urt. 10.06.1980 – 1 AZR 822/79 – AP Nr. 64 zu Art 9 GG Arbeitskampf – unter AV1 (Rn. 82 f.). BAGE 33, 140.
[389] Ebenda.
[390] Ratifikationsgesetz v. 19.09.1964, BGBl. II S. 1262.
[391] So auch das BVerfG v. 04.07.1995 – BVerfGE 92, 365 (393 f.).

Grundsatzurteil aus dem Jahr 1988 die verfassungsrechtliche Anerkennung versagt hat.[392] Zwar war nach Auffassung des BAG eine Anerkennung des Aussperrungsrechts auf der Basis eines einfachen Gesetzes wie z.B. des Tarifvertragsgesetzes möglich,[393] erst durch den Beschluss des BVerfG im Jahr 1991 wurde aber zumindest die suspendierende Aussperrung zur Abwehr von Teil- oder Schwerpunktstreiks, die der Herstellung der Verhandlungsparität dient, auch als verfassungsrechtlich geschützt angesehen.[394]

Allerdings besagt allein die verfassungsrechtliche Anerkennung von Kampfmitteln noch nicht, dass oder wann diese rechtmäßig angewendet werden können. Ebenso, wie sich unterschiedliche Formen des Streiks herausgebildet haben, gibt es auch verschiedene Ausprägungen der Aussperrung. Auf die Frage der Rechtmäßigkeit ihrer Anwendung wird bei der Darstellung der Aussperrungsarten näher eingegangen.

Neben der Aussperrung aller Arbeitnehmer eines Tarifgebietes (Vollaussperrung) existieren Formen der Teil- oder Schwerpunktaussperrung, bei der nur einzelne Betriebe oder Unternehmen betroffen sind.[395] Aber nicht nur der Adressatenkreis, sondern auch die Modalitäten ihrer Anwendung lassen sich in verschiedene Aussperrungsarten gliedern:

---

[392] BAG Urt. v. 26.04.1988 – 1 AZR 399/86 – AP Nr. 101 zu Art. 9 GG Arbeitskampf – LS 1, BAGE 50, 138.
[393] BAG Urt. v. 26.04.1988 – 1 AZR 399/86 (Fn. 15) – unter B II 2b).
[394] BVerfG Beschl. v. 26.06.1991 – 1 BvR 779/85 – BVerfGE 84, 212 – unter C I 3 b cc).
[395] Preis, Kollektivarbeitsrecht, § 113 S. 309; Brox/Rüthers/Schlüter/Jülicher, Arbeitskampfrecht, § 3 Rn. 55.

a) Lösende Aussperrung

Eine lösende Aussperrung beendet die Arbeitsverhältnisse ebenso wie massenhaft ausgesprochene Kündigungen.[396] Allerdings wird den betroffenen Arbeitnehmern in den Grenzen billigen Ermessens ein Wiedereinstellungsanspruch gewährt.[397]

Dieses Kampfmittel wurde nach der Arbeitskampfkonzeption des BAG von 1971 auch in seiner strengsten Form noch für zulässig gehalten.[398] Zumindest diese Form der Aussperrung ist heute durch die Rechtsprechung des BAG zur Verhältnismäßigkeit praktisch ausgeschlossen.[399]

Eine erste Konkretisierung in der Anwendung des Regulativs der Verhältnismäßigkeit auf die Prüfung der Zulässigkeit einer Aussperrung erfolgte mit einer Entscheidung des BAG von 1980.[400] Dort heißt es, dass nur solche Abwehraussperrungen als verhältnismäßig anzuerkennen seien, die sich auf die Herstellung der Verhandlungsparität beschränkten.[401]

Da die Ausgestaltung des Verhältnismäßigkeitsprinzips Rechtsunsicherheiten birgt, lieferte das BAG in Bezug auf den Maßstab für Arbeitskampfmaßnahmen in dieser Entscheidung Leitlinien mit, die zukünftigen Arbeitskampfparteien Orientierungshilfen bieten sollen. Danach ist die Grenze für Arbeitskampfmaßnahmen stets das Tarifgebiet. Die konjunkturelle Lage und die Konkurrenzsituation sind einer generalisierenden Betrachtung nicht zugänglich und die Zahl der am Arbeitskampf Teilnehmenden können als geeignete Anknüpfungspunkte berücksichtigt werden.[402]

---

[396] MüHBArbR/Ricken, § 201 Rn. 2; ErfK/Dieterich, Art. 9 GG Rn. 236.
[397] MüHBArbR/Ricken, § 201 Rn. 2.
[398] BAG GS, Urt. v.21.04.1971 – GS 1/68 – AP Nr. 43 zu Art. 9 GG Arbeitskampf – Leitsatz 3 und Teil III D – BAGE 22, 292.
[399] BAG Urt. v. 10. 6. 1980 – 1 AZR 822/79 – NJW 1980, 1642 – BAGE 33, 140; Urt. v. 12.03.1985 – 1 AZR 636/82 – NZA 1985 – BAGE 48, 195; ErfK/Dieterich, Art. 9 GG Rn. 239.
[400] BAG Urt. v. 10.06.1980 – 1 AZR 168/79 – AP Nr. 64 zu Art. 9 GG Arbeitskampf – BAGE 33, 140.
[401] Ebenda.
[402] Ebenda.

Es sei z.B. unzulässig, die Aussperrung nur auf die Mitglieder der kämpfenden Gewerkschaft zu begrenzen, wenn wie üblich auch Außenseiter am Streik beteiligt sind.[403] Das BAG sieht in einer derartigen Mitgliederbenachteiligung einen Verstoß gegen die durch Art. 9 Abs. 3 S. 2 GG geschützte positive Koalitionsfreiheit.[404]

Diese Grundsätze hat der 1. Senat dahingehend weiter präzisiert, dass die Abwehraussperrung gegen einen Streik, der weniger als 25% der Arbeitnehmer des Tarifgebietes erfasst, auf weitere 25% ausgedehnt werden dürfe.[405] Sofern bereits mehr als 25% der Arbeitnehmer streiken, soll sich eine Anwendung der Kampfmittel durch die Arbeitgeberseite nur bis zur Höchstgrenze von 50% der Arbeitnehmer des Tarifgebietes beziehen dürfen.[406] War die Hälfte oder mehr der Arbeitnehmer des Tarifgebietes am Streik beteiligt, schien zumindest im Jahre 1980 manches dafür zu sprechen, dass eine Störung der Kampfparität nicht mehr zu befürchten ist.[407] Für die Prüfung der Frage, ob die Grenzen einer zulässigen Aussperrung eingehalten worden sind, sei der Aussperrungsbeschluss maßgebend, nicht die Zahl derjenigen Arbeitnehmer, die tatsächlich ausgesperrt werden.[408]

Von diesem sog. Quotenmodell, das eine gewisse Aussperrungs-Arithmetik enthält,[409] hat sich das BAG allerdings zunehmend gelöst, indem es klargestellt hat, dass es sich hier lediglich um Richtwerte handelt, die von Fall zu Fall unterschiedlich sein könnten.[410] In Bezug auf den Zulässigkeitsmaßstab für die

---

[403] BAG Urt. v. 10.06.1980 – 1 AZR 331/79 – AP Nr. 66 zu Art. 9 GG Arbeitskampf – BAGE 33, 140.
[404] Ebenda.
[405] BAG Urt. v. 07.06. 1988 – 1 AZR 597/86 – AP Nr. 107 zu Art. 9 GG Arbeitskampf – BAGE 58, 332; ErfK/Dieterich, Art. 9 GG Rn. 241.
[406] BAG Urt. v. 07.06. 1988 – 1 AZR 597/86 – AP Nr. 107 zu Art. 9 GG Arbeitskampf – BAGE 58, 332; ErfK/Dieterich, Art. 9 GG Rn. 241.
[407] BAG Urt. v. 07.06. 1988 – 1 AZR 597/86 – AP Nr. 107 zu Art. 9 GG Arbeitskampf – BAGE 58, 332; ErfK/Dieterich, Art. 9 GG Rn. 241.
[408] BAG Urt. v. 07.06. 1988 – 1 AZR 597/86 – AP Nr. 107 zu Art. 9 GG Arbeitskampf – BAGE 58, 332; ErfK/Dieterich, Art. 9 GG Rn. 241.
[409] ErfK/Dieterich, Art. 9 GG Rn. 241.
[410] BAG Urt. v. 12. 3. 1985 – 1 AZR 636/82 – AP Nr. 84 zu Art. 9 GG Arbeitskampf – BAGE 48, 195.

Aussperrung hat der 1. Senat aber weiterhin der Verhältnismäßigkeitsprüfung hohe Bedeutung beigemessen.[411]

b) Suspendierende Aussperrung

Heute wird die Aussperrung nur noch in Form einer „suspendierenden" Aussperrung praktiziert.[412] Bei ihr ruhen die gegenseitigen Rechte und Pflichten aus dem Arbeitsverhältnis, während das Arbeitsverhältnis selbst in seinem Bestand unberührt bleibt.[413]

c) Kalte Aussperrung

Unter der sog. „kalten Aussperrung" wurde die zeitweilige Entlassung von Arbeitnehmern in der Konsequenz eines Streiks, der den Arbeitgeber nicht unmittelbar betrifft, verstanden.[414] Derart „kalt Ausgesperrte" hatten danach keinen Anspruch auf staatliche oder gewerkschaftliche Unterstützung, wenn ausbleibende Zulieferungen aus bestreikten Unternehmen die Produktion im eigenen Betrieb des Arbeitgebers stilllegten.[415] Nach der Arbeitskampfrisikolehre des BAG verbleiben aber das Betriebs- und das Wirtschaftsrisiko grundsätzlich beim Arbeitgeber, der dem Arbeitnehmer auch ohne Erbringen einer Arbeitsleistung gem. § 615 BGB den Lohn fortzuzahlen hat.[416]

---

[411] Ebenda.
[412] ErfK/Dieterich, Art. 9 GG Rn. 236.
[413] Ebenda; Gamillscheg, KollArbR, Bd. I, S. 916, 1030; von Steinau-Steinbrück/Brugger, NZA-Beilage 3/2010, 127 (131).
[414] Däubler, Das Arbeitsrecht 1, 16.Aufl., S. 296 ff.; Bobke/Weinmann, Arbeitskampfrechtsprechung und Tarifpraxis, S. 35.
[415] Däubler/Colneric, Arbeitskampfrecht, 3. Aufl., Rn. 605.
[416] BAG Beschl. v. 22.12.1980 – 1 ABR 2/79 – AP Nr. 70 zu Art. 9 GG Arbeitskampf.

d) Angriffsaussperrung

Die Angriffsaussperrung unterscheidet sich von der Abwehraussperrung dadurch, dass sie nicht als Reaktion auf einen Streik, also quasi als Verteidigungsmittel des Arbeitgebers gegen einen für ihn ungünstigen Tarifabschluss, sondern aktiv eingesetzt wird.[417] Sie kann von der Arbeitgeberseite dazu genutzt werden, den Arbeitskampf zu eröffnen, um einen neuen und dann wohl für die Arbeitnehmer ungünstigeren Tarifvertrag durchzusetzen.[418]

Sie könnte aber auch zur Verteidigung im Falle eines sog. Unterstützungsarbeitskampfes gegen die Arbeitnehmer des Hauptarbeitskampfes eingesetzt werden[419] (dazu sogleich).

Bislang ist das Kampfmittel der Angriffsaussperrung in der Bundesrepublik Deutschland noch nie zum Einsatz gekommen.[420]

e) Unterstützungsaussperrung

Mit der neuen Arbeitskampfkonzeption des 1. Senats des BAG – insbesondere mit dem Urteil zur Zulässigkeit von Unterstützungsstreiks vom 19.06.2007[421] – kam die Diskussion auf, ob die neue Freiheit der Wahl der Kampfmittel aus Gründen der Aufrechterhaltung der Kampfparität auch für die Arbeitgeberseite gilt.

In diesem Zusammenhang wurde als praktische Reaktion auf einen Unterstützungsstreik zum einen die Zulässigkeit der sog. Suspendierungs- bzw. Stilllegungserklärung des bestreikten Betriebes oder Betriebsteiles gefordert, durch welche jegliche Rechte und Pflichten aus den betroffenen Arbeitsverhältnissen

---

[417] MüHBArb/Ricken, § 193 Rn. 11.
[418] BAG Urt. v. 10.06.1980 – 1 AZR 168/79 – AP Nr. 64 zu Art. 9 GG Arbeitskampf; MüH BArb/Ricken, § 193 Rn. 11; Otto, Arbeitskampf- und SchlichtungsR, § 11 Rn. 746.
[419] Otto, Arbeitskampf- und SchlichtungsR, § 11 Rn. 746.
[420] Preis, Kollektivarbeitsrecht, § 109, S. 288.
[421] BAG Urt. v. 19.06.2007 – 1 AZR 396/06 – BAGE 123, 134.

suspendiert würden und auch die Lohnansprüche der arbeitswilligen Arbeitnehmer entfielen.[422]

Zum anderen wird als Abwehrinstrument für den von einem Unterstützungsarbeitskampf betroffenen Arbeitgeber die Zulässigkeit einer Unterstützungsaussperrung diskutiert.[423] Als Begründung findet sich hier, dass, wenn die Gewerkschaften ihre Kampfmittel frei sollen wählen können, Gleiches auch für die Arbeitgeberseite gelten müsste[424] – selbstverständlich ebenfalls unter Einhaltung des Verhältnismäßigkeitsprinzips.[425]

Von vornherein und grundsätzlich ausschließen wird man die Zulässigkeit der Unterstützungsaussperrung nicht können.

Wie das BVerfG in der Entscheidung vom 04.07.1995 zur Klarstellung der Kernbereichsformel ausgeführt hat, genießen beide Tarifvertragsparteien den Schutz von Art. 9 Abs. 3 GG in gleicher Weise.[426] Auch für die Arbeitgeberseite gilt insofern Kampfmittelfreiheit. Beide Parteien stehen – so das BVerfG in der Entscheidung weiter – bei der Ausübung des Art. 9 Abs. 3 GG aber in Gegnerschaft zueinander, so dass es koordinierender Regelungen bedarf, die gewährleisten, dass die aufeinander bezogenen Grundrechtspositionen trotz ihres Gegeneinanders nebeneinander bestehen können.[427]

Eine dieser koordinierenden Regelungen ist die Wahrung der Verhältnismäßigkeit. Gerade das Prinzip der Verhältnismäßigkeit, an dem die Aussperrung, wie dargestellt, zu messen ist, spricht gegen die von der Arbeitgeberseite häufig mit der Erhaltung der Kampfparität begründete Forderung der Zulässigkeit einer Unterstützungsaussperrung. Es dürfte hierbei in der Regel an der Geeignetheit dieses Kampfmittels fehlen: Die Unterstützungsaussperrung hat nämlich eine andere Wirkung als der Unterstützungsstreik, da sie auf einen anderen Gegner abzielt. Die dem Unterstützungsstreik immanente „Dreiecks-

---

[422] Wank, Anmerkungen zu BAG Urt. v. 19.06.1007 – 1 AZR 396/06 – AP Nr. 173 zu Art. 9 GG Arbeitskampf m.w.N.
[423] Gamillscheg, KollArbR, Bd. I, S. 1137; Wank, Anmerkungen zu BAG Urt. v. 19.06.1007 – 1 AZR 396/06 – AP Nr. 173 zu Art. 9 GG Arbeitskampf m.w.N.
[424] Wank, Anmerkungen zu BAG Urt. v. 19.06.1007 – 1 AZR 396/06 – AP Nr. 173 zu Art. 9 GG Arbeitskampf m.w.N.
[425] Ebenda.
[426] BVerfG Urt. v. 04.07.1995 – 1 BvF 2/86 – BVerfGE 92/365 (394).
[427] Ebenda.

wirkung", mit der auf den Gegner des Hauptarbeitskampfes mittelbarer Druck ausgeübt wird, fehlt bei der Unterstützungsaussperrung.[428] Diese richtet sich gegen die streikführende Gewerkschaft. Bei dieser entsteht jedoch kein Druck (auch nicht mittelbar), da die Unterstützungsaussperrung die Streikkasse der Gewerkschaft nicht belastet. Die ausgesperrten Arbeitnehmer sind ja gerade nicht bei der kampfführenden Gewerkschaft organisiert.[429]

Der Effekt, dass mit einer Unterstützungsaussperrung weitere Arbeitnehmer in den Arbeitskampf einbezogen werden, was wiederum Druck auf die schon am Arbeitskampf beteiligten Arbeitnehmer erzeuge, der wiederum mittelbar auf die Gewerkschaft wirke[430], dürfte zur Begründung der Geeignetheit nicht ausreichen.

Aber auch rein praktisch dürfte weder die „Unterstützungsaussperrung" noch die „Unterstützungsbetriebsstilllegung" ein aus Arbeitgebersicht sinnvoll einzusetzendes Kampfmittel darstellen. Schließlich bedingen sowohl die „Unterstützungsbetriebsstilllegung" als auch die „Unterstützungsaussperrung" immer auch eine Selbst- und Fremdschädigung.

7. Massenänderungskündigungen durch den Arbeitgeber

Auch auf Arbeitgeberseite besteht zudem die Möglichkeit, individualarbeitsrechtliche Instrumente wie z.B. die Kündigung zu einem Kampfmittel umzufunktionieren. Unter Massenänderungskündigung werden gebündelte Änderungskündigungen eines Teils der Beschäftigten oder auch aller Beschäftigten eines Betriebes verstanden.[431] Sind mit den Kündigungen keine konkreten Angebote neuer Arbeitsbedingungen verbunden, handelt es sich um Kampfkündigungen.[432]

---

[428] Greiner, NJW 2010, 2977 (2979).
[429] Ebenda.
[430] MüHBArb/Ricken, § 193 Rn. 11.
[431] BAG Urt. v. 24.04.1969 – 2 AZR 319/68 – AP Nr. 18 zu § 13 KSchG; Ascheid/Preis/Schmidt-Künzel, § 2 Rn. 44.
[432] Ascheid/Preis/Schmidt-Moll, § 25 Rn. 3; Ascheid/Preis/Schmidt-Künzel § 2 Rn. 44 m.w.N.

Allein die Androhung von Massenänderungskündigungen durch den Arbeitgeber erzeugt auf Arbeitnehmerseite erheblichen Druck, so dass dieses Instrument ohne Zweifel als Arbeitskampfmittel einzuordnen ist.[433] Es handelt sich allerdings nicht um eine Aussperrung, wenn auch die Wirkungen ähnlich sind.[434] Denn im Unterschied zur Aussperrung hat eine Kündigung unbefristete Wirkung. Außerdem handelt es sich bei Massenänderungskündigungen auch nicht um eine kollektive Maßnahme; mit diesem Instrument übt der Arbeitgeber vielmehr nur sein auf die einzelnen Arbeitsverhältnisse bezogenes Recht zur Kündigung gebündelt aus.[435]

Geeignet ist dieses Instrument vor allem in Fällen einer beabsichtigten Herabsetzung unwiderruflich zugesagter über- oder außertariflicher Leistungen.[436] Wegen der Gleichbehandlungsvorgaben bieten sich hier Massenänderungskündigungen an.[437]

D. Rechtmäßigkeit des Kampfmitteleinsatzes

Schon 1971 stellte das BAG Arbeitskampfmaßnahmen ausdrücklich unter das Gebot der Verhältnismäßigkeit.[438] Grund hierfür ist, dass der Einsatz von Arbeitskampfmitteln regelmäßig in verfassungsrechtlich geschützte Rechtspositionen anderer Grundrechtsträger eingreift.[439] Um hier einen Ausgleich kollidierender Interessen zu schaffen, bedarf es einer Abwägung der betroffenen Rechtspositionen. Wenn auch in diesem Kontext noch wenig konkretisiert, wurde die Rechtmäßigkeit eines Streiks zunächst allgemein daran gemessen, ob er nach Ausschöpfung der Verhandlungsmöglichkeiten zur Erreichung rechtmäßiger Kampfziele geeignet, erforderlich und angemessen war.[440]

---

[433] MüHBArb/Ricken, § 193 Rn. 17.
[434] Kissel, Arbeitskampfrecht, § 14 Rn. 28.
[435] BAG GS, Beschl. v. 28.01.1955 – GS 1/54 – AP Nr. 1 zu Art. 9 GG Arbeitskampf; Ascheid/Preis/Schmidt-Künzl, § 2 Rn. 44.
[436] BAG GS, Beschl. v. 16.09.1986 – GS 1/82 – AP Nr. 17 zu § 77 BetrVG 1972 – BAGE 53, 42; Gamillscheg, KollArbR, Bd. I, S. 103.
[437] Gamillscheg, KollArbR, Bd. I, S. 103.
[438] BAG GS, Urt. v. 21.04.1971 – GS 1/68 – AP Nr. 43 zu Art. 9 GG Arbeitskampf – BAGE 23, 292 unter Teil III A 1 der Gründe.
[439] Ebenda.
[440] Ebenda.

Trotz der Kritik[441] an der Ungenauigkeit dieses übergeordneten Rechtsprinzips der Verhältnismäßigkeit hielt das BAG auch unter ansonsten erfolgenden Änderungen in der Arbeitskampfkonzeption weiter an diesem Abwägungsmaßstab fest. Allerdings verschoben sich allmählich die Akzente mit der Folge, dass das Verhältnismäßigkeitsprinzip zunehmend konkretisiert wurde:[442]

Nach der erweiterten Auslegung des Art. 9 GG, mit der ausdrücklich von der Kernbereichslehre des BVerfG abgewichen wurde, sind die sich aus Art. 9 GG ergebenden Kampfmittel nur dann unverhältnismäßig, wenn in nicht mehr hinnehmbarem Umfang in die Grundrechte des Arbeitgebers oder Dritter eingegriffen wird.[443]

Damit wird der Koalitionsfreiheit innerhalb des Schutzbereiches des Art. 9 Abs. 3 GG juristisch folgerichtig der nötige Raum gegeben. Der Prüfungsmaßstab in Bezug auf die Zulässigkeit der im Arbeitskampf eingesetzten Kampfmittel verlagert sich dadurch von der Ebene des Schutzbereichs vollständig auf die Ebene der Verhältnismäßigkeit.

Die Grenze der Verhältnismäßigkeit im engeren Sinn bildet der Rechtsmissbrauch.[444] Maßstab sind daneben weiterhin die Geeignetheit und die Erforderlichkeit der Kampfmittel.[445]

---

[441] Däubler, JuS 1972, 642 ff. m.w.N.
[442] Däubler, Arbeitskampfrecht, 3. Aufl., § 14 Rn. 4.
[443] BAG Urt. v. 19.06.2007 – 1 AZR 396/06 – BAGE 123, 134 Rn. 25.
[444] Ebenda, Rn. 26, 27.
[445] ErfK/Dieterich/Linsenmaier, Art. 9 GG Rn. 130a.

I. Geeignetheit

Ein Kampfmittel ist zur Erreichung eines Kampfziels geeignet, wenn durch seinen Einsatz die Durchsetzung eines zulässigen Kampfziels gefördert werden kann.[446] Dabei soll wirtschaftlicher oder psychischer Druck auf den sozialen Gegenspieler ausgeübt werden, um den Hauptarbeitskampf für den Anwender günstig zu beeinflussen.[447]

Hinsichtlich der Einschätzung, ob und welches Kampfmittel geeignet ist, Druck auf den sozialen Gegenspieler auszuüben, kommt der kampfführenden Koalition ein weiter Beurteilungsspielraum zu. Er folgt aus der schrankenlos gewährleisteten Betätigungsfreiheit des Art. 9 Abs. 3 GG. Dieses neue weite Verständnis des Art. 9 Abs. 3 GG in Gestalt einer Einschätzungsprärogative der kampfführenden Koalition führt zu einer negativen Formulierung der Geeignetheit. Eine Arbeitskampfmaßnahme ist danach nur dann rechtswidrig, wenn sie offensichtlich ungeeignet ist, ein zulässiges Kampfziel zu erreichen.[448]

II. Erforderlichkeit

Erforderlich ist das Arbeitskampfmittel, wenn nach Einschätzung der kampfführenden Koalition keine milderen Mittel zur Erreichung des angestrebten Ziels zur Verfügung stehen.[449] Dieses Prüfkriterium bezieht sich aber nicht nur auf die Auswahl oder die Wirkung des eingesetzten Kampfmittels, sondern hat auch eine zeitliche Komponente.[450]

Auch die Erforderlichkeit wird negativ formuliert. Danach ist ein Arbeitskampfmittel rechtswidrig, wenn es offensichtlich nicht zur Erreichung eines zulässigen Kampfziels erforderlich ist. Dies folgt jedoch nicht erst aus der Anerken-

---

[446] BAG Urt. v. 19.06.2007 – 1 AZR 396/06 – BAGE 123, 134 Rn. 26, 34.
[447] Ebenda.
[448] BVerfG Beschl. v. 10.09.2004 – 1 BvR 1191/03 – AP Nr. 167 zu Art. 9 GG Arbeitskampf unter B 2 b); BAG Urt. v. 19.06.2007 – 1 AZR 396/06 – BAGE 123, 134 Rn. 19, 26,33.
[449] BAG Urt. v. 19.06.2007 – 1 AZR 396/06 – BAGE 123, 134 Rn. 27.
[450] Däubler/ders., Arbeitskampf, § 14 Rn. 9.

nung der Kampfmittelfreiheit aus Art. 9 Abs. 3 GG, sondern war auch bisher in der Natur der Prüfebene „keine milderen Mittel" und damit dem hergebrachten Ultima-ratio-Grundsatz entsprechend angelegt.

Auch bei der Subsumtion unter diesen Grundsatz wurde den Gewerkschaften bereits eine Einschätzungsprärogative zugebilligt, indem das BAG es genügen ließ, dass eine Gewerkschaft nach einer Verhandlung mit der Arbeitgeberseite zu dem Ergebnis kommt, druckfreies Verhandeln bringe keinen Fortschritt.[451] Der Ultima-ratio-Grundsatz ist damit nur dann verletzt, wenn jegliche Verhandlungsbemühungen unterblieben sind.[452]

Damit verlagert sich die Verhältnismäßigkeitsprüfung im Ergebnis auf die Stufe der Angemessenheit.

III. Angemessenheit

Verhältnismäßig im engeren Sinn ist ein Arbeitskampfmittel, das sich unter hinreichender Würdigung der grundrechtlich gewährleisteten Betätigungsfreiheit zur Erreichung des angestrebten Kampfziels unter Berücksichtigung der Rechtspositionen der von den Kampfmaßnahmen mittelbar oder unmittelbar Betroffenen als angemessen darstellt.[453] Dabei haben die kampfführenden Koalitionen keinen Beurteilungsspielraum. Das BAG legt auf dieser Ebene keine tatsächliche Einschätzung, sondern eine rechtliche Abwägung zugrunde.[454]

Allein nach dieser Definition ließe sich eine rechtssichere Unterscheidung einer angemessenen von einer unangemessenen Anwendung eines Kampfmittels noch nicht treffen. Aus diesem Grund hat das BAG weitere konkrete Maßstäbe und Fallkonstellationen zur Abgrenzung aufgestellt und damit der neuen Arbeitskampfkonzeption einen fassbaren Rahmen gegeben.

---

[451] BAG Urt. v. 21.06.1988 – 1 AZR 651/86 – AP Nr. 108 zu Art. 9 GG Arbeitskampf – BAGE 58, 364.
[452] Preis, Kollektivarbeitsrecht, § 117 S. 345.
[453] BAG Urt. v. 19.06.2007 – 1 AZR 396/06 – BAGE 123, 124, Rn. 28; Urt. v. 22.09.2009 – 1 AZR 972/08 – NZA 2009, 1347 (1352).
[454] BAG Urt. v. 19.06.2007 – 1 AZR 396/06 – BAGE 123, 124, Rn. 28.

An dieser Stelle sollen noch nicht alle Fallkonstellationen erwähnt werden, nach denen z.B. Unterstützungsstreiks oder Flashmobs ausnahmsweise rechtswidrig sind. Dies würde zu weit vorgreifen.

Dennoch sei hier bereits erwähnt, dass das BAG bei den näher konkretisierten Bezugspunkten der Verhältnismäßigkeit auf die Folgen der Ausübung des Grundrechts (Art. 9 Abs. 3 GG) für den Kampfgegner und nicht wie bisher auf die Konkretisierung des Freiheitsgebrauchs durch den Grundrechtsträger abstellt.[455] Dies zeigen etwa folgende allgemeine Maßstäbe:

- Die Höhe der erhobenen Forderung ist kein Abwägungskriterium, da sie nicht immer identisch ist mit dem Ergebnis des Kampfmitteleinsatzes, auf welches es maßgebend ankommt.
- Wirtschaftliche Nachteile gehören zu den wesentlichen Folgen einer Arbeitskampfmaßnahme und können allein noch nicht zu ihrer Unangemessenheit führen.[456] Die Grenze bilden allerdings Rechtsmissbrauch und Übermaß.
- Je nach gegeneinander abzuwägenden Rechtspositionen unterscheiden sich die für die Angemessenheitsprüfung maßgebenden Gesichtspunkte (z.B. eigene Opfer des Angreifers bzw. Effektivität der Verteidigungsmittel des Gegners).

Während also das Verständnis der verfassungsimmanenten Schranken des Art. 9 GG erweitert und den Gewerkschaften damit die freie Wahl der Kampfmittel eingeräumt wurde, wurde durch eine zunehmende Konkretisierung des Maßstabs der Angemessenheitsprüfung die Gefahr des Ausuferns dieser „neuen Freiheit" begrenzt.

Um die Bandbreite der Abwägungskriterien innerhalb der Angemessenheitsprüfung zu erfassen, ist auch die Herleitung des Grundsatzes der Kampfparität erforderlich, da auch das Paritätsprinzip Bezugspunkt der Verhältnismäßigkeitsprüfung ist.[457]

---

[455] Wolter hält dies verfassungsrechtlich für zweifelhaft: Däubler/Wolter, Arbeitskampfrecht, 3. Aufl., § 17 Rn. 137.
[456] BAG Urt. v. 19.06.2007 – 1 AZR 396/06 – BAGE 123, 124, Rn. 28; Urt. v. 22.09.2009 – 1 AZR 972/08 – NZA 2009, 1347 (1352).
[457] Konzen, Jura 1981, 585 (587); Seiter, Streikrecht und Aussperrungsrecht, S. 172; Kreßel, NZA 1995, 1121 (1123); Preis, Kollektivarbeitsrecht, § 112 S. 303 f.

Abschnitt 2: Die neue Arbeitskampfkonzeption

1. Teil: Der Grundsatz der Kampfparität

A. Herleitung des Grundsatzes der Kampfparität

Das Wort Parität hat den lateinischen Wortstamm „par", der übersetzt „gleich" bzw. „gleich stark" bedeutet. Kampfparität meint somit die Waffengleichheit der Sozialpartner im Arbeitskampf.[458] Der Grundsatz der Kampfparität wird aus dem Prinzip der Parität der Sozialpartner und der Neutralität des Staates abgeleitet.[459]

Wie bereits einleitend dargestellt, ist der Staat zur Erhaltung des Sozialstaates und aus dem Schutzzweck der Grundrechte heraus (Garantie der Tarifautonomie aus Art. 9 Abs. 3 GG) berechtigt bzw. ggf. sogar verpflichtet,[460] Maßnahmen zum Schutz der Koalitionsfreiheit und zur Aufrechterhaltung der Handlungsmöglichkeiten der Tarifpartner zu treffen. Insofern hat sich mehr und mehr der Begriff der (paritäts-)fördernden und damit aktiven Neutralität eingebürgert.[461]

Das Gebot der Kampfparität soll zwischen den Tarifparteien ein hinreichendes Verhandlungs- und Kampfgleichgewicht gewährleisten.[462] Dieses ist – wie ebenfalls bereits einleitend dargestellt – Voraussetzung für ein funktionierendes Tarifvertragssystem.[463] Noch immer besteht jedoch keine einhellige Meinung darüber, wonach sich Parität bestimmt.

---

[458] BAG GS, Beschl. v. 28.01.1955 unter Rn. 15 – GS 1/54 – AP Nr. 1 zu Art. 9 GG Arbeitskampf; Kissel, Arbeitskampfrecht, § 32, Rn. 1.
[459] BAG GS, Beschl. v. 28.01.1955 – GS 1/54 – AP Nr. 1 zu Art. 9 GG Arbeitskampf; Evers, Arbeitskampffreiheit, S. 31 m.w.N.
[460] BVerfG Urt. v. 04.07.1995 – 1 BvF 2/86 – AP Nr. 4 zu § 116 AFG unter CI1 e.
[461] Otto, Arbeitskampf- und SchlichtungsR, § 2 Rn. 57 m.w.N.
[462] BAG Urt. v. 10.06.1980 – AZR 822/79 – AP Nr. 64 zu Art. 9 GG Arbeitskampf.
[463] BAG GS, Beschl. v. 21.04.1971 – GS 1/68 – AP Nr. 43 zu Art. 9 GG unter B 1.

I. Normative Parität

Vertreter einer normativen Paritätsbestimmung meinen, die Rechtsordnung sehe die Arbeitgeber- und die Arbeitnehmerseite als gleichgewichtig an.[464] Allein die rechtliche Anerkennung von Streik und Aussperrung als Kampfmittel der jeweiligen Tarifpartei gewährleiste Parität. Kompensatorische Eingriffe in das Kampfgeschehen verböten sich wegen des Neutralitätsgebotes.[465] Maßgebend sind nach dieser Ansicht nur die gesellschaftlichen Wertentscheidungen zu der Zulässigkeit des jeweiligen Kampfmitteleinsatzes.[466]

II. Formelle Parität

Die Rechtsprechung[467] vertrat bis 1971 einen streng formalen Paritätsbegriff, unter welchem sie Streik und Aussperrung als gleichartige Waffen ansah und die bloße Bereitstellung dieser Kampfmittel zur Herstellung paritätischer Verhältnisse im Arbeitskampf ausreichen ließ. Danach würden die Anerkennung des Arbeitskampfes, das Prinzip der Neutralität und der Gleichheitsgrundsatz des Art. 3 GG es dem Staat verbieten, die Kampfmittel der beiden Sozialpartner ungleichmäßig zu behandeln.[468] Daneben existiere als Regulativ das freie Spiel der wirtschaftlichen Kräfte, welches die gegensätzlichen Interessen der am Wirtschafts- und Sozialleben Beteiligten ausbalanciere.[469]

Im Verhältnis von Arbeitnehmern und Arbeitgebern bedeute das, dass im äußersten Fall jede Gruppe der andern ihre Leistung entziehen könne, um sie zu einem entsprechenden Verhalten zu zwingen und den sozialen und wirtschaftlichen Ausgleich auf dem Gebiet der Arbeitsbedingungen herbeizuführen.

---

[464] Mayer-Maly, DB 1979, 95 (98).
[465] Richardi, NJW 1978, 2057 (2061).
[466] Mayer-Maly, DB 1979, 95 (98).
[467] RG v. 26.03.1903 – VI 351/02 – RGZ 54, 255 (258); BAG GS, Beschl. v. 28.01.1955 – GS 1/54 – unter II 1 (Rn. 66 ff.) – AP Nr. 1 zu Art. 9 GG Arbeitskampf.
[468] Ebenda, Rn. 65 f.
[469] Ebenda, Rn. 66.

Kritiker wenden ein, das formelle Paritätsverständnis verkenne ebenso wie das normative Paritätsverständnis die realen Gegebenheiten in Bezug auf die Kräfteverhältnisse. Diese Betrachtungsweisen ließen unberücksichtigt, dass die Kraft und damit das Druckpotential der sozialen Gegenspieler schon von Natur der Sache her aber auch durch diverse gesellschaftliche, sozioökonomische, politische, technische und industrielle Entwicklungen ganz unterschiedlich verteilt und einem fortwährenden Änderungsprozess ausgesetzt sind.[470]

III. Materielle Parität

Die formelle Betrachtungsweise gab die Rechtsprechung Anfang der siebziger Jahre daher zu Gunsten eines materiellen Paritätsbegriffes auf und geht seitdem von einem tatsächlich feststellbaren Gleichgewicht der sozialen Gegenspieler aus.[471]

Diese Auffassung wurde vom 1. Senat des Bundesarbeitsgerichts 1980 ausdrücklich konkretisiert, indem er ausführte, die formale Betrachtungsweise verkürze die Aufgabe, die der Rechtsordnung durch die Tarifautonomie gestellt ist.[472] Ein funktionierendes Tarifvertragssystem setze annähernd gleichgewichtige Verhandlungschancen der sozialen Gegenspieler voraus.[473] Das erforderliche Verhandlungsgleichgewicht lasse sich aber weder formal fingieren noch normativ anordnen, es müsse wenigstens in groben Zügen tatsächlich feststellbar sein.[474] Kriterien der Parität könnten danach nur solche sein, die einer typisierenden Betrachtung zugänglich sind. Situationsbedingte Vorteile müssen notwendigerweise unberücksichtigt bleiben.[475]

---

[470] Rüthers, Jura 1970, 85 (91).
[471] BAG GS, Beschl. v. 21.04.1971 – GS 1/68 – Teil III B 1 der Gründe – AP Nr. 43 zu Art. 9 GG.
[472] BAG Urt. v. 10.06.1980 – 1 AZR 822/79 – AP Nr. 64, 65 zu Art. 9 GG Arbeitskampf – BAGE 33, 140.
[473] Ebenda.
[474] Ebenda.
[475] BAG Urt. v. 10.06.1980 – 1 AZR 822/79 – AP Nr. 64 zu Art. 9 GG Arbeitskampf; MüHBArbR/Ricken, § 200 Rn. 38.

Auch die herrschende Lehre im Schrifttum vertritt einen materiellen Paritätsbegriff und geht damit grundsätzlich von einem tatsächlichen Gleichgewicht der Verhandlungschancen aus.[476]

Obgleich somit in Rechtsprechung und herrschender Lehre grundsätzlich Einigkeit über einen materiellen Paritätsbegriff besteht, konnte bislang keine Einigkeit über die Maßstäbe, die an das tatsächliche Stärkegleichgewicht der sozialen Gegenspieler und damit an den materiellen Paritätsbegriff zu stellen sind, erzielt werden. Innerhalb des materiellen Paritätsverständnisses wird zwischen einer materiell-konkreten und einer materiell-abstrakten Parität differenziert. Aber auch unter diesen beiden Oberbegriffen herrscht ein gespaltenes Verständnis vor allem darüber, welche Faktoren als paritätserheblich zu berücksichtigen sind.

a) Materiell-konkretes Paritätsverständnis

Einig sind sich die Vertreter eines materiellen Paritätsbegriffs jedenfalls darin, dass bei einer sozio-ökonomischen Gesamtbetrachtung die Arbeitnehmerseite im Arbeitskampf die prinzipiell unterlegene Partei ist.[477] Hinsichtlich des tatsächlichen Verhandlungsgleichgewichtes wird auf die jeweilige Tarifauseinandersetzung abgestellt, wobei die Meinungen darüber auseinander gehen, welche situationsbedingten Vorteile, gesamtpolitischen Ungleichheiten und marktwirtschaftlichen Gesetze in die Paritätsbetrachtung einzubeziehen sind.

---

[476] Vgl. zum Diskussionsstand bis Ende 1974: Seiter, Streikrecht und Aussperrungsrecht, S. 161; Evers, Arbeitskampffreiheit, S. 32; aus jüngster Zeit Bertelsmann, Aussperrung, S. 224 ff.; Dütz, Anm. zu EzA Art. 9 GG Arbeitskampf Nr. 27; Eichmanns, RdA 1977, 135 ff.; Hanau, Aussperrung und Kampfparität, S. 173 (176); Klein, Koalitionsfreiheit, S. 143 ff.; Krejci, Aussperrung, S. 53 f.; Löwisch, RdA 1980, 1 (3 ff.); Rüthers, Rechtsprobleme der Aussperrung, S. 72 ff.; Paschke, Der firmenbezogene Arbeitskampf, S. 53.

[477] Däubler, JuS 1972, 642 (645); Wolter, AuR 1979, 193 (194 ff.).

Während einige[478] vor allem die wirtschaftliche Lage des einzelnen Arbeitnehmers mit derjenigen des einzelnen Arbeitgebers vergleichen und auf die Lohnquote abstellen, wollen Vertreter der sogenannten „**Gesamtparität**"[479] diverse weitere gesamtgesellschaftliche Gesichtspunkte einbeziehen. Sie sind der Auffassung, Arbeitnehmer hätten in einem marktwirtschaftlichen privatkapitalistischen System keine echte Chance, den Verteilungskampf zu ihren Gunsten zu entscheiden. In die Verhandlungsmacht der Arbeitgeber beziehen sie – unabhängig von der jeweiligen Tarifauseinandersetzung – unter anderem auch das Eigentum an den Produktionsmitteln und die daraus abgeleitete Verfügungsgewalt in die Paritätsbetrachtung mit ein, da die Unternehmer dadurch in der Entscheidung über Investitionen, Preise, Rationalisierungen, Art, Ort und Umfang der Produktion frei seien.[480] Zugunsten der Arbeitgeberseite verschiebe zudem die Meinungsbildung durch die Medien sowie die mutmaßliche Verbandsmacht das erforderliche Gleichgewicht.[481]

Andere Autoren[482] wollen bei der Paritätsanalyse zusätzlich noch die personelle Ausstattung der Arbeitgeberverbände, die Bedeutung der Industrie- und Handelskammern, die Einflussmöglichkeiten auf die staatliche Wirtschaftspolitik und die Beeinflussung der öffentlichen Meinung berücksichtigen. Daraus folge in der Gesamtbeurteilung und in Bezug auf die Kampfmittel, dass die Arbeitgeber und ihre Verbände nicht auf Arbeitskampfmittel angewiesen seien und der Grundsatz der materiellen Parität zur generellen Unzulässigkeit der Aussperrung führen müsse.

---

[478] Darstellung bei: Zachert/Metzke/Hamer, S. 132 ff.
[479] Däubler, JuS 1972, 642 (645); Kittner, Streik und Aussperrung, S. 22; Wohlgemuth, BB 1979, 111 (114 f.); Berg/Platow/Schoof/Unterhinninghofen, Tarifvertragsgesetz und Arbeitskampfrecht, S. 549 Rn. 10 ff.
[480] Hoffmann, in: Kittner, Streik und Aussperrung, S. 47, 78 f.
[481] Zachert/Metzke/Hamer, S. 153 f.; Wolter, AuR 1979, 193 (196 f.).
[482] Zachert/Metzke/Hamer, S. 150 f.; Wohlgemuth, BB 1979, 111 (115); Wolter, AuR 1979, 193 (197 f.).

b) Tarifbezogener materiell-abstrakter Paritätsbegriff

Vor allem die Rechtsprechung[483], aber auch ein großer Teil der Lehre[484] bestimmt die Kampfparität dagegen abstrakt. Der Grundsatz der Parität sei in generellen und abstrakt formulierten Regeln auszudrücken und könne deshalb nur Kriterien erfassen, die einer typisierenden Betrachtung zugänglich seien. Deshalb komme es nur darauf an, wie sich die Verhandlungsstärke der sozialen Gegenspieler beim Aushandeln von Tarifverträgen auswirke und durch Arbeitskampfmittel beeinflusst werden könne.[485]

Eine materiell-typische Parität frage daher nur danach, inwieweit eine Kampfpartei typischerweise zur Herstellung möglichst gleicher Verhandlungschancen auf ein Kampfmittel angewiesen sei. Situationsbedingte Vorteile, die sich im konkreten Arbeitskampf sehr stark auswirken mögen, blieben notwendigerweise unberücksichtigt.[486]

Der Große Senat des BAG begründet seine Kritik an der Lehre von der Gesamtparität in der Entscheidung vom 10.06.1980[487] damit, dass diese Lehre die begrenzte Funktion des Arbeitskampfrechts im Blick auf die Tarifautonomie verkenne. Eine kollektive Kampf- und Ausgleichsordnung sei ihrer Natur nach nicht dazu geeignet, etwaige gesamtpolitische Ungleichheiten zu kompensieren und marktwirtschaftliche Gesetze aufzuheben. Die vielfältigen politischen, wirtschaftlichen und sozialen Gestaltungsmöglichkeiten entzögen sich weitgehend der Erfassung und vor allem einer vergleichenden Bewertung. Selbst wenn die Unternehmen in der Lage wären, die Preise willkürlich heraufzusetzen und dem Lohndruck durch die Preisgestaltung auszuweichen (was in Wahrheit nur begrenzt möglich sei), könne dies durch keine Tarifpolitik und

---

[483] BAG Urt. v. 10.06.1980 – 1 AZR 822/79 – AP Nr. 64 zu Art 9 GG Arbeitskampf – unter A IV 1a Rn. 70 ff.; billigend BVerfG Beschl. v. 26.06.1991 – 1 BvR 779/85 – unter C I 3 b aa) – BVerfGE 84, 212 (230).
[484] Gamillscheg, KollArbR, Bd. I, S. 970; Löwisch, Arbeitskampf- und SchlichtungsR, I 170.1 Rn. 64; Brox/Rüthers/Henssler, Rn. 168; Otto, Arbeitskampf- und SchlichtungsR, § 2 Rn. 80; Zöllner, Aussperrung, S. 34; Säcker, Gruppenparität und Staatsneutralität, S. 101.
[485] BAG Urt. v. 10.06.1980 – 1 AZR 822/79 – NJW 1980, 1642 (1646 f.).
[486] Ebenda, unter A IV 2 Rn. 76.
[487] Ebenda, unter A IV 2 Rn. 76.

durch kein Arbeitskampfmittel erreicht werden. Ebenso wenig lasse sich die Freiheit der Investitionsentscheidung mit den Mitteln des Arbeitskampfrechts und des Tarifvertragsrechts beeinflussen.[488] Maßgebend sei demnach eine längerfristige typisierende Beurteilung. Zu einer solchen generalisierten bzw. abstrahierten Betrachtung sei die Rechtsordnung im Interesse der Rechtssicherheit gezwungen.[489]

c) Stellungnahme

Einer materiellen Betrachtungsweise, die bezogen auf das tarifpolitische Kräfteverhältnis möglichst viele Einflussfaktoren berücksichtigt, ist der Vorzug zu geben. Dabei können jedoch nicht alle das tatsächliche Kräftegleichgewicht beeinflussenden Umstände einbezogen werden. Und das ist auch nicht erforderlich, denn es geht bei der im Arbeitskampf nötigen Parität nicht um die Herstellung eines allgemein-gesellschaftspolitischen, sondern eines tarifpolitischen Kräfteausgleichs. Die Einflussfaktoren sollten also zumindest einen entfernten Bezug zur Tarifautonomie aufweisen.

Für den Einzelfallbezug und damit die materiell-konkrete Betrachtung spricht, dass der Paritätsgrundsatz ein Baustein der Verhältnismäßigkeitsprüfung ist. Die Prüfkriterien der Verhältnismäßigkeit sind alle auf den konkreten Einzelfall bezogen. Dies liegt bereits in der Natur der vorzunehmenden Abwägung.

Die rein abstrakte Betrachtung, ob die Kräfte auf Gewerkschafts- und Arbeitgeberseite annähernd gleich verteilt sind und beide Seiten ihrerseits annähernd gleich starken Druck ausüben bzw. diesem einige Zeit Stand halten können, bildet die Realität nicht ab und liefert keine verwertbaren Schlüsse.

Maßgebend ist die tatsächliche Chancengleichheit, also die Frage, ob beide Parteien tatsächlich die gleichen Einflussmöglichkeiten auf Tarifabschlüsse haben.[490] Zu Recht lässt sich bei dieser Betrachtung aber fragen, wo dann der Unterschied zwischen dem Grundsatz der Parität und dem Grundsatz der Verhältnismäßigkeit liegt oder ob nicht beides gar ein und dasselbe ist.

---

[488] Ebenda, unter A IV 3.
[489] Konzen, AcP 1977, 473 (527); Seiter, Streikrecht und Aussperrungsrecht, S. 163.
[490] So auch Rüthers, Jura 1970, 85 (107); Bertelsmann, Aussperrung, S. 228.

Kreßel[491] grenzt beide Grundsätze wie folgt voneinander ab:

> *"Die grundsätzliche Frage nach dem "Arsenal zulässiger Arbeitskampfmittel" wird nach dem Paritätsgrundsatz bestimmt, während der Grundsatz der Verhältnismäßigkeit Maßstab für das konkret zulässige Arbeitskampfmittel ist [BAG, Urteil vom 12.03.1985 – 1 AZR 636/82 (LAG Hamm Urteil vom 09.12.1982 8 Sa 408/79). Die Abfolge dieser Prüfungsschritte ist allerdings nicht zwingend, es kann auch eine einheitliche wertende Abwägung vorgenommen werden, die gerade auch die konkrete Arbeitskampfmaßnahme einzubeziehen hat."*

Tatsächlich aber hat das BAG diese Abgrenzung in der genannten Entscheidung so nicht vorgenommen. In dem zitierten Urteil steht zwar, dass der Grundsatz der Verhältnismäßigkeit neben der Frage, welche Kampfmittel der beiden kämpfenden Parteien einander gegenüberstehen (Arsenal zulässiger Kampfmittel), zu berücksichtigen sei. Nicht erwähnt wird vom BAG in diesem Zusammenhang aber das Paritätsprinzip.

Zur Abgrenzung beider Grundsätze voneinander ist daher davon auszugehen, dass der Paritätsgrundsatz den Verhältnismäßigkeitsgrundsatz konkretisiert und damit ebenso wie die vom BAG im Laufe der Zeit entwickelten übrigen Konkretisierungen diesem Konturen gibt. Dabei wird man dem Paritätsgrundsatz das Erfordernis einer gewissen Abstraktionshöhe nicht absprechen können, wobei im Rahmen der Verhältnismäßigkeitsprüfung unter Einbeziehung der paritätischen Betrachtung eine einheitliche wertende Abwägung vorgenommen werden muss, die sich auf die konkrete Arbeitskampfmaßnahme bezieht.

B. Entwicklung der realen Kräfteverhältnisse

Die Arbeitgeberseite kritisiert an der neuen Arbeitskampfkonzeption des 1. Senats des BAG, dass nunmehr der Arbeitnehmerseite deutlich mehr und neue Kampfmittel zur Verfügung stünden und deren Einsatz in ihrer Einschätzungsprärogative liege. Dadurch habe sich das ursprünglich bestehende Kräftegleichgewicht zu Lasten der Arbeitgeberseite verschoben.

---

[491] Kreßel, NZA 1995, 1121 (1123).

Wie aber sieht das die Arbeitnehmerseite? Oder vielmehr: Ist diese Kritik berechtigt? Und spiegelt sie sich in Bezug auf das Paritätsprinzip dergestalt wider, dass vorher paritätische Verhältnisse bestanden und nach den Entscheidungen zur Zulässigkeit von Unterstützungsstreiks und Flashmobs dieses Gleichgewicht nun nicht mehr besteht? Diese Fragen sollten sich durch eine Betrachtung der Entwicklung der Kampfparität beantworten lassen. Dies gilt zumindest aus Sicht der Vertreter der materiell-abstrakten Paritätsbetrachtung.

Vertreter des materiell-konkreten Paritätsverständnisses dürften diese Kritik für unberechtigt halten und diese Fragen durch eine reine Paritätsbetrachtung nicht beantworten können, da Parität aus ihrer Sicht in jedem Einzelfall im Rahmen der aus Art. 9 Abs. 3 GG verfassungsrechtlich vorgegebenen Abwägung festzustellen ist.

Richtig ist, dass es eine neue Arbeitskampfkonzeption gibt. Die geänderten Annahmen, die das BAG bei seinen Entscheidungen zur Zulässigkeit von Unterstützungsstreiks oder Flashmobs zugrunde gelegt hat, resultieren aus der Klarstellung des Bundesverfassungsgerichts zu Art. 9 Abs. 3 GG, dass nicht bloß ein Kernbereich unter den Schutz dieses Grundrechts fällt, sondern jede spezifisch koalitionsgemäße Betätigung.[492] Folgerichtig hat das BAG hieraus den Schluss gezogen, dass auch der Unterstützungsstreik eine solche koalitionsspezifische Verhaltensweise ist. Diese kann damit gar nicht (mehr) „grundsätzlich unzulässig" sein.

Ausgehend von dieser Begründung für die neue Arbeitskampfkonzeption erstaunen Statements der Arbeitgeberseite[493], die von einer ungerechtfertigten Begünstigung der Arbeitnehmerseite durch das Gewähren neuer Kampfmittel ausgehen und in diesem Zusammenhang Raum lassen, über die künftige Zulässigkeit etwa von politischen Streiks zu spekulieren.[494]

Vielmehr ist nunmehr beiden Parteien des Arbeitskampfes der koalitionsspezifische Einsatz jedes Kampfmittels erlaubt, welches dem Schutzbereich des Art. 9 Abs. 3 GG unterfällt. Bei der Frage der Zulässigkeit wird dabei aber nicht mehr auf das Kampfmittel abgestellt, sondern auf das Ergebnis der Abwägung

---

[492] BVerfG Beschl. v. 14.11.1995 – 1 BvR 601/92 – BVerfGE 93, 352 (358).
[493] Meyer, NZA 2011, 1392 (1396); Greiner, NJW 2010, 2977.
[494] Meyer, NZA 2011, 1392 (1396); Greiner, NJW 2010, 2977.

über die Art und die Umstände des konkreten Kampfmitteleinsatzes im Einzelfall.

Ein anderes Ergebnis kann auch die materiell-abstrakte Betrachtung nicht hervorbringen, so dass auch aus diesem Blickwinkel heraus die Kritik unberechtigt sein dürfte: Es kommt bei der abstrakten Betrachtung zunächst darauf an, sich zu fragen, ob jemals grundsätzlich zwischen der Arbeitnehmer- und der Arbeitgeberseite als Gegner im Arbeitskampf Parität bestand und wie es nach diesen Urteilen um diese bestellt ist.

Wie bereits dargestellt, besteht durch die Herrschaft über Produktion und Sachmittel der Arbeitgeberseite naturgemäß eine strukturelle Unterlegenheit der Arbeitnehmerschaft. Ebenso ausführlich erörtert wurden die Kampfmittel, die nach der bisherigen Arbeitskampfkonzeption des BAG der jeweiligen Partei zugestanden wurden. Ein Ausgleich der strukturellen Unterlegenheit der Arbeitnehmerseite wurde zuweilen dadurch erreicht, dass die Rechtsprechung die Arbeitgeberseite zunehmend auf die Abwehr und nicht auf den Angriff verwies bzw. durch eine Regulierung z.B. mit Hilfe von Aussperrungsquoten um ein Gleichgewicht bemüht war.

Auch an dieser Stelle erstaunt der Einwand der Arbeitgeberseite, den Gewerkschaften würden immer neue Kampfmittel eingeräumt, während sie selber weiterhin auf die bisher anerkannten Kampfmittel verwiesen würden. Dies umso mehr, wenn man sich vergegenwärtigt, dass die Arbeitgeber seit der Jahrtausendwende immer mehr Praktiken entwickelt haben, ihre Machtposition auszubauen und den Druck auf die Gewerkschaften zu erhöhen. Erwähnt seien in diesem Zusammenhang etwa Betriebsschließungen oder die Verlagerungen von Produktionsstätten ins Ausland.

Im Ergebnis lässt sich somit feststellen, dass sich die neue Arbeitskampfkonzeption des BAG in Bezug auf die realen Kräfteverhältnisse der Kampfparteien nicht einseitig zu Gunsten der Arbeitnehmerseite auswirkt. Vielmehr steht jeder Seite die Möglichkeit zu, neue Kampfmittel zu entwickeln und diese einzusetzen. Maßgebend dabei ist neben der Grenze des Rechtsmissbrauchs der mit dem Einsatz des Kampfmittels verfolgte Zweck.

Nach diesem groben Überblick über die realen Machtverhältnisse und die bisher anerkannten Kampfmittel der Arbeitskampfparteien sollen nun die einzelnen Entscheidungen und die aus ihnen abzuleitenden neuen Maßstäbe, welche die neue Arbeitskampfkonzeption des 1. Senats des BAG kennzeichnen, erörtert werden.

2. Teil: Erstreikbarkeit von firmenbezogenen Verbandstarifverträgen

Angefangen hat der Wandel der Rechtsprechung im Bereich des Arbeitskampfrechtes im April 2007 mit der Entscheidung zur Zulässigkeit des Streiks um einen Tarifsozialplan.[495] In dieser Entscheidung wurde jedoch noch eine weitere Frage entschieden, nämlich diejenige der Erstreikbarkeit von Firmentarifverträgen bei Verbandsmitgliedern. Beide Fragen fielen in dieser Entscheidung zusammen, werden nachfolgend jedoch getrennt dargestellt und analysiert.

A. Sachverhalt

Der vom Gericht in dieser Entscheidung auf seine Rechtmäßigkeit zu überprüfende Streik richtete sich gegen einen Arbeitgeberverband der Metall- und Elektroindustrie. Er hatte einen Tarifvertrag zum Ziel, der bezogen auf einen einzelnen Betrieb, nämlich den Standort Kiel, eines einzelnen Mitgliedsunternehmens (der Heidelberger Druckmaschinen AG) abgeschlossen werden sollte. Es ging also um den Abschluss eines firmenbezogenen Tarifvertrages für nur diesen einen Betrieb mit dem Verband.

Kläger war der Arbeitgeberverband der Metall- und Elektroindustrie. Gegen ihn richtete sich die Forderung der Gewerkschaft, einen verbandsbezogenen Firmentarifvertrag für den Kieler Betrieb der Heidelberger Druckmaschinen AG, abzuschließen.

Zwischen dem Kläger und der Gewerkschaft galt zu dieser Zeit ein Flächentarifvertrag als Manteltarifvertrag. Aus diesem Manteltarifvertrag hatte die Gewerkschaft die Regelung aus § 14 Nr. 2 (Regelungen zur Beendigung von Arbeitsverhältnissen) fristgerecht gekündigt. Eine Teilkündigung einzelner Regelungen war ausdrücklich erlaubt.

Der Betrieb sollte geschlossen werden. Die Forderungen der Gewerkschaften im Zusammenhang mit der Betriebsschließung waren im Wesentlichen:

---

[495] BAG Urt. v. 24.04.2007 – 1 AZR 252/06 – NZA 2007, 987 ff.

- Verlängerung der Grundkündigungsfrist,
- Zahlung einer Abfindung und
- Durchführung von Qualifizierungsmaßnahmen nach Beendigung der Arbeitsverhältnisse.

Es kam zum Streik in dem Kieler Betrieb.

Derartiges spielte sich auch gegen ein anderes Mitglied des Klägers ab, welches die Schließung eines Logistikzentrums in Elmshorn plante. Hier verlangte die Gewerkschaft die Aufnahme von Verhandlungen über einen firmenbezogenen Verbandsergänzungstarifvertrag, begleitet von ähnlichen Forderungen, und führte Warnstreiks durch.

Die Klage des Arbeitgeberverbandes der Metall- und Elektroindustrie auf Unterlassung rechtswidriger Arbeitskampfmaßnahmen gegen einzelne seiner Mitglieder und auf Schadensersatz aus eigenem sowie aus abgetretenem Recht blieb in allen Instanzen erfolglos. Dabei richtete sich die Schadensersatzforderung aus abgetretenem Recht auf die Umsatzeinbuße durch verzögerte Lieferungen und dadurch bedingte Transportänderungen. Schadensersatz aus eigenem Recht wurde in bislang unbezifferbarer Höhe wegen sinkender Mitgliederbeiträge geltend gemacht.

B. Begriffsklärung und Abgrenzung zu Firmentarifverträgen bei Verbandsmitgliedern

Ein firmenbezogener Verbandstarifvertrag ist ein Tarifvertrag, welcher mit dem Verband geschlossen wird, aber nur die Arbeitsbedingungen eines einzelnen Betriebes eines Mitgliedsunternehmens aus dem Verband regelt. Damit wird also der tarifliche Geltungsbereich festgelegt.

Der Unterschied zwischen dem auch bisher schon für zulässig erkannten Firmentarifvertrag bei einem Verbandsmitglied und einem firmenbezogenen Verbandstarifvertrag liegt darin, dass ein Firmentarifvertrag bei einem Verbandsmitglied mit dem Verbandsmitglied selbst für das Verbandsmitglied geschlossen wird, während ein firmenbezogener Verbandstarifvertrag, um den es in der hier zu erörternden Entscheidung geht, mit dem Verband mit Wirkung für nur eines seiner Mitglieder geschlossen wird.

Der Vorteil im Abschluss eines firmenbezogenen Verbandstarifvertrages besteht für den Arbeitgeber darin, dass er weiterhin die Beratung und Vertretung durch den Verband nutzen kann, während auf der anderen Seite der Verband die Tarifgestaltung für das Unternehmen in den Händen behält.[496]

C. Problemstellung und bisherige Rechtsprechung

Bei dieser Konstellation, bei der ein einzelnes Mitglied bestreikt wird, um einen Tarifabschluss mit dem Verband zu erreichen, stellen sich zunächst folgende Fragen:

- Ist dies mit Art. 3 GG vereinbar?
- Verstoßen solche Tarifverträge gegen den vereinsrechtlichen Gleichbehandlungsgrundsatz?
- Verstößt ein derartiges Streikziel gegen die individuelle oder die kollektive Koalitionsfreiheit?

Klargestellt hat das BAG diesbezüglich auch in der Vergangenheit bereits, dass allein durch einen Verbandseintritt der Arbeitgeber nicht seine individuelle Tarifautonomie verliert und damit grundsätzlich auch isoliert von dem Verband, dem er angehört, in einen Arbeitskampf verwickelt werden kann.[497]

Ein weiteres Problem stellt sich in Bezug auf die Friedenspflicht, denn bekanntlich sperrt die Friedenspflicht, wenn bereits tarifvertraglich geregelte Gegenstände erstreikt werden sollen. In Bezug auf einen firmenbezogenen Verbandstarifvertrag stellt sich diesbezüglich die Frage, ob als Inhalt des firmenbezogenen Verbandstarifvertrages Ziele erstreikt werden können, die bereits Gegenstand eines Flächentarifvertrages sind, oder zumindest solche, die bereits Gegenstand von Verhandlungen über einen Flächentarifvertrag sind.

Schwierigkeiten dürfte auf Gewerkschaftsseite auch die kampfweise Durchsetzung eines solchen Tarifvertrages bereiten: Die Gewerkschaften dürften

---

[496] Ahrendt, RdA 2012, 129 (129).
[497] BAG Beschl. v. 18. 7. 2006 – 1 ABR 36/05 – BAGE 119, 103; Urt. v. 20. 2. 2008 – 4 AZR 64/07 – NZA 2008, 946 ff.

Probleme haben, die nicht vom Streik profitierenden Mitglieder zum Streik zu motivieren. Ein auf den Abschluss eines firmenbezogenen Verbandstarifvertrages gerichteter Streik dürfte das Gebot der Kampfparität nicht tangieren, denn zwar mag die Solidaritätsbereitschaft der vom Streikziel nicht betroffenen Verbandsmitglieder weniger groß sein, als dies bei einem Streik um den Abschluss eines Flächentarifvertrags der Fall ist. Es ist aber grundsätzlich Sache der Koalition selbst, für die nötige Solidarität ihrer Mitglieder gegenüber Forderungen des sozialen Gegenspielers zu sorgen.

Auch auf Seiten der Arbeitgeberverbände dürften sich insoweit Schwierigkeiten ergeben: Wenn firmenbezogene Verbandstarifverträge im Wege des Streiks gegen Einzelmitglieder künftig zulässig sind, dürften die Verbände ein Stück weit an Anziehungskraft für Arbeitgeber verlieren, weil sie trotz Verbandseintritts den Gewerkschaften im Arbeitskampf allein gegenüberstünden. Jedenfalls dürften sie nicht zu motivieren sein, einen Arbeitskampf gegen einen Flächentarifvertrag mit Gegenständen zu führen, die bei ihnen ohnehin schon über den Firmentarifvertrag gelten.

Soweit ersichtlich, hat sich das BAG mit Ausnahme einer älteren Entscheidung[498] zu einem atypischen Sachverhalt vorher noch nicht mit der Zulässigkeit der Erstreikbarkeit von firmenbezogenen Verbandstarifverträgen befasst.

Auch auf der Ebene der Instanzgerichte lässt sich dazu außer ein paar älteren Urteilen[499] nordrhein-westfälischer Gerichte zu Aktionen der IG Metall im nordrhein-westfälischen Metallhandwerk wenig finden. Wenn es aber Entscheidungen dazu gab, wurden die Anträge zurückgewiesen und – von einer Ausnahme abgesehen[500] – die Rechtmäßigkeit der gegen einen verbandsangehörigen Arbeitgeber auf Abschluss von Firmentarifverträgen gerichteten Streiks bejaht.

---

[498] BAG Urt. v. 04.05.1955 – 1 AZR 493/54 – AP Nr. 2 zu Art. 9 GG Arbeitskampf.
[499] LAG Hamm Urt. v. 10.01.1969 – 8 Sa 572/68, LAG Frankfurt Urt. v. 23.05.1969 – 5 Sa 251/69, ausführlich dazu: Weiss, Koalitionsfreiheit, S. 113 f.
[500] ArbG Essen Urt. v. 23.07.1985 – 3 GA 33/85. Allerdings fehlte es hier schon an der Klagebefugnis und dem Rechtsschutzbedürfnis.

D. Entscheidungsgründe

In den Entscheidungsgründen erkannte der 1. Senat des BAG den Streik um den Abschluss eines firmenbezogenen Verbandstarifvertrages als zulässig an.

Ein Arbeitgeberverband sei grundsätzlich nicht am Abschluss von Tarifverträgen gehindert, deren Geltungsbereich auf eines oder wenige seiner Mitgliedsunternehmen beschränkt sei. Die damit einhergehende Bestimmung des tarifvertraglichen Geltungsbereiches, also der Tarifzuständigkeit, sei in den Grenzen des Art. 3 GG Gegenstand tarifautonomer Festlegung. Die kollektive Freiheit des Verbandes werde hierdurch nicht verletzt. Aus Art. 9 Abs. 3 GG folge schließlich nicht, dass die Gewerkschaft nur Tarifverträge fordern könne, die für alle Verbandsmitglieder gelten sollten.

Auch die Kampfparität werde nicht verletzt. Dies folge schon im Sinne eines „Erst-Recht-Schlusses" aus dem Umstand, dass nach der geltenden Rechtsprechung des 1. Senats[501] sogar ein Firmentarifvertrag gegen den verbandsangehörigen Arbeitgeber erstreikt werden könne.

Dies müsse dann erst recht für einen firmenbezogenen Verbandstarifvertrag gelten, denn die Verteidigungsfähigkeit des Verbands sei jedenfalls nicht geringer als die eines einzelnen Mitglieds. Zwar möge sie bei Streikaufrufen, die sich für den Abschluss eines firmenbezogenen Verbandstarifvertrags auch an die Beschäftigten anderer Mitgliedsunternehmen richten, wegen der möglicherweise nur begrenzten Solidaritätsbereitschaft der vom Streikziel nicht betroffenen Verbandsmitglieder weniger groß sein als bei einem Streik um den Abschluss eines Flächentarifvertrags. Es sei aber grundsätzlich Sache der Koalition selbst, für die nötige Solidarität ihrer Mitglieder gegenüber Forderungen des sozialen Gegenspielers zu sorgen.

Auch die individuelle Koalitionsfreiheit des Arbeitgebers (und auf diese Weise ein Recht des Verbandes selbst) sei nicht verletzt, denn wenn dies schon bei einem Streik um einen Firmentarifvertrag nicht der Fall sei, so erst recht nicht im Fall eines Streiks um den Abschluss eines auf das Unternehmen bezogenen Verbandstarifvertrags. Die Einbeziehung des Verbands bedeute ohnehin typischerweise eine Stärkung der Position des einzelnen Arbeitgebers.

---

[501] BAG Urt. v. 10.12.2002 – 1 AZR 96/02 – AP Nr. 162 zu Art. 9 GG Arbeitskampf.

In Bezug auf die Friedenspflicht argumentierte der Senat, ein um den Abschluss eines firmenbezogenen Verbandstarifvertrages geführter Streik sei nicht allein deshalb rechtswidrig, weil er auf eine Forderung gerichtet sei, die zur gleichen Zeit den Gegenstand von Verhandlungen über einen Flächentarifvertrag bilde. Die Verhandlungen um neue Kündigungsregelungen wegen der gekündigten Regelungen im Manteltarifvertrag würden keine Friedenspflicht erzeugen. Eine Friedenspflicht gehe nur von geltenden Tarifregelungen aus. Verhandlungen aber würden – auch im Sinne eines vorvertraglichen Schuldverhältnisses – noch keine Friedenspflicht erzeugen.

Aus diesem Grunde war hier sowohl der zeitliche Gleichlauf der Verhandlungen als auch das teilweise Überschneiden der zu verhandelnden Gegenstände, also die Beendigung von Arbeitsverhältnissen, unschädlich.

Zwar könne im Einzelfall ein Verstoß gegen die Friedenspflicht erfolgen, dies aber nur dann, wenn der Verband für die zu regelnden Gegenstände bereits einen Flächentarifvertrag abgeschlossen habe und dieser weiterhin gelte. Ein Streik, mit dem die Gewerkschaft den Abschluss eines firmenbezogenen Verbandstarifvertrages erstrebe, verstoße aber jedenfalls dann nicht gegen die Friedenspflicht, wenn die Tarifvertragsparteien zur gleichen Zeit über einen Flächentarifvertrag mit Regelungen zum selben Gegenstandsbereich noch verhandelten. Nur über einen solchen Fall paralleler Verhandlungen hatte der Senat hier zu entscheiden.

E. Auswirkungen auf die Praxis

Der 1. Senat des BAG begründet die Zulässigkeit eines Streiks um einen firmenbezogenen Verbandstarifvertrag im Wesentlichen mit der Tarifzuständigkeit des Verbandes, die sich auch auf ein einzelnes Mitglied bezieht. Aus Verbandssicht könnte also daran gedacht werden, sich in einem solchen Fall für tarifunzuständig zu erklären.

Wie das BAG im Zusammenhang mit der Frage nach der Zulässigkeit einer Mitgliedschaft eines Arbeitgebers in einem Arbeitgeberverband ohne Tarifbindung (sog. „OT-Mitgliedschaft") bereits festgestellt hat, ist die Tarifzuständigkeit nämlich Sache des Verbandes.[502] Danach könne er selbst diese festlegen.

Allerdings dürfte mit einer Unzuständigkeitserklärung zumindest für das Mitglied wenig gewonnen sein, da die Gewerkschaft in diesem Fall wohl das Parallelmittel mit gleicher Wirkung, nämlich einen Firmentarifvertrag beim Verbandsmitglied, gegenüber dem Mitglied selbst erkämpfen würde.

Auch mit einer positiven Bestimmung der Tarifzuständigkeit eines Verbandes, etwa durch Festlegung in der Satzung, Tarifverträge nur mit Wirkung für alle Mitglieder zu schließen, wäre nichts gewonnen. Dies hätte zudem den negativen Nebeneffekt, dass keine „Notlagentarifverträge" mehr mit einzelnen Arbeitgebern geschlossen werden könnten.

Auswirkungen kann diese Entscheidung, wie bereits angesprochen, auch auf die Anziehungskraft und die Durchsetzungskraft eines Verbandes haben, denn die Streikbereitschaft derjenigen Mitglieder, bei denen Gegenstände schon qua firmenbezogenem Verbandstarifvertrag gelten, die dann Gegenstand von Verhandlungen um einen Flächentarifvertrag sind, wird sich in Grenzen halten.

Der oft erhobene Einwand[503], die Gewerkschaft verfolge mit einem firmenbezogenen Verbandstarifvertrag in Wahrheit nicht die Verbesserung der Arbeits- und Wirtschaftsbedingungen, sondern die Verhinderung einer unternehmerischen Entscheidung (z.B. Verlagerung einer Betriebsstätte) greift nach der Entscheidung nicht mehr. Ein solches Ziel darf die Gewerkschaft jetzt sogar offen kommunizieren – jedenfalls sofern es nicht einziges Ziel des Arbeitskampfes bleibt. Sie braucht also nur exorbitante Forderungen vorzuschieben, die tariflich regelbar und noch nicht geregelt sind und kann dann ganz offen auch ihr Nebenziel, z.B. den Standorterhalt, proklamieren.

Die Gewerkschaft hat es aus Arbeitgebersicht damit in der Hand, ein einzelnes Mitglied aus einem Verband zu isolieren und die Verbandsmitgliedschaft insgesamt dadurch zu entwerten.[504] Diese Kritik überzeugt nicht, denn im Rah-

---

[502] BAG Beschl. v. 18.07.2006 – 1 ABR 36/05 – BAGE 119, 103 Nr. 35 f. der Entscheidungsgründe.
[503] Kappenhagen/Lambrich, BB 2007, 2239 (2239).
[504] Ausführlich zu den gegen die Zulässigkeit derartiger Streiks sprechenden Gründen: Krichel, NZA 1986, 731 (731 ff.) m.w.N.

men der Einschätzungsprärogative der Gewerkschaften gehört die Möglichkeit, Mitglieder eines Arbeitgeberverbandes mit dem Ziel zu bestreiken, mit diesen einen Firmentarifvertrag abzuschließen, ohnehin zu ihrer verfassungsrechtlich gewährleisteten Betätigungsfreiheit.

Welche Mittel und Gegenwehr wird die Arbeitgeberseite künftig einsetzen, um trotz derartiger Maßnahmen der Gewerkschaften etwaige Fluchtpläne zu realisieren? Kreative Lösungen wie z.B. der im Vorfeld organisierte Aufbau einer Ausweichproduktionsstätte im Ausland oder eine vorlaufende Produktion, um im Streikfalle durchsetzungsmächtig zu bleiben, liegen nahe und zeigen, dass unter Paritätsgesichtspunkten allein durch diese Entscheidung kein Grund besteht, diese Entwicklung mit Sorge zu betrachten.

Ob die Gewerkschaften diese neue Betätigungsfreiheit auch derart ausüben, dass sie etwa einen Streik um einen Tarifsozialplan mit einem Unterstützungsstreik kombiniert, wird sich erst zeigen. Diese Konstellation dürfte vor allem in den Fällen interessant werden, in denen der Arbeitgeber zur Erhöhung seiner Streikresistenz eine Ausweichproduktionsstätte einrichtet. Im Übrigen bleibt abzuwarten, in welchem Umfang und in welchen Konstellationen die Gewerkschaften von der neuen Möglichkeit, firmenbezogene Verbandstarifverträge zu erstreiken, in der Praxis Gebrauch machen werden.

3. Teil: Erstreikbarkeit von Tarifsozialplänen

Dem bereits im 2. Teil unter A. dargestellten Tatbestand des Urteils des 1. Senats des BAG vom 24.04.2007, aus dem die Forderungen der Gewerkschaft im Zusammenhang mit der Betriebsschließung hervorgehen, lässt sich entnehmen, dass der Senat auch darüber zu entscheiden hatte, ob Forderungen, die im Rahmen einer Betriebsänderung üblicherweise Gegenstand eines Sozialplanes sind (also Abfindungen, Qualifizierungsmaßnahmen und Kündigungsfristen), als tarifliches Regelungskonstrukt erstreikt werden können. Hierbei stellte sich die Frage des Verhältnisses der gewerkschaftlichen Kompetenzen zu denen der Betriebsräte bzw. des Verhältnisses der Tarifautonomie zur betrieblichen Mitbestimmung gem. den §§ 111 ff. BetrVG.

Das LAG Hessen hatte hierzu als Vorinstanz (im Vorfeld des oben zitierten Urteils des 4. Senats aus dem Dezember 2006[505]) entschieden, aus § 77 Abs. 3 BetrVG ergebe sich, dass das Verhältnis von Tarifvertragsordnung und betriebsverfassungsrechtlicher Mitbestimmung im Sinne eines Vorrangs der Tarifvertragsordnung geregelt sei.[506]

A. Sachverhalt

Der Sachverhalt wurde bereits in Teil 2 unter A. in Auszügen dargestellt. Zusammenfassend sei hier noch einmal erwähnt, dass über die Zulässigkeit der Erstreikbarkeit eines firmenbezogenen Verbandstarifvertrages entschieden wurde.

Nachdem die Heidelberger Druckmaschinen AG Anfang des Jahres 2003 angekündigt hatte, große Teile des Betriebes von Kiel in die USA oder zumindest an den Hauptsitz der Gesellschaft zu verlagern, verlangte die Gewerkschaft IG Metall vom Arbeitgeberverband Nordmetall den Abschluss eines firmenbezogenen Verbandstarifvertrages. Hierin sollten Gegenstände geregelt werden, die sich auf Sozialplaninhalte beziehen, um die Folgen einer Betriebsänderung abzumildern. So stellte die IG Metall horrende Forderungen wie z.B. lange Kündigungsfristen, die Zahlung hoher Abfindungen und die Finanzierung von

---

[505] BAG Urt. v. 06.12.2006 – 4 AZR 798/05 – AP Nr. 1 zu § 1 TVG Sozialplan.
[506] LAG Hessen Urt. v. 02.02.2006 – 9 Sa 915/05 – BeckRS 2006, 41396.

Qualifizierungsmaßnahmen von bis zu 24 Monaten. Dabei sprach sich die Gewerkschaft im Streikaufruf offen gegen einen Arbeitsplatzabbau bei der Heidelberger Druckmaschinen AG aus, ohne dass diese Forderung jedoch Inhalt des Streikbeschlusses wurde.

Da der 1. Senat des BAG bereits 2002 entschieden hatte, dass die Friedenspflicht einen verbandszugehörigen Arbeitgeber zumindest insoweit gegen Arbeitskampfmaßnahmen schützt, als in den Verbandstarifverträgen abschließende Regelungen bestehen,[507] hatte die Gewerkschaft diesmal die maßgebliche Regelung (§ 14 Nr. 2 des Manteltarifvertrages – Regelung zur Beendigung von Arbeitsverhältnissen) vor Beginn des Arbeitskampfes fristgerecht im Rahmen der tariflich erlaubten Teilkündigung gekündigt.

B. Begriffsklärung

I. Interessenausgleich und Sozialplan

Zur Entscheidung über die Frage der Zulässigkeit der Erstreikbarkeit von Tarifsozialplänen hatte das BAG also auch das Verhältnis der Beteiligungsrechte des Betriebsrates aus den §§ 111 ff. BetrVG bei Betriebsänderungen (insbesondere der erzwingbaren Mitbestimmung im Hinblick auf den Abschluss eines Sozialplanes) zu dem kollektiven Recht der Gewerkschaft, für einen tarifvertraglichen Nachteilsausgleich zu streiken, zu klären.

Hier ist zunächst ein Blick auf die Systematik der §§ 111 ff. BetrVG zu werfen:

Das Betriebsverfassungsgesetz sieht in Fällen der Betriebsänderung Verhandlungen des Arbeitgebers mit dem Betriebsrat über den Abschluss eines Interessenausgleichs und/oder Sozialplans nach §§ 111 ff. BetrVG vor. Ein Interessenausgleich enthält Vereinbarungen über das „Ob" und die „Art und Weise" der Durchführung der geplanten Maßnahme (also z.B. der vollständigen oder teilweisen Stilllegung oder der Standortverlagerung eines Betriebes). Dagegen sind in einem Sozialplan Regelungen zum Ausgleich oder zur Milderung der den Arbeitnehmern durch die jeweilige Betriebsänderung entstehenden wirtschaftlichen Nachteile enthalten. Der Arbeitgeber kann gem. § 111

---

[507] BAG Urt. v. 10.12.2002 – 1 AZR 96/02 – BB 2003, 1125 (1128 f.).

Abs. 1 BetrVG mit der geplanten Betriebsänderung erst beginnen, wenn er mit dem Betriebsrat einen Interessenausgleich geschlossen hat oder die hierüber geführten Verhandlungen gescheitert sind.

Aus Arbeitnehmersicht handelt es sich bei der aus den §§ 111 ff. BetrVG folgenden Verhandlungspflicht dennoch um ein stumpfes Schwert. Da Betriebsräte gem. § 74 Abs. 2 BetrVG nicht streikberechtigt sind, können sie einen Sozialplan nicht in einem Arbeitskampf erzwingen. Für den Abschluss eines Sozialplanes ist vielmehr ein neutrales Vermittlungsverfahren über eine Einigungsstelle nach § 112 Abs. 4 BetrVG vorgesehen.

II. Tarifsozialplan

Tarifsozialpläne sind Tarifverträge, mit denen die wirtschaftlichen Nachteile aus einer Betriebsänderung ausgeglichen oder gemildert werden sollen.[508] Tariflich geregelt werden sollen also (auch) Gegenstände, die üblicherweise Gegenstand von Sozialplänen sind. Hierbei verlangt die Gewerkschaft entweder vom Arbeitgeber oder seinem Verband den Abschluss eines Haustarifvertrages bzw. eines firmenbezogenen Verbandstarifvertrages unter Vorgabe exorbitanter Forderungen z.B. nach hohen Abfindungen, langen Kündigungsfristen oder teuren Qualifizierungsmaßnahmen.

Nicht immer geht es der Gewerkschaft dabei um die Durchsetzung dieser Forderungen, sondern vielmehr darum, die Betriebsänderung durch den Tarifsozialplan zusätzlich zum Sozialplan so teuer und unattraktiv zu gestalten, dass der Arbeitgeber bzw. der Verband davon Abstand nimmt. Letztlich geht es ihr darum, die geplante Betriebsänderung zu verhindern.

Im Unterschied zu einem Sozialplan gelten die Regelungen eines Tarifsozialplanes gem. §§ 3, 4 TVG nur für Arbeitnehmer, die durch eine Bezugnahmeklausel an das jeweilige Tarifwerk gebunden sind. Um auch Außenseiter einzubeziehen ist der Abschluss einer Erstreckungsvereinbarung mit dem Betriebsrat erforderlich.

---

[508] BAG Urt. v. 24.04.2007 – 1 AZR 252/06 – NZA 2007, 987 ff.

C. Darstellung der Problematik

Gemäß § 112 Abs. 1 S. 4 BetrVG gilt § 77 Abs. 3 BetrVG für den (betrieblichen) Sozialplan nicht. Den Regelungen eines Tarifsozialplans kommt daher insoweit kein Vorrang vor betrieblichen Bestimmungen zu. Umgekehrt lässt sich den Regelungen des Betriebsverfassungsgesetzes aber auch nicht entnehmen, dass dem betrieblichen Sozialplan Vorrang vor Tarifvereinbarungen zukommt.

Die Anerkennung eines grundsätzlichen Nebeneinanders von Tarifsozialplänen und betrieblichen Sozialplänen hat zur Folge, dass der Arbeitgeber an zwei Fronten Auseinandersetzungen führt und dabei riskiert, dass Betriebsrat und Gewerkschaft sich mit den von ihnen gestellten Forderungen gegenseitig hochschaukeln.

An dieser Stelle sollte man sich in Erinnerung rufen, dass nach dem Grundsatz des BAG „was tariflich regelbar ist, ist auch erstreikbar"[509] bislang galt, dass Streikziele lediglich tariflich regelbare Gegenstände sein dürfen. Gem. § 1 Abs. 1 TVG sind tariflich regelbar solche Gegenstände, die auf Inhalts-, Abschluss- oder Beendigungsnormen im Sinne des § 4 Abs. 1 S. 1 TVG gerichtet sind. Kündigungsfristen und Abfindungszahlungen sind sicher tariflich regelbare Gegenstände; wie aber sieht es mit dem Streikziel „Verhinderung einer Betriebsschließung" oder der „Standorterhaltung" aus? Auch im Hinblick auf Qualifizierungsmerkmale darf man zu Recht fragen, ob es sich hierbei um Beendigungsnormen i.S.d. § 1 Abs. 1 TVG handelt.

---

[509] BAG Urt. v. 12.09.1984 – 1 AZR 342/83 – DB 1984, 2563.

D. Bisherige Rechtsprechung

Die Frage der grundsätzlichen Zulässigkeit von Tarifsozialplänen hatte der 4. Senat des Bundesarbeitsgerichts schon im Dezember 2006[510] bejaht. In den Urteilsgründen[511] heißt es:

> *"Die Tarifvertragsparteien sind nicht gehindert, einen Tarifvertrag zu vereinbaren, der einen sozialplanähnlichen Inhalt hat, insbesondere einen Anspruch auf Zahlung einer Abfindung bei betriebsbedingten Kündigungen vorsieht, auch wenn vorher, gleichzeitig oder danach von Betriebs- oder Dienststellenpartnern ein Sozialplan gemäß § 112 BetrVG, § 75 Abs. 3 Nr. 13 BPersVG, § 74 Abs. 2 Nr. 7 ThürPersVG abgeschlossen worden ist oder auch nur erzwingbar wäre. Eine solche Einschränkung der Tarifautonomie, die die Zulässigkeit von tariflichen Regelungen an die fehlende Erzwingbarkeit von Betriebs- oder Dienstvereinbarungen knüpft, ist nicht begründbar. Ebenso wenig begrenzen Schranken, welchen die Betriebsparteien bei ihrer gesetzlich vorgegebenen Regelungsaufgabe im Rahmen des § 112 BetrVG unterliegen, die Rechtssetzungsmacht der Tarifvertragsparteien (...)*
>
> *(...). Ein Tarifvertrag, der ohne weiteres nur für die bei der tarifschließenden Gewerkschaft organisierten Arbeitnehmer des Betriebes gilt, und ein für alle betroffenen Arbeitnehmer des Betriebes unabhängig von ihrer Gewerkschaftszugehörigkeit geltender Sozialplan sind prinzipiell nebeneinander möglich (...).*
>
> *(...) Die dabei möglicherweise entstehende Konkurrenz zu betriebsverfassungsrechtlichen Sozialplänen ist nach allgemeiner Meinung nach dem Günstigkeitsprinzip zu lösen (...).*
>
> *(...) Aus der in § 112 Abs. 1 Satz 4 BetrVG gesetzlich geregelten Ausnahme vom grundsätzlichen Tarifvorbehalt nach § 77 Abs. 3 BetrVG kann nicht der Umkehrschluss gezogen werden, dass es in diesem Bereich den Tarifvertragsparteien verwehrt ist, eigenständige Vereinbarun-*

---

[510] BAG Urt. v. 06.12.2006 – 4 AZR 798/05 – AP Nr. 1 zu § 1 TVG Sozialplan.
[511] Ebenda, Rn. 28 ff.

gen abzuschließen (...). Die Annahme einer Sperrwirkung eines betriebsverfassungsrechtlichen Sozialplans gegenüber dem Tarifvertrag ist systemfremd; aus dem BetrVG ergibt sich keine Einschränkung der Regelungsbefugnis der Tarifvertragsparteien (...). Dies würde im Übrigen im Ergebnis den organisierten Arbeitnehmern den Tarifschutz auch in betriebsratslosen Betrieben nehmen (...). Für eine solche Einschränkung der grundrechtlich geschützten Tarifautonomie gibt es keine Rechtsgrundlage."

E. Entscheidungsgründe

Der 1. Senat des BAG bestätigte seine bisherige Rechtsprechung zur Zulässigkeit von Tarifsozialplänen und entschied außerdem, dass diese Tarifverträge auch erstreikbar sind.[512]

Mit dieser Entscheidung wurde klargestellt, dass die §§ 111, 112 BetrVG keine Sperrwirkung gegenüber parallelen Tarifverhandlungen erzeugen. Eine derartige Sperrwirkung sei gesetzlich nicht geregelt und § 112 Abs. 1 Satz 4 BetrVG (Ausschluss des Tarifvorbehaltes nach § 77 Abs. 3 BetrVG) sowie § 2 Abs. 3 BetrVG (Koalitionsaufgaben werden durch die Betriebsverfassung nicht berührt) sprächen eher gegen statt für eine solche Sperrwirkung.[513]

Außerdem sei sich der Gesetzgeber der Möglichkeit einer Konkurrenz von Tarifvertrag und Betriebsvereinbarung im Gegenstandsbereich eines Sozialplanes durchaus bewusst gewesen. Auch eine größere Sachnähe der Betriebsparteien könne keinen Vorrang der betrieblichen Sozialplanverhandlungen begründen. Vielmehr gelte für die Auflösung eines Kollisionsverhältnisses das Günstigkeitsprinzip des § 4 Abs. 3 TVG.

In seiner Entscheidung hat der 1. Senat des BAG zudem klargestellt, dass Streikforderungen einer Gewerkschaft, deren Gegenstände tariflich regelbar sind, keiner gerichtlichen Übermaßkontrolle unterliegen, weil eine solche Kontrolle gegen die in Art. 9 Abs. 3 GG garantierte Koalitionsfreiheit verstoße und die Funktionsfähigkeit der Tarifautonomie in Frage stelle. Für die Beurteilung der Rechtmäßigkeit der Streikziele komme es ausschließlich auf die übermit-

---

[512] BAG Urt. v. 24.04.2007 – 1 AZR 252/06 – NZA 2007, 987 Rn. 56 ff., 59 ff.
[513] BAG Urt. v. 24.04.2007 – 1 AZR 252/06 – NZA 2007, 985 (987) – Rn. 81.

telten Tarifziele aufgrund des von der Gewerkschaft getroffenen Streikbeschlusses an. Tariflich regelbar sind nach § 4 Abs. 1 S. 1 TVG Ziele, die auf Inhalts-, Abschluss- oder Beendigungsnormen gerichtet sind.

F. Auswirkungen auf die Praxis

Seitens der Arbeitgeber wird durch die Entscheidung zunächst die Bereitschaft zur Verhandlung über eine flexible Gestaltung von Tarifverträgen, insbesondere in Bezug auf Kündigungsregelungen abnehmen.

Damit bei Betriebsänderungen die Friedenpflicht der Erstreikbarkeit von Tarifsozialplänen entgegensteht, sind Arbeitgeber bzw. Verbände künftig gut beraten, wenn sie die Klauseln über die Regelungen zur Beendigung von Arbeitsverträgen und weitere Klauseln des Tarifvertrages, die im Falle einer Betriebsänderung Forderungen der Gewerkschaften hervorrufen könnten, unkündbar ausgestalten. Dabei ist zur Erzeugung einer umfassenden Friedenspflicht außerdem darauf zu achten, dass es sich bei den betreffenden tariflichen Regelungen möglichst um abschließende und weit greifende Regelungen handelt.

Um ganz sicher zu gehen, dass die Gewerkschaft auch nicht mit Forderungen durchdringen kann, die üblicherweise nicht Gegenstand von Tarifverträgen sind (wie z.B. Abfindungen, Qualifizierungen etc.), wird die Arbeitgeberseite künftig möglicherweise sogar Regelungen für Betriebsänderungen tariflich festlegen wollen.

In jedem Fall aber sollte ein verantwortungsvoller Arbeitgeber bei Abschluss eines betrieblichen Sozialplans mit dem Betriebsrat nach den §§ 111 ff. BetrVG auch an die nicht organisierten Arbeitnehmer denken und in diesem eine Anrechnung tariflicher Abfindungsansprüche auch für diese vorsehen, damit der tarifliche Sozialplan nicht die Mittel für den betrieblichen Sozialplan aufzehrt und die nicht organisierten Arbeitnehmer dadurch leer ausgehen. Eine entsprechende Anregung für ein solches Vorgehen hat das BAG in seinem Urteil allen Beteiligten bereits mit auf den Weg gegeben.[514]

---

[514] Ebenda, unter Rn. 85 cc) der Gründe.

Bei den immer kreativer werdenden „Fluchttaktiken" der Arbeitgeber ist die Zulässigkeit der Erstreikbarkeit von Tarifsozialplänen aus Sicht der Gewerkschaften dagegen konsequent und folgerichtig. Insbesondere die stärke Lockerung in Bezug auf die Rechtmäßigkeitsprüfung des proklamierten Streikziels eröffnet den Gewerkschaften mehr Möglichkeiten – vor allem in Bezug auf die Stärkung ihrer Attraktivität für (potentielle) Mitglieder.

Bereits in den ersten Jahren nach der Entscheidung zeichnet sich ab, dass die Arbeitgeberseite im Vorfeld entsprechend der unternehmerischen Entscheidungen Maßnahmen trifft, die den Einsatz dieses Kampfmittels erschweren oder sogar unmöglich machen. Dies betrifft vor allem den Umfang des Regelungsbereiches von Tarifverträgen und der Kündbarkeit der einzelnen tarifvertraglichen Regelungen.

Derzeit sind noch keine Fälle erkennbar, in denen Arbeitgeber fürchten mussten, bei einer Betriebsänderung zunächst durch die Gewerkschaft und anschließend durch den Betriebsrat in Anspruch genommen zu werden. Vielmehr werden Tarifsozialpläne aus taktischen Gründen in der Regel als dreiseitige Vereinbarung zwischen Arbeitgeber, Gewerkschaft und Betriebsrat abgeschlossen.

Während des Arbeitskampfes ruhen die Mitwirkungs- und Mitbestimmungsrechte des Betriebsrats aus den §§ 111 ff. BetrVG.[515] Der Betriebsrat muss somit seine Forderung nach Abschluss eines Sozialplanes solange zurückstellen, bis die Tarifverhandlungen abgeschlossen sind.

Häufig dürfte sich aber der Abschluss eines Sozialplanes nach Abschluss eines Tarifsozialplanes erübrigen. Wenn nämlich der Tarifvertrag den Arbeitnehmern mehr zugesteht, als sie aus einem betrieblichen Sozialplan üblicherweise zu erwarten hätten, würden sie durch die Betriebsänderung keine nach §§ 112 Abs. 1 S. 2, Abs. 5 S. 2 Nr. 2 BetrVG auszugleichenden Nachteile erleiden.

Setzt der Betriebsrat dennoch neben einen Tarifsozialplan noch den Abschluss eines betrieblichen Sozialplans durch, sind die Ansprüche aus beiden Abreden miteinander zu verrechnen, wenn die drei Akteure das vorher so ver-

---

[515] Bayreuther, NZA 2007, 1017 (1023).

einbart haben. Anderenfalls greift das Günstigkeitsprinzip. Die Arbeitnehmer erhalten hierbei sachgruppenbezogen die jeweils besten Leistungen aus beiden Vereinbarungen.

Es bleibt abzuwarten, ob und in welchen Fällen die Gewerkschaften die streikweise Durchsetzung von Sozialplanforderungen dazu einsetzen werden, mittelbar Einfluss auf unternehmerische Entscheidungen auszuüben. In dem der Entscheidung zugrunde liegenden Sachverhalt musste die Gewerkschaft dafür jedenfalls einen gewagten Schritt machen: Durch die Kündigung des § 14 Abs. 2 des Manteltarifvertrages verzichtete sie mit Wirkung für einen Großteil der Arbeitnehmerschaft auf deren tarifliche Unkündbarkeit. Allein um dies auszugleichen, müssen die Anforderungen an einen Tarifabschluss schon ziemlich hoch sein.

Wenn dem BAG auch darin zu folgen ist, dass eine Übermaßkontrolle der Streikziele weder praktisch möglich noch mit Art. 9 Abs. 3 GG vereinbar ist, so ist jedenfalls die Außerachtlassung der eigentlichen Streikziele diskussionswürdig:

Bei Betriebsänderungen dürfte das eigentliche Ziel der zum Streik aufrufenden Gewerkschaft nämlich nicht sein, längere Kündigungsfristen oder hohe Abfindungssummen für die Beschäftigten auszuhandeln. Vielmehr dürfte es hier taktisch um den Standorterhalt und damit um die Verhinderung der Betriebsänderung als solcher gehen.

Das LAG Schleswig-Holstein hatte in einer Entscheidung aus dem Jahr 2003 das eigentliche Ziel des Standorterhaltes, mit dem die Gewerkschaft für den dieser Entscheidung zugrundeliegendem Arbeitskampf sogar ausdrücklich geworben hatte, bereits als „wohl nicht tariflich regelbares Ziel" angesehen.[516] Allerdings wurde bereits in dieser Entscheidung klargestellt, dass dies unschädlich sei, sofern es nicht Inhalt des Streikbeschlusses ist und die darin enthaltenen Ziele den Vorgaben des § 4 Abs. 1 S. 1 TVG entsprechen.

---

[516] LAG Schleswig-Holstein Urt. v. 27.03.2003 – 5 Sa 137/03 – NZA-RR 2003, 592 Rn. 38 ff.

Während Bayreuther[517] dies verfassungsrechtlich bedenklich findet und auf die neben Art. 9 Abs. 3 GG ebenfalls grundrechtlich geschützte unternehmerische Freiheit hinweist, erscheint es folgerichtiger, im Rahmen der bei dieser Gemengelage erforderlichen Herstellung einer praktischen Konkordanz der aus Art. 9 Abs.3 GG folgenden Tarifautonomie Vorrang gegenüber der aus Art. 12 Abs. 1 GG folgenden unternehmerischen Entscheidungsfreiheit einzuräumen. Dies schon deshalb, weil es keinen rechten Sinn ergibt, Arbeitnehmern ein Streikrecht in Bezug auf die tarifliche Gestaltung ihrer Arbeitsbedingungen zuzugestehen, ihnen dieses Recht aber zu versagen, wenn es für sie um weit mehr als nur die Ausgestaltung ihrer Arbeitsbedingungen geht, nämlich um den Bestand ihres Arbeitsverhältnisses, also dann, wenn der Arbeitgeber sich entschließt, den gesamten Betrieb stillzulegen oder ins Ausland zu verlagern.

Ein solches Ergebnis ließe sich auch mit Art. 9 Abs. 3 GG schwerlich vereinbaren: Die aus Art. 9 Abs. 3 GG folgende Tarifautonomie ist nicht auf die Regelungen der Arbeitsbedingungen i.S.d. § 1 TVG beschränkt. Vielmehr hat sich seit dem grundsätzlichen Konsens innerhalb der Wissenschaft und der Rechtsprechung, dass sich das Arbeitskampfrecht aus der Tarifautonomie und diese sich aus Art. 9 Abs. 3 GG herleiten lässt, auch das Verständnis entwickelt, dass die Tarifautonomie neben dem Recht zur Regelung der Arbeitsbedingungen auch das Recht zur Regelung der Wirtschaftsbedingungen umfasst.

Die Einbeziehung der Regelung der Wirtschaftsbedingungen erweitert also die Tarifautonomie auf die mit dem Arbeitsverhältnis zusammenhängende Unternehmenspolitik. Ohne die Einbeziehung der Unternehmenspolitik ließen sich auch die Arbeitsbedingungen nicht einvernehmlich gestalten.

Allerdings ist zu berücksichtigen, dass das Grundrecht der Koalitionsfreiheit aus Art. 9 Abs. 3 GG nicht schrankenlos gewährleistet wird, sondern jedenfalls verfassungsimmanente Schranken und damit kollidierende Grundrechte Dritter zu berücksichtigen sind. Das bedeutet, dass die Arbeitnehmerrechte natürlich sowohl in Bezug auf die Arbeitsbedingungen als auch besonders in Bezug auf die Wirtschaftsbedingungen mit dem Grundrecht des Arbeitgebers auf Unternehmerfreiheit aus Art. 12 Abs. 1 GG in Einklang zu bringen sind und insoweit immer eine praktische Konkordanz erzielt werden muss.

---

[517] Bayreuther, NZA 2007, 1017 (1018).

Dies aber bedeutet nicht etwa, dass das Streikrecht in Bezug auf Regelungsinhalte generell eingeschränkt werden kann, sondern es ist eine praktische Konkordanz im Rahmen der Verhältnismäßigkeit, nämlich bei der Angemessenheitskontrolle des Kampfmittels, zu erzielen. Gerade dies hat der 1. Senat auch berücksichtigt und den Grundsatz der Verhältnismäßigkeit als absolute Grenze gesetzt.

Richtig ist auch, dass die §§ 111 ff. BetrVG gegenüber einer tarifvertraglichen Regelung keine Sperrwirkung entfalten. Schließlich gibt es auch parallel zu anderen zwingenden gesetzlichen Vorschriften wie z.b. dem Kündigungsrecht tarifvertragliche Regelungen. Warum sollte dies nicht auch für Regelungen in Tarifverträgen gelten, die auch über das BetrVG zu treffen sind?

Mit der Entscheidung des EuGH in der Rechtssache Viking[518] im Dezember 2007 dürften sich auch Überlegungen, ob die Erstreikbarkeit von Tarifsozialplänen bei Betriebsverlagerungen ins Ausland die Niederlassungsfreiheit tangiert, erledigt haben.[519] Hier hat der EuGH ein Grundrecht auf kollektive Maßnahmen anerkannt, welches insbesondere das Streikrecht einschließt. Eine Beschränkung der Niederlassungsfreiheit lasse sich durch den Arbeitskampf mit der Verwirklichung dieses Grundrechts sowie dem Schutz der Arbeitnehmer aber nur rechtfertigen, solange die Grenzen des Erforderlichen und Angemessenen gewahrt seien. Diesen Anforderungen wurde die Streikdrohung der kämpfenden finnischen Gewerkschaft gerecht, die ausschließlich dem Schutz der Arbeitsplätze und Arbeitsbedingungen der Seeleute diente. Der Streik stand hier nicht im Widerspruch zu Art. 49 AEUV, da die Arbeitsplätze durch das geplante Umflaggen des Schiffes weder gefährdet noch ernstlich bedroht waren.

---

[518] EuGH v. 11.12.2007 – Rs. C-438/05 – Viking – RdA 2008, 289 ff.
[519] A.A. Wank, RdA 2009, 1 (8), der kritisiert, dass nicht auf die unternehmerische Entscheidungsfreiheit eingegangen wurde.

4. Teil: Zulässigkeit von Unterstützungsstreiks

A. Sachverhalt

Das BAG hat mit Urteil vom 19.06.2007[520] die Klage eines Druckereiunternehmens abgewiesen, welches von der Gewerkschaft ver.di wegen eines Unterstützungsstreiks Schadensersatz verlangte.

Die Klägerin beschäftigt ca. 190 Arbeitnehmerinnen und Arbeitnehmer. Sie ist Mitglied im Arbeitgeberverband der Druckindustrie Niedersachsen. Auf die Arbeitsverhältnisse ihrer Mitarbeiterinnen und Mitarbeiter wendet die Klägerin die zwischen dem Arbeitgeberverband und der beklagten Gewerkschaft ver.di geschlossenen Tarifverträge an. Die Tarifverträge der Druckindustrie waren zu dieser Zeit ungekündigt.

Die Klägerin gehört zu der Unternehmensgruppe der N-Zeitung, deren Konzernobergesellschaft, die NWZ-Verlagsgesellschaft, 100% der Anteile an der Klägerin hält. Bis zum Jahr 1982 bildeten die Klägerin und die NWZ-Verlagsgesellschaft eine rechtliche und betriebliche Einheit. 1982 wurde die Klägerin rechtlich verselbständigt und ihr Betrieb ausgegliedert. Einer ihrer Geschäftsführer wurde zusätzlich zum Geschäftsführer der Verlagsgesellschaft sowie der Konzernobergesellschaft bestellt.

Die Klägerin druckt als einziges Druckereiunternehmen die Zeitung (N-Zeitung) der NWZ-Verlagsgesellschaft und erzielte damit im Jahr 2004 sechzig Prozent ihres Jahresumsatzes.

In der NWZ-Verlagsgesellschaft führte ver.di einen Arbeitskampf um den Abschluss eines neuen Tarifvertrags für Redakteure an Tageszeitungen (Hauptarbeitskampf). Zur Unterstützung des in der Verlagsgesellschaft geführten Streiks rief ver.di die Beschäftigten der Druckerei zu einem befristeten Streik auf. Daraufhin legten 20 Arbeitnehmer der Druckerei in einer Nachtschicht die Arbeit nieder. Der Druckerei entstand hierdurch ein Schaden in Höhe von 2.500 EUR, den sie mit ihrer Klage ersetzt verlangte.

---

[520] BAG Urt. v. 19.06.2007 – 1 AZR 396/06 – AP Nr. 173 zu Ar. 9 GG Arbeitskampf.

Das Arbeitsgericht hat der Klage stattgegeben. Das Landesarbeitsgericht hat die Berufung der Beklagten zurückgewiesen. Mit der Revision begehrte die Beklagte weiterhin die Abweisung der Klage – mit Erfolg!

B. Darstellung der Problematik

Im Mittelpunkt der Diskussion um diese Entscheidung, mit der der 1. Senat des BAG den Unterstützungsstreik als generell zulässig anerkannt hat,[521] steht die Problematik, dass ein Arbeitgeber bestreikt wird, der mit dem Hauptarbeitskampf nichts zu tun hat, für den es selbst nicht um einen Tarifabschluss geht und der die zu erkämpfenden Ziele bzw. die Forderungen der zum Streik aufrufenden Gewerkschaft selbst gar nicht erfüllen kann. Bei einem Unterstützungsstreik sind also auf Arbeitgeberseite und / oder auf Gewerkschaftsseite andere Beteiligte kampfaktiv als im parallel geführten Hauptarbeitskampf.

Hinzu kommt die Frage der Reichweite der Friedenspflicht, wenn bei dem bestreikten Arbeitgeber eigene tarifliche Regelungswerke bestehen, die einem Arbeitskampf gegenüber diesem Arbeitgeber entgegenstehen, bzw. wenn mit dem Unterstützungsstreik auch eigene Ziele der Streikenden verfolgt werden.

---

[521] Ebenda.

C. Bisherige Rechtsprechung

Zu der Zeit des Reichsgerichts wurden Unterstützungsstreiks gemeinhin für zulässig gehalten.[522] Interessant ist die schrittweise Entwicklung dieser Rechtsprechung:

In einer frühen Entscheidung des Reichsgerichts vom 26.03.1903 wurde zunächst festgestellt, ein Unterstützungsstreik sei nicht als eine deliktische Handlung einzuordnen.[523] Weitere Konkretisierungen zum Begriff oder zu den Voraussetzungen des Unterstützungsstreiks wurden in dieser Entscheidung nicht getroffen.

Die nächste Entscheidung des Reichsgerichts zur Zulässigkeit von Unterstützungsstreiks vom 29.01.1915[524] ist nur in Auszügen veröffentlicht und enthält in diesen Teilen keine Aussagen zum Deliktsrecht; das Reichsgericht erklärte Unterstützungsstreiks aber ausdrücklich für nicht tarifvertragswidrig. Der Hauptstreik wurde von einer Bootsmannschaft in der Binnenschifffahrt für eine fünfstündige Nachtpause geführt. Hafenarbeiter traten zur Unterstützung der Bootsmannschaft in den Unterstützungsstreik, obwohl mit ihrem Arbeitgeber ein gültiger Tarifvertrag bestand, der unter anderem Regelungen über Arbeitszeiten enthielt. Das Reichsgericht entschied, dass der Unterstützungsstreik nicht die Bewilligung neuer eigener Tarifbestimmungen bezweckt habe und der Tarifvertrag auch keine Regelung enthalten habe, nach der jeglicher Streik während der Laufzeit ausgeschlossen sei. Aus dem Wesen des Tarifvertrages könne auch unter Berücksichtigung von Treu und Glauben nicht gefolgert werden, dass ein Unterstützungsstreik generell gegen die Tariftreue verstoße, da dieser Zwecke verfolge, die außerhalb der tariflichen Regelung lägen.[525]

Im Urteil vom 30.10.1929 wird die bisherige Rechtsprechung des Reichsgerichts aus beiden vorhergehenden Entscheidungen bestätigt, indem sowohl deliktische Ansprüche verneint als auch die relative Friedenspflicht in ihrer weiten Auslegung für die Begründung der Zulässigkeit von Unterstützungs-

---

[522] RG Urt. v. 26.03.1903 – VI 351/02 – RGZ 54, 255 (259); 29.01.1915 – III 365/14 – RGZ 86, 152 ff.; weitere Nachweise bei Kissel, Arbeitskampfrecht 2002, § 24 Rn. 19.
[523] RG Urt. v. 26.03.1903 – VI 351/02 – RGZ 54, 255 ff.
[524] RG Urt. v. 29.01.1915 – III 365/14 – RGZ 86, 152 ff.
[525] RG Urt. v. 29.01.1915 – III 365/14 – RGZ 86, 152 (154).

streiks herangezogen werden. Haupt- und Unterstützungsstreik fanden hier innerhalb eines Konzerns (des Norddeutschen Wollkämmerei- und Kammgarnspinnereikonzerns) statt, um die konzernweite Erstreckung des bisher nur für einen Teil der Arbeitnehmer geltenden Leistungslohnsystems zu verhindern.

Mit Urteil vom 31.03.1931 wurde diese Rechtsprechung des Reichsgerichts um die Begriffsklärung und die Aufstellung konkreter Zulässigkeitsvoraussetzungen eines Unterstützungsstreiks weiterentwickelt. Auch hier war der bestreikte Arbeitgeber wieder der Norddeutsche Wollkämmerei- und Kammgarnspinnereikonzern. Trotz eines geltenden Lohntarifvertrages wurde um eine Lohnerhöhung und die Neuregelung der Akkordquoten gestreikt. Arbeitnehmer der Hamburger Spinnereibetriebe sollten Streikarbeit leisten. Daraufhin begann in den Hamburger Spinnereibetrieben ein knapp zweimonatiger Streik. Das Reichsgericht erkannte darin zwei Streikziele: einerseits die Änderung der bereits für die zur Unterstützung streikenden Arbeitnehmer tarifvertraglich geregelten Löhne und Arbeitszeiten; andererseits die Unterstützung des gegen das Leistungslohnprinzip gerichteten Hauptarbeitskampfes.

Beide Streikziele maß das Reichsgericht an der relativen Friedenspflicht und erkannte nur das zweite Tarifziel wegen fehlender eigener tariflicher Regelungen als zulässig an.[526] Ein derartiger Streik mit gemischten Zielen könne wegen seines einheitlichen Charakters und seiner einheitlichen Wirkungen auf den betreffenden Arbeitgeber nicht in einen erlaubten und einen unerlaubten Teil gespalten werden und sei daher insgesamt als unerlaubt anzusehen.[527] Verquicke sich ein unterstützender Streik mit eigenen tarifwidrigen Zielen, verliere der Streik seinen Charakter als Unterstützungsstreik.[528]

Mit dieser Entscheidung hat das Reichsgericht die Schadensersatzpflicht der beklagten Gewerkschaft zwar bejaht, daneben aber auch eine wesentliche Präzisierung der Voraussetzungen dieses Instruments vorgenommen. Abzustellen ist danach auf die Unterstützungsmöglichkeit, also die Existenz des Hauptstreiks, und den Unterstützungszweck, d.h. die Förderung fremder Streikziele. In Bezug auf die tariflichen Grenzen führt das Reichsgericht aus, ein reiner Unterstützungsstreik sei auch zulässig, wenn die jeweils Streiken-

---

[526] RG Urt. v. 31.03.1931 – III 218/30 – RGZ 132, 249 (253 f.).
[527] RG Urt. v. 31.03.1931 – III 218/30 – RGZ 132, 249 (254).
[528] RG Urt. v. 31.03.1931 – III 218/30 – RGZ 132, 249 (254).

den nicht unter demselben Tarifverhältnis stünden, da die tariflichen Grenzen wegen der im Wirtschaftsleben existierenden engen Verflechtung der Berufs- und Gewerbezweige nicht maßgeblich seien.[529]

Das BAG hat Unterstützungsstreiks bisher grundsätzlich für unzulässig gehalten,[530] sich aber Ausnahmen für den Fall einer Störung der Kampfparität vorbehalten.[531]

Eine solche Ausnahme hat das BAG mit Urteil vom 20.12.1963 in einem Fall besonders enger wirtschaftlicher Verzahnung zwischen dem Arbeitgeber des Hauptarbeitskampfes und dem Arbeitgeber des Unterstützungsarbeitskampfes gemacht.[532] Hier war die Klägerin trotz ihrer rechtlichen Selbständigkeit nur eine Art Vertriebsabteilung des im Hauptarbeitskampf bestreikten Unternehmens.[533]

Die grundsätzliche Unzulässigkeit von Unterstützungsstreiks stützte das BAG in seiner bisherigen Rechtsprechung auf die in Auslegung der Rechtsprechung des BVerfG vertretene Kernbereichstheorie. Danach schützte Art. 9 Abs. 3 GG die Betätigungsfreiheit der Gewerkschaften nur in einem Kernbereich.[534] Diese Auslegung entsprach jedoch, wie vom BVerfG 1995 klargestellt,[535] nicht dem vom BVerfG entwickelten Verständnis vom Umfang der Koalitionsfreiheit, nach der von Art. 9 Abs. 3 GG alle koalitionsspezifischen Verhaltensweisen und damit alle Betätigungen erfasst sind, die dem Zweck der Koalitionen dienen, die Arbeits- und Wirtschaftsbedingungen zu wahren und zu fördern.[536]

---

[529] RG Urt. v. 31.03.1931 – III 218/30 – RGZ 132, 249 (253).
[530] BAG Urt. v. 05.03.1985 – 1 AZR 468/83 – AP Nr. 85 zu Art. 9 GG Arbeitskampf; Urt. v. 12.01.1988 – 1 AZR 219/86 – AP Nr. 90 zu Art. 9 GG Arbeitskampf.
[531] Ebenda, unter II 4 der Gründe.
[532] BAG Urt. v. 20.12.1963 – 1 AZR 157/63 – AP Nr. 34 zu Art. 9 GG Arbeitskampf.
[533] Ebenda.
[534] BAG Urt. v. 05.03.1985 – 1 AZR 468/83 – NZA 1985, 504 (507).
[535] BVerfG v. 14.11.1995 – 1 BvR 601/92 – BVerfGE 93, 352 (358).
[536] BVerfG Beschl. v. 06.02.2007 – 1 BvR 978/05 – NZA 2007, 394 (395).

D. Entscheidungsgründe

Entsprechend diesem neuen Verständnis vom Umfang der Koalitionsfreiheit hat das BAG Unterstützungsstreiks mit der Entscheidung vom 19.06.2007 ausdrücklich uneingeschränkt in den Schutzbereich des Art. 9 Abs. 3 GG einbezogen.[537] Die Gewerkschaft habe den der Entscheidung zugrunde liegenden Streik als Kampfmittel zur Unterstützung ihres Hauptarbeitskampfs auch für geeignet und erforderlich halten dürfen. Der Unterstützungsstreik sei unter Berücksichtigung der Rechtspositionen der Klägerin auch nicht unangemessen.

Wesentliches Kriterium für die Beurteilung der Zulässigkeit von Unterstützungsstreiks sei der Grundsatz der Verhältnismäßigkeit.[538] Danach seien Unterstützungsstreiks rechtswidrig, wenn sie zur Unterstützung des Hauptarbeitskampfes offensichtlich ungeeignet, offensichtlich nicht erforderlich oder unangemessen sind. Für die Beurteilung der Verhältnismäßigkeit sei vor allem die Nähe oder Ferne des Unterstützungsstreiks gegenüber dem unterstützten Hauptarbeitskampf von wesentlicher Bedeutung.[539] Kriterien hierfür seien die räumliche, branchenmäßige oder wirtschaftliche Entfernung des Unterstützungsstreiks vom Hauptarbeitskampf. Erhebliche Bedeutung komme dabei dem Umstand zu, ob und in welcher Weise der mit dem Unterstützungsstreik überzogene Arbeitgeber mit dem Adressaten des Hauptarbeitskampfes wirtschaftlich verflochten sei. Dies sei besonders ausgeprägt der Fall bei Vorliegen eines Konzernbezuges zwischen einem vom Hauptarbeitskampf und dem vom Unterstützungsstreik betroffenem Arbeitgeber.[540]

Weiter von Bedeutung sei der Grad der Einmischung des bestreikten Arbeitgebers in den Hauptarbeitskampf, die Frage, ob die streikführende Gewerkschaft einen eigenen oder einen fremden Hauptarbeitskampf unterstützt, sowie Dauer, Umfang und relative Bedeutung des Unterstützungsstreiks im Verhältnis zum Hauptarbeitskampf.[541]

---

[537] BAG Urt. v. 19.06.2007 – 1 AZR 396/06 – AP Nr. 173 zu Art. 9 GG Arbeitskampf.
[538] Ebenda, unter I 2 c) bb) (3) Rn. 22 der Gründe.
[539] Ebenda, S. 6.
[540] Ebenda, Rn. 46.
[541] Ebenda, Rn. 47 ff.

Der Senat nennt in der Entscheidung aber auch einige Fallbeispiele, in denen Unterstützungsstreiks per se rechtswidrig seien.[542] Dies sei z.B. der Fall,

- wenn die Beteiligten von Haupt- und Unterstützungsarbeitskampf branchenmäßig, wirtschaftlich oder räumlich so weit voneinander getrennt sind, dass der Gegenspieler des Hauptarbeitskampfes durch den Unterstützungsstreik nicht beeindruckt wird, oder
- wenn schon der Hauptarbeitskampf rechtswidrig ist.
- Rechtswidrig sei auch ein der im Hauptarbeitskampf agierenden Gewerkschaft gegen ihren Willen aufgedrängter Unterstützungsstreik sowie
- ein Unterstützungsstreik, der faktisch zum Hauptarbeitskampf wird.

---

[542] Ebenda, Rn. 35 ff.

E. Auswirkungen auf die Praxis

In der Literatur ist diese Entscheidung überwiegend scharf kritisiert worden:[543]

Otto z.B. sieht in der generellen Zulässigkeit von Unterstützungsstreiks eine Geiselnahme des bestreikten Arbeitgebers für Verhandlungen zwischen anderen Parteien, die ihn gar nichts angehen.[544]

Wank sieht insbesondere mit Blick auf die vorstehend zitierte Entscheidung des 1. Senats des BAG aus dem Jahre 1963[545] schon keine Notwendigkeit einer solch weitreichenden Entscheidung und kritisiert weite Teile der Entscheidung als unnötiges obiter dictum.[546] Dies nicht nur deshalb, weil ein Unterstützungsstreik auch in der Vergangenheit bei Konzernverflechtungen schon für zulässig erachtet wurde, sondern weil der Senat weiter ohne Bezug zum vorliegenden Sachverhalt die Frage beantwortet habe, ob ein Unterstützungsstreik auch zulässig ist, wenn an beiden Arbeitskämpfen unterschiedliche Gewerkschaften beteiligt sind (denn im zu entscheidenden Fall, war es ohnehin ein und dieselbe Gewerkschaft).

Vor allem aber die Argumentation des Senats, die Wahl der Mittel, welche die Koalitionen zur Erreichung des Zwecks der Regelungen für geeignet halten, obliege den Koalitionen selbst, steht im Mittelpunkt der Kritik.[547]

Eine so weit reichende Freiheit der Gewerkschaften überdehne den Schutzbereich des Art. 9 Abs. 3 GG. Richtig sei zwar, dass dieser durch die Aufgabe der Kernbereichsformel durch das BVerfG weiter verstanden werden müsse. Art. 9 Abs. 3 GG gewähre jedoch keinesfalls eine generelle Kampfmittelfreiheit.[548] Insofern habe das BVerfG ausdrücklich klargestellt, dass der verfassungsrechtliche Schutz des Art. 9 Abs. 3 GG nur für solche Arbeitskampfmittel

---

[543] Otto, Arbeitskampf- und SchlichtungsR, § 10 Rn. 39 ff.; Wank, RdA 2009, 1 ff.; Konzen, SAE 2008, 1 ff.; DFL/Krebber, TVG, S. 14 Rn. 15.
[544] Otto, Arbeitskampf- und SchlichtungsR, § 10 Rn. 39.
[545] BAG Urt. v. 20.12.1963 – 1 AZR 157/63 – AP Nr. 34 zu Art. 9 GG Arbeitskampf.
[546] Wank, RdA 2009, 1 ff.
[547] Ebenda; Otto, Arbeitskampf- und SchlichtungsR, § 10 Rn. 35; Hohenstatt/Schramm, NZA 2007, 1034 (1035); Maaß, ArbrAktuell 2009, S. 151.
[548] Hohenstatt/Schramm, NZA 2007, 1034 (1035) m.w.N.

greife, die erforderlich sind, um eine funktionierende Tarifautonomie sicherzustellen.[549]

In diesem Zusammenhang fordern etwa Hohenstatt / Schramm für die Zulässigkeit von Unterstützungsstreiks neben der Beachtung der Friedenspflicht und einer sorgfältigen Verhältnismäßigkeitsprüfung, dass die Gewerkschaft darlegt und beweist, dass das Kräftegleichgewicht zwischen den Tarifvertragsparteien nur durch einen Unterstützungsstreik hergestellt werden kann und ansonsten eine Gefährdung der Verhandlungsparität droht.[550] Gerade dies aber hatte das BAG in der Entscheidung wegen der Abstraktionshöhe des Grundsatzes der Kampfparität abgelehnt.[551]

Wank fordert in Bezug auf die Freiheit der Kampfmittel, diese nur im Rahmen des geltenden Arbeitskampfsystems zu gewährleisten. Wenn dieses Arbeitskampfsystem ein tariflich regelbares Ziel fordere, dann könne auch die Wahl der Mittel nur insoweit gegeben sein, als sie sich gegen einen Adressaten richtet, der als Tarifvertragspartner in Betracht komme.[552]

Spekuliert wird in Reaktion auf diese Entscheidung bereits über noch weiter reichende Kampfmittel, derer sich die Gewerkschaften nun möglicherweise schon in naher Zukunft sollen bedienen können, wie z.B. über den bislang noch unzulässigen politischen Streik.[553] Nach der Aufgabe des Grundsatzes der Tarifeinheit stand die Frage, ob Streiks weiterhin auf tariflich regelbare Ziele gerichtet sein müssen, vor dem Hintergrund der neuen Arbeitskampfkonzeption bisher nicht zur Entscheidung. Die Anerkennung politischer Streiks als zulässiges Kampfmittel wäre in diesem Zusammenhang besonders bedenklich, da sie das demokratische Grundprinzip politischer Legitimation in Frage stellen würde.[554]

Dem Einhalt gebietend, hat das BAG in der Flashmob-Entscheidung aber erneut klargestellt, dass Kampfziele weiterhin auf den „koalitionsspezifischen" Bereich der Arbeits- und Wirtschaftsbedingungen beschränkt sein sollen.[555]

---

[549] Ebenda.
[550] Ebenda.
[551] BAG Urt. v. 19.06.2007, NZA 2007, 1055 (Rn. 21).
[552] Wank, RdA 2009, 1 (3); so auch: Rieble, RdA 2008, 1506 (1507).
[553] Hohenstatt/Schramm, NZA 2007, 1034 (1035).
[554] Ebenda.
[555] BAG Urt. v. 22. 9. 2009 – 1 AZR 972/08 – NJW 2009, 1347 Rn. 34.

Nimmt man das BAG beim Wort, dürften politische Streiks – jedenfalls sofern sie auf allgemeinpolitische Zielsetzungen gerichtet sind – daher auch weiterhin rechtswidrig sein.[556] Diese Einschränkung auf die politische Zielrichtung lässt sich auch mit der Interpretation des Sachverständigenausschusses zum ILO-Abkommen Nr. 87 vereinbaren, wonach die Koalitionsfreiheit auch das Recht der Gewerkschaften umfasst, zu Proteststreiks zu greifen, insbesondere, wenn es um die Kritik an der Wirtschafts- und Sozialpolitik einer Regierung geht.[557] Der hiermit für zulässig erklärte politische Streik findet seine Grenze am Koalitionszweck aus Art. 9 Abs. 3 GG, nämlich zu Themen der Arbeits- und Wirtschaftsbedingungen. Demonstrationen des politischen Willens zu anderen Themen als den Arbeits- und Wirtschaftsbedingungen sind allein nach Art. 5 GG zu rechtfertigen.[558]

Wank wirft dem Senat in seiner Urteilsanmerkung[559] weiter vor, er verkenne den Unterschied der sprachlichen Ebenen Objektsprache und Metasprache. So hätten zwar die Parteien eines schuldrechtlichen Vertrages die Freiheit, die Vertragsbedingungen autonom auszuhandeln. Ob aber der von ihnen geschlossene Vertrag ein Arbeitsvertrag oder ein freier Dienstvertrag sei, könnten sie nicht selbst entscheiden. Dies auf den Unterstützungsstreik übertragen könne nur bedeuten, dass die Arbeitskampfparteien zwar über die Arbeitskampftaktik selbst entscheiden könnten. Welche Mittel aber in welcher Weise zulässig seien, müsse ihrer Entscheidung entzogen bleiben. Nach der Logik des Senats, nach der den Gewerkschaften die freie Wahl der Kampfmittel überlassen sei, träfe die Gewerkschaft das Risiko einer falschen rechtlichen Beurteilung.[560]

Hinzu komme, dass der Senat sich nahezu ausschließlich auf den Grundsatz der Verhältnismäßigkeit als Schranke des dem Schutzbereich des Art. 9 Abs. 3 GG unterfallenden Unterstützungsstreiks stütze, anstatt auch das Paritätsprinzip als weitere wichtige Beschränkung hervorzuheben.[561] Dann nämlich hätte er erklären müssen, warum im zu entscheidenden Fall ohne den Streik

---

[556] So auch: DFL/Spelge, Art. 9 GG, S. 1605 Rn. 84 m.w.N.
[557] HK-ArbR/Hensche, Art. 9 GG Rn. 122 m.w.N.
[558] HK-ArbR/Hensche, Art. 9 GG Rn. 122; Däubler/Däubler, Arbeitskampfrecht, 3. Aufl., § 13 Rn. 63.
[559] Wank, RdA 2009, 1 ff.
[560] Wank, RdA 2009, 1 (9); Otto, Arbeitskampf- und SchlichtungsR § 4 Rn. 25 f.
[561] Wank, RdA 2009, 1 (7).

gegen ein unbeteiligtes Unternehmen die Parität zwischen den Parteien des Hauptarbeitskampfes gefährdet gewesen wäre.[562]

Das BAG betont im Rahmen der Verhältnismäßigkeitsprüfung eines Unterstützungsstreiks ausdrücklich die Einschätzungsprärogative der Gewerkschaft hinsichtlich der Eignung und der Erforderlichkeit des eingesetzten Kampfmittels.[563] Die Grenze ist die offensichtliche Nichteignung des Arbeitskampfmittels zur Erreichung des zulässigen Kampfziels.[564] Teilweise wird hierzu in der Literatur kritisiert, es bleibe dabei unklar, ob ein solch rechtsmissbräuchliches Vorgehen auch die Verfolgung nach §°138 BGB nichtiger Tarifforderungen sei.[565]

Auch diese Kritik ist jedoch nur bedingt nachvollziehbar, denn die Tarifforderungen sind zwingend dieselben wie im Hauptarbeitskampf. Da das Urteil ausdrücklich zu dem Schluss kommt, dass ein Unterstützungsstreik per se rechtswidrig ist, wenn der Hauptarbeitskampf rechtswidrig ist,[566] bedurfte es somit keiner weiteren ausdrücklichen Klarstellung.

Die neue Akzentuierung der Rechtsprechung im Arbeitskampfrecht lässt sich laut Meyer[567] auch dahingehend beschreiben, dass nicht mehr nach der Rechtfertigung eines Streiks als etwaigem Eingriff in die Grundrechte Dritter, sondern – umgekehrt – nach der Rechtfertigung einer Einschränkung des Streikrechts von Gewerkschaften gefragt wird. Eine solche Konstellation lag, wie Meyer weiter erinnert, vor, als der DB-Konzern im Frühjahr 2011 trotz Schlichtungsergebnis weiterhin bestreikt wurde, obwohl – materiell – die Hauptforderungen der Gewerkschaften bereits erfüllt waren.[568] Aus seiner Sicht vergrößert sich durch die neue Einschätzungsprärogative der Gewerkschaften nicht nur das Schadensrisiko direkt vom Streik betroffener Unternehmen, sondern tendenziell auch die Betroffenheit Dritter durch einen Arbeitskampf.[569]

---

[562] So auch Hohenstatt/Schramm, NZA 2007, 1034 (1035).
[563] BAG Urt. v. 19.06.2007 – 1 AZR 396/06, Rn. 26.
[564] Ebenda.
[565] Meyer, NZA 2011, 1392 (1392).
[566] BAG Urt. v. 19.06.2007 – 1 AZR 396/06, Rn. 44.
[567] Meyer, NZA 2011, 1392 (1393) m.w.N.
[568] Meyer, NZA 2011, 1392 (1393).
[569] Meyer, NZA 2011, 1392 (1392).

Franzen fasst diese Entwicklung wie folgt zusammen:

> *„Die Rechtsprechung erweitert die Befugnisse der Gewerkschaften im Arbeitskampf in vier Richtungen:*
>
> *Erstens: Mit Kampfmaßnahmen überzogen werden können auch Unternehmen, die nicht Adressaten der Tarifforderung sind.*
>
> *Zweitens: Auf Arbeitnehmerseite kämpfen können auch Personen, die nicht Arbeitnehmer sind und denen die Tarifforderung nicht einmal theoretisch zugutekommen kann.*
>
> *Damit verknüpft ist drittens: Arbeitskampfmaßnahmen der Gewerkschaften beschränken sich grundsätzlich nicht mehr auf das klassische Vorenthalten der geschuldeten Arbeitsleistung, den Streik.*
>
> *Viertens: Zulässig sind auch Streiks, welche die Investitionsentscheidung des Unternehmens unmittelbar zu beeinflussen beabsichtigen.*
>
> *Erweitert werden also die Kreise der potentiellen Kampfgegner, die teilnahmeberechtigten Personen, der Kampfmittel und des Gegenstandsbereichs des Kampfs."*[570]

Der vom BAG konzedierte höhere Schutz des vom Unterstützungsstreik betroffenen Arbeitgebers wird als zu wenig konkret kritisiert. Wie eine Berücksichtigung der höheren Schutzbedürftigkeit im Rahmen der negativ formulierten Kriterien der Verhältnismäßigkeit erfolgen soll, ist nicht hinreichend festzumachen, wie Stamer prognostiziert.[571]

Neben all der geäußerten Kritik fand die Entscheidung aber zu Recht auch Zustimmung.[572] Denn neben der folgerichtigen Konsequenz aus der Klarstellung des BVerfG zum Umfang der Koalitionsfreiheit im Rahmen des Schutzbereichs des Art. 9 GG erfolgte mit der in der Entscheidung des 1. Senats vom 19.06.2007 angelegten Stärkung der Rechtsstellung der Gewerkschaften auch eine längst überfällige Kompensation einer globalitätsbedingt nachteiligen Paritätsverschiebung auf Arbeitnehmerseite. Rechtssicherer ist die Anwendung der Kampfmittel dadurch aber tatsächlich nicht geworden. Im Gegenteil: An vielen Stellen lässt die konkrete Ausgestaltung des Prüfumfanges durch das

---

[570] Franzen, JbArbR 47 (2010), 119 ff.
[571] Stamer, ArbRAktuell 2010, 646.
[572] ErfK/Dieterich, Art. 9 GG Rn. 130a; Hayen/Ebert, AuR 2008, 19 ff.; HK-ArbR/Hensche, Art. 9 GG Rn. 116.

BAG zu wünschen übrig. Ausgewogene Kasuistik und ein Prüfraster für die Abwägung im Rahmen der Angemessenheitsprüfung wären hilfreich gewesen.

Zuzustimmen ist dem Lob von Wolter, dass das BAG seine Auffassung zur Zulässigkeit des Unterstützungsstreiks in Bezug auf die grundrechtlichen Leitprinzipien angepasst, in der konkreten Ausgestaltung aber Kontinuität zur alten Rechtsprechung bewahrt habe.[573]

Kritisch merkt er jedoch in Bezug auf die Akzessorietät zwischen Haupt- und Unterstützungsarbeitskampf an, dass der Hauptarbeitskampf nach der Diktion des BAG ein Haupt"streik" sein müsse. Der Unterstützungsstreik sei vielmehr ein selbständiger Kampftyp, welcher entsprechend der Freiheit der Kampftaktik je nach der Einschätzungsprärogative der Gewerkschaft eingesetzt werden könne.[574] Hier also wird missbilligt, dass die arbeitgeberseitig scharf kritisierte Einschätzungsprärogative nicht weit genug geht.

Greiner[575] begrüßt die neuen strategischen Optionen der Gewerkschaften. Der Unterstützungsstreik stelle – sofern seine Rechtmäßigkeitsgrenzen gewahrt würden – diejenige Arbeitskampfsituation her, die bestünde, wenn ein einheitlicher Kampfgegner auf Arbeitgeberseite vorhanden wäre. Er gleiche lediglich strategische Vorteile aus, die der Arbeitgeberseite infolge Zergliederung in Konzernstrukturen, Arbeitsteilung und Schwinden der Tarifbindung entstanden seien. Insofern bedürfe es beim Unterstützungsstreik keiner Erweiterung des Reaktionsarsenals der Arbeitgeberseite.

Zuzustimmen ist dem von ihm geäußerten Unverständnis an der umfangreichen Kritik der Arbeitgeberseite in Bezug auf jedwede Änderung des Arbeitskampfrechts. So liege doch – wie er zutreffend ausführt – in jeder Änderung auch eine Chance für die Arbeitgeberseite hin zu der schon lange geforderten Liberalisierung des Arbeitskampfrechtes und damit einer auch auf ihrer Seite kreativen Fortentwicklung der zulässigen Kampfmittel.[576] Schließlich erfolgt ja keine Erweiterung der Kampfmittelfreiheit auf einige bestimmte neue Kampfmittel der Arbeitnehmerseite, sondern vielmehr eine Öffnung der Koalitionsfreiheit, von der beide Parteien des Arbeitskampfes profitieren.

---

[573] Däubler/Wolter, Arbeitskampfrecht, 3. Aufl., § 17 Rn. 124.
[574] Ebenda, § 17 Rn. 130.
[575] Greiner, NZA 2010, 2977 (2978).
[576] Greiner, NZA 2010, 2977 (2983).

Ob sich mit dieser Entscheidung des 1. Senats des BAG zur generellen Zulässigkeit von Unterstützungsstreiks wirklich eine Trendwende im Arbeitskampf vollzieht, bleibt abzuwarten.

Man könnte die Entscheidung auch nur als eine reine Klarstellung der geltenden Rechtsprechung des 1. Senats des BAG betrachten, denn de facto hat der 1. Senat die Kriterien für die Zulässigkeit eines Unterstützungsstreiks nicht gelockert.

Zwar stellt der 1. Senat des BAG zu Beginn der Entscheidungsgründe nunmehr erstmals ausdrücklich klar, dass er an seiner bisherigen Rechtsprechung, dass ein Unterstützungsstreik von vornherein nicht dem Schutzbereich des Art. 9 Abs. 3 GG unterfalle, nicht mehr festhält, da diese Rechtsprechung auf einem Missverständnis der vom BVerfG entwickelten Kernbereichsformel basiere.[577] Diese Umkehr des bisherigen Regel-Ausnahme-Verhältnisses bedeutet aber noch nicht automatisch eine Lockerung der Zulässigkeitsvoraussetzungen.

Dies vor allem deshalb nicht, da die neue Entscheidung, nach der ein Unterstützungsstreik grundsätzlich zulässig ist, auch wieder nur einen Sonderfall des Unterstützungsstreiks betrifft, nämlich denjenigen in Konzernunternehmen, in denen durch die Konzernverflechtungen ohnehin stets enge Verbindungen und wirtschaftliche Verflechtungen bestehen. Eine solche Ausnahme hatte das BAG auch in der Vergangenheit nach dem alten Regel-Ausnahme-Verhältnis für einen Fall der besonders engen wirtschaftlichen Verzahnung zwischen dem Kampfgegner des Hauptarbeitskampfes und dem des Unterstützungsarbeitskampfes ja bereits zugelassen.[578]

Besonders aufschlussreich ist in diesem Zusammenhang der Aufsatz von Kreft, Mitglied des 1. Senats des BAG, in der Beilage zum Betriebsberater 2008.[579] Darin macht er deutlich, dass sich die vorliegend diskutierte Entscheidung auf einen vergleichbaren Sachverhalt bezieht, der dem Urteil des

---

[577] BAG Urt. v. 19.06.2007 – 1 AZR 396/06, Rn. 13.
[578] BAG Urt. v. 20.12.1963 – 1 AZR 157/63 – AP GG Art. 9 Arbeitskampf Nr. 34; BAG Urt. v. 05.03.1985 – 1 AZR 468/83 – BAGE 48, 160.
[579] Kreft, BB 2008, Beilage Nr. 4, 11-13.

BAG vom 20.12.1963 zugrunde lag und den Fall einer engen wirtschaftlichen Verflechtung, also einen Unterstützungsstreik innerhalb einer Konzernobergesellschaft, betrifft. In diesem Zusammenhang äußert er die Vermutung, dass der Senat in den Jahren 1985 und 1988 (zu Sachverhalten, denen ebenfalls Konzernstrukturen zugrunde lagen) über den hier diskutierten Fall im Ergebnis nicht anderes entschieden hätte, als es sein Senat getan hat.

Diese Ausführungen machen – insbesondere im Kontext der scharfen Kritik zu dieser Entscheidung – deutlich, dass Kreft davon ausgeht, dass es sich gar nicht um einen bahnbrechenden Wandel in der Rechtsprechung handelt, sondern nur um die konsequente Weiterführung der bisherigen Rechtsprechung zur Zulässigkeit von Unterstützungsstreiks in Konzerngesellschaften oder zumindest in Betrieben mit enger wirtschaftlicher Verflechtung.

Dies wird auch dadurch deutlich, dass er wörtlich ausführt:
> *„Das zulässige Arbeitskampfarsenal der Gewerkschaften hat sich durch die Entscheidung vom 19.06.2007 nach meiner Einschätzung praktisch und realiter nicht wesentlich geändert."*[580]

Das Wort „wesentlich" ist mit einem Ausrufezeichen zu versehen, denn man erkennt, dass zwar richtig ist, dass die zu entscheidenden Sachverhalte nahezu identisch sind, dass der 1. Senat diesmal aber mit seiner Argumentation weitaus weiter gegangen ist, indem er ausgeführt hat, Unterstützungsstreiks seien nicht mehr generell unzulässig und es werde an der bisherigen Rechtsprechung, die Unterstützungsstreiks als grundsätzlich unzulässig ansehe, wegen eines Missverständnisses der Kernbereichsformel nicht mehr festgehalten. Vielmehr werden durch die veränderte Auslegung der Koalitionsfreiheit und die darin liegende Kampfmittelfreiheit sowie durch die Verlagerung der Rechtmäßigkeitsprüfung auf die Ebene der Verhältnismäßigkeit neue Rechtsgrundsätze aufgestellt, die sich auch auf andere Streikarten übertragen lassen.

Anders als vielfach kritisiert,[581] handelt es sich bei den neuen Rechtsgrundsätzen auch nicht ausschließlich um obiter dicta. Ein obiter dictum (lateinisch:

---

[580] Kreft, BB 2008, Beilage Nr. 4, 11 (12).
[581] Otto, RdA 2010, 135 (147); Rieble, BB 2008, 1506; Konzen, SAE 2008, 1.

„nebenbei Gesagtes") ist eine beiläufig geäußerte Rechtsauffassung, welche die Entscheidung nicht trägt[582] und insofern nicht bindend ist.

Richtig ist zwar, dass der der Entscheidung vom 19.06.2007 zugrunde liegende Sachverhalt auch nach der bisherigen Rechtsprechung des BAG zulässig gewesen wäre, da es sich um einen schon bisher für zulässig erkannten Ausnahmefall der Konzernverflechtung handelte. Allerdings begründete das BAG die Zulässigkeit des Unterstützungsstreiks diesmal aufbauend auf seinem geänderten Verständnis der Reichweite der Koalitionsfreiheit. Diese Begründung trägt hier die Entscheidung und bindet auch die Instanzgerichte in ihrer Auslegung des Schutzbereichs zu Art. 9 Abs. 3 GG.

Als „nebenbei Gesagtes" kann insoweit nur die Feststellung, dass ein Unterstützungsstreik auch dann zulässig ist, wenn an beiden Arbeitskämpfen unterschiedliche Gewerkschaften beteiligt sind,[583] bezeichnet werden, da dies faktisch hier nicht der Fall war.

Die Frage, ob sich durch die Entscheidung eine Trendwende in der Arbeitskampfrechtsprechung vollzogen hat, ist somit zu bejahen. Es handelt sich nicht nur um eine Trendwende, sondern um einen Meilenstein,[584] dessen Auswirkungen sich z.B. im Rahmen der Flashmob-Entscheidung[585] bereits bemerkbar machen.

Die Kritik, dass das BAG mit seiner neuen Arbeitskampfkonzeption vom Grundsatz der Kampfparität abrückt[586] oder die Verhältnismäßigkeitsprüfung auf Kosten der Paritätsprüfung in den Mittelpunkt der Rechtmäßigkeitsprüfung rückt,[587] ist unberechtigt. Im Gegenteil stellt das BAG die Gültigkeit des Grundsatzes der Kampfparität erneut ausdrücklich klar und verdeutlicht, dass

---

[582] BVerwG, Beschl. vom 25.10.1995 – 4 B 216/95 – unter II.1. der Gründe; Dörner, NZA 2007, 57 (58).
[583] BAG Urt. v. 19.06.2007 – 1 AZR 396/06, Rn. 12.
[584] So auch Otto, RdA 2010, 135 (136).
[585] BAG Urt. v. 22.09.2009 – 1 AZR 972/08 – EzA Nr. 143 zu Art 9 GG Arbeitskampf – AP Nr. 174 zu Art. 9 GG Arbeitskampf. Dazu ausführlich in Teil 5.
[586] Trabant, Solidaritätskampf oder Sozialschlacht?, S. 359.
[587] Ebenda, S. 207.

es sich hierbei um einen wesentlichen Prüfungsmaßstab im Rahmen der Angemessenheitsprüfung handelt.[588]

Die Sorge der Kritiker, dass sich die Machtverhältnisse künftig deutlich zu Lasten der Arbeitgeber verschieben könnten, ergibt sich möglicherweise aus einem falschen Verständnis des Begriffs „Kampfmittelfreiheit". Diese bedeutet – anders als teilweise angenommen[589] – nicht, dass jede beliebige Arbeitskampfform grenzenlos gegen den Gegner eingesetzt werden kann und die Spielregeln für diesen Kampfmitteleinsatz eigenmächtig gesetzt werden könnten. Der Beurteilungsspielraum der Kampfparteien bezieht sich nämlich gerade nicht auf die Angemessenheit des Kampfmittels.[590] Vielmehr gilt der Grundsatz der Kampfmittelfreiheit nach der Rechtsprechung des BAG innerhalb der verfassungs- und einfachgesetzlichen Grenzen zulässiger Arbeitskämpfe und damit nicht losgelöst von der Rechtsordnung.

Kampfmittelfreiheit ist also nicht mit Kampfführungsfreiheit zu verwechseln.[591] Unter welchen Voraussetzungen und in welchem Umfang eine Koalition die verfassungsmäßig geschützten Kampfmittel tatsächlich einsetzen darf, ist eine Frage der Ausgestaltung der Arbeitskampffreiheit durch die Rechtsordnung, d.h. in der gegenwärtigen Rechtslage durch die Gerichte – so das BVerfG ausdrücklich in Bezug auf den Umfang der Freiheit der Wahl der Kampfmittel.[592]

Die Forderung von Wank, dass in einem Arbeitskampfsystem, welches ein tariflich regelbares Ziel fordert, auch die Wahl der Mittel nur insoweit gegeben sein könne, als sie sich gegen einen Adressaten richtet, der als Tarifvertragspartner in Betracht komme, erschließt sich nicht und diese Einschränkung lässt sich dem Wortlaut von Art. 9 Abs. 3 GG auch nicht entnehmen. Schließlich korrespondiert ein tariflich regelbares Ziel nicht ausschließlich mit dem Tarifvertragspartner: Auch ein Unterstützungsarbeitskampf kann auf ein tariflich regelbares Ziel gerichtet sein – mag es auch nur durch mittelbaren Druck auf den Tarifvertragspartner durchsetzbar sein. Um den Abschluss zwingend „ei-

---

[588] BAG Urt. v. 24.04.2007 – 1 AZR 252/06 – NZA 2007, 987 ff., Rn. 69 ff.
[589] Franzen, JbArbR 47 (2010), 119 (121).
[590] DFL/Spelge, Art. 9 GG, S. 1603 Rn. 80 f.
[591] So auch Picker, ZfA 2010, 499 (534).
[592] BVerfG Urt. v. 26.06.1991 – 1 BvR 779/85 – BVerfGE 84, 212 (224); BVerfG Urt. v. 04.07.1995 – 1 BvF 2/86 u.a. – BVerfGE 92, 365 (393).

gener" Tarifverträge zwischen den kämpfenden Parteien muss es dabei nicht gehen.[593]

Es drängt sich aber die Frage auf, ob das geltende Arbeitskampfsystem überhaupt noch ein tariflich regelbares Ziel erfordert.[594]

Zwar stand der Fortbestand dieses Grundsatzes bisher nicht zur Entscheidung und das BAG hat hierzu in der Unterstützungsstreik-Entscheidung auch nichts (nebenbei) gesagt. Einige Stimmen in der Literatur sehen in der Entscheidung aber bereits eine deutliche Lockerung der Bindung eines Streiks an ein tariflich regelbares Ziel und damit einen Versuch des BAG, sich dem europäischen Umfeld anzugleichen.[595]

Diese Annahme findet sich jedoch in der Rechtsprechung des 1. Senats des BAG von 2007 noch nicht bestätigt. In der Entscheidung vom 24.04.2007[596] zum Streik um einen Tarifsozialplan hat das BAG jedenfalls noch ausdrücklich ein tariflich regelbares Ziel zur Voraussetzung eines rechtmäßigen Arbeitskampfes verlangt und dies wie bisher unter Verweis auf das BVerfG[597] aus der Hilfsfunktion des Arbeitskampfes zur Sicherung der Tarifautonomie abgeleitet.

Allerdings bedurfte es in dem dieser Entscheidung zugrundeliegenden Streitfall keiner Erörterung der Frage, ob diese Beschränkung mit den Verpflichtungen der Bundesrepublik Deutschland aus völkerrechtlichen Verträgen, etwa aus Teil II Art. 6 Nr. 4 ESC zu vereinbaren ist. Das BAG hat in der Entscheidung zu dieser Frage aber auf eine ältere Entscheidung[598] verwiesen, nach der diese Beschränkung nicht gegen die ESC verstößt. Allerdings wurde in dieser Entscheidung eher das Verbot, durch einen Streik einen Tarifvertrag mit rechtswidrigem Inhalt zu erzwingen, an völkerrechtlichen Abkommen gemessen, als an dem Grundsatz, dass ein rechtmäßiger Arbeitskampf immer ein tariflich regelbares Ziel erfordert.

---

[593] So auch: Däubler, Arbeitskampfrecht, 3. Aufl., § 17 Rn. 102.
[594] Für die vollständige Aufgabe dieses Grundprinzips hatte sich Däubler schon 1998 ausgesprochen: Däubler, AuR 1998, 144 (148).
[595] Kerwer, EuZA 2008, 335 (351); Franzen, JbArbR 47 (2010), 119 (125).
[596] BAG Urt. v. 24.04.2007 – 1 AZR 252/06 – NZA 2007, 987 (994).
[597] BVerfGE 84, 212 – NZA 1991, 809 zu C I 1a) der Gründe.
[598] BAG Urt. v. 10.12.2002 – 1 AZR 96/02 – NZA 2003, 734 unter B I 3a) der Gründe.

Auch in der Flashmob-Entscheidung[599] lässt sich noch keine Aufgabe des Tarifbezugs eines Streiks erkennen, nur weil darin als Durchsetzung eines koalitionsspezifischen Ziels mit dem Adverb „insbesondere" die Erzwingung eines Tarifvertrages genannt wird.[600]

Nach allem enthält die Entscheidung zur grundsätzlichen Zulässigkeit von Unterstützungsstreiks durch die Erweiterung der Koalitionsfreiheit die folgerichtige Konsequenz aus dem neuen Verständnis zur Bedeutung der Kernbereichsformel. Rosenau greift in diesem Zusammenhang seine Begründung zur Notwendigkeit eines Arbeitskampfgesetzes noch einmal auf, indem er deutlich macht, dass es dem BAG in dieser Entscheidung ausdrücklich nicht um die Entscheidung im vorgelegten Einzelfall, sondern um die Änderung des bis dahin bestehenden Regel-Ausnahme-Verhältnisses ging.[601] Aber auch mit diesem konkreten Bezug überzeugt der Begründungsansatz nicht.

Die zur Begründung des geänderten Regel-Ausnahme-Verhältnisses entwickelten Rechtsgrundsätze, insbesondere die Kampfmittelfreiheit, ermöglichen den Parteien eine flexiblere Kampfführung und schaffen eine Annäherung an europäische Vorgaben. Damit bewegt sich die Rechtsfortbildung durch die Rechtsprechung in einem angemessenen Rahmen, der durch gesetzgeberische Wertvorstellungen sowie verfassungs- und europarechtliche Vorgaben gesetzt ist.

In Zeiten der Ausweitung der gewerkschaftlichen Organisation im Dienstleistungsgewerbe, der dort vorherrschenden eher kleinbetrieblichen Branchenstruktur und des Rückgangs von Flächentarifverträgen kann die Freiheit der Wahl der Kampfmittel bzw. die grundsätzliche Zulässigkeit von Unterstützungsstreiks und anderen neuen Streikformen dazu beitragen, die Machtposition und die Attraktivität der Gewerkschaften zu stärken. Auch wenn die Mobilisierungskraft eines Kampfaufrufes im Wesentlichen darauf basieren dürfte, dass der erstrebte Tarifabschluss den Streikenden selbst zugutekommt und sich diese neuen Kampfformen zugunsten Dritter daher wohl mehr für kurze Sympathiebekundungen eignen, sind diese daneben eben auch ein wirksames Mittel der Gewerkschaften, ihre eigene Kampfkraft zu demonstrieren und dadurch die Attraktivität eines Beitritts zu steigern.

---

[599] BAG Urt. v. 22.09.2009 – 1 AZR 972/08 – AP Nr. 174 zu Art. 9 GG Arbeitskampf.
[600] A.A. Greiner, EzA Nr. 143 zur Art. 9 GG Arbeitskampf.
[601] Rosenau, Koalitionsbetätigungsfreiheit, S. 201.

Es ist aber auch zu erwarten, dass auch die Arbeitgeberseite diese neue Freiheit nutzt und ebenfalls neue Arbeitskampfstrategien entwickelt. Dies lässt sich bereits durch Praxistipps aus Rechtsanwaltskreisen im Umgang mit künftigen Vereinbarungen zur Friedenspflicht beobachten, denn auch im Hinblick auf die Reichweite der Friedenspflicht ist die vom BAG konzedierte grundsätzliche Zulässigkeit von Unterstützungsstreiks nicht unumstritten:

Während sich laut Kissel die Funktion der Friedenspflicht nicht nur in Bezug auf den Schutz des geltenden Tarifvertrages, sondern auch auf die konkrete Abwicklung der dem Tarifvertrag unterfallenden Arbeitsverhältnisse erstreckt,[602] leitet das BAG die Friedenspflicht aus dem Wesen des Tarifvertrages (Ordnungs- und Friedensfunktion) bzw. aus der Tradition des deutschen Tarifrechts ab.[603] Demnach bedeute relative Friedenpflicht, dass sich ein Arbeitskampf während der Geltungsdauer eines Tarifvertrages nicht auf die Änderung bzw. die Abschaffung der in diesem Tarifvertrag geregelten Materien beziehen darf.[604] Im Gegensatz dazu sind bei der absoluten Friedenspflicht nicht nur die im Tarifvertrag enthaltenen Regelungsgegenstände, sondern jegliche Kampfhandlungen untersagt.[605] Die Reichweite dieser umfassenden Friedenspflicht erstreckt sich auch auf tariflich nicht geregelte Materien und – sofern vereinbart – auch über die vereinbarte Geltungsdauer des Tarifvertrages hinaus. Die absolute Friedenspflicht muss im Unterschied zur relativen Friedenspflicht ausdrücklich zwischen den Tarifparteien vereinbart werden, damit sie wirksam ist.[606]

In Bezug auf die Auswirkungen von Unterstützungsstreiks auf den Grundsatz der relativen Friedenspflicht hat bereits das Reichsgericht 1931 klargestellt, dass ein tarifbezogener Unterstützungsstreik nicht gegen die relative Frie-

---

[602] Kissel, Arbeitskampfrecht, § 24 Rn. 24.
[603] BAG Urt. v. 08.02.1957 – 1 AZR 169/55 – AP Nr. 1 zu § 1 TVG Friedenspflicht; BAG Urt. v. 27.06.1989 – 1 AZR 404/88 – AP Nr. 113 zu Art. 9 GG Arbeitskampf.
[604] BAG Urt. v. 08.02.1957 – 1 AZR 169/55 – AP Nr. 1 zu § 1 TVG Friedenspflicht; BAG Urt. v. 12.09.1984 – 1 AZR 411/80 – AP Nr. 81 zu Art. 9 GG Arbeitskampf.
[605] ErfK/Franzen, § 1 TVG, Rn. 81 m.w.N.
[606] BAG Urt. v. 31.10.1958 – 1 AZR 632/57 – AP Nr. 2 zu § 1 TVG; Gamillscheg, Koll-ArbR, Bd. I, S. 1078.

denspflicht verstößt, wenn die Arbeitsniederlegung nicht mit eigenen Kampfzielen der zur Unterstützung Streikenden verknüpft wird.[607]

Das BAG bekräftigt dies in der Entscheidung vom 19.06.2007 ausdrücklich.[608] Die Unterstützung von Forderungen nach einem neuen Tarifvertrag im Hauptarbeitskampf stelle nicht zwingend die beim vom Unterstützungsarbeitskampf betroffenen Arbeitgeber geltenden ungekündigten Tarifverträge in Frage.

Allerdings enthält diese Klarstellung durch das BAG eine Einschränkung in den Fällen, in denen es sich um einen rechtswidrigen vorgezogenen Hauptarbeitskampf handeln könnte, weil es sich dann nicht mehr um die fremdnützige Unterstützung eines anderen Arbeitskampfes handele.[609]

Eine Minderansicht in der Literatur nimmt noch eine weitere Einschränkung in Bezug auf sog. Modellarbeitskämpfe vor.[610] Werden mit einem Unterstützungsstreik in einer gezielt ausgewählten Branche oder in einem bestimmten Tarifgebiet Forderungen erkämpft, in der Hoffnung, dass der dort geschlossene Tarifvertrag für allgemeinverbindlich erklärt wird, kämpften die Arbeitnehmer in Wahrheit (zumindest auch) für eigene tarifliche Regelungsinhalte. Dieser Ansicht tritt das BAG in der Entscheidung vom 19.06.2007 mit der zutreffenden Begründung entgegen, dass der bloße Modellcharakter lediglich Signalwirkung habe, nicht aber automatisch ohne weiteren Zwischenschritt auf die Tarifpartei der zur Unterstützung streikenden Arbeitnehmerseite Anwendung findet.[611]

Für den Umgang in der Praxis mit dem weiten Verständnis des BAG in Bezug auf die Relativität der Friedenspflicht wird in Rechtsanwaltskreisen teilweise bereits empfohlen, künftig tarifvertraglich einen Verzicht auf Unterstützungsstreiks zu vereinbaren, um die Reichweite der Friedenspflicht einzugrenzen.[612] Ob dies jedoch vor dem Hintergrund des vermeintlich neuen Machtpotentials der Gewerkschaften in den Verhandlungen Aussicht auf Erfolg haben wird, wird sich zeigen.

---

[607] RG Urt. v. 31.03.1931 – III 218/30 – RGZ 132, 249 (255).
[608] BAG Urt. v. 19.06.2007 – 1 AZR 396/06 – NZA 2007, 1055 (1059 unter Rn. 30).
[609] BAG Urt. v. 19.06.2007 – 1 AZR 396/06 – NZA 2007, 1055.
[610] Rüthers, BB 1964, 312 (315).
[611] BAG Urt. v. 19.06.2007 – 1 AZR 396/06 – NZA 2007, 1055 (1059).
[612] Von Steinau-Steinbrück/Glanz, NZA 2009, 113 (117), Stamer, ArbRAktuell 2010, 646 m.w.N.

F. Unterstützungsaussperrung

Nach der neuen Arbeitskampfkonzeption des BAG eröffnet der weite Schutzbereich von Art. 9 Abs. 3 GG nicht nur den Gewerkschaften eine freie Wahl der Kampfmittel. Auch für die Arbeitgeberseite besteht im Rahmen von Art. 9 Abs. 3 GG Spielraum, die ihnen zur Verfügung stehenden Kampfmittel an sich ändernde Gegebenheiten anzupassen oder auf diese zugeschnittene neue Kampfmittel zu entwickeln. Dies hat das BAG in der Unterstützungsstreik-Entscheidung vom 19.06.2007 klargestellt, indem es ausdrücklich beide Tarifvertragsparteien benennt, denen es selbst überlassen sei, ihre Kampfmittel an sich wandelnde Umstände anzupassen, um dem Gegner gewachsen zu bleiben und ausgewogene Tarifabschlüsse zu erzielen.[613]

In der Rechtsprechung finden sich bisher nur wenige ausdrückliche Aussagen zur Zulässigkeit der Unterstützungsaussperrung. Während diese in einer frühen Entscheidung des Großen Senats des BAG als zulässiges Kampfmittel genannt wird,[614] ließ das BAG diese Rechtsfrage in einer späteren Entscheidung offen.[615]

Die grundsätzliche Zulässigkeit von Unterstützungsstreiks bedeutet jedenfalls nicht automatisch auch die Zulässigkeit der Unterstützungsaussperrung – auch nicht unter Berücksichtigung derselben Einschränkungen.[616]

Schon zwischen Streik und Aussperrung in ihrer Anwendung als Kampfmittel ohne Einbeziehung eines Außenseiter-Arbeitgebers bestehen signifikante Unterschiede. Zu nennen sind hier vor allem das Druckpotential und die Ausrichtung. So ist z.B. die Angriffsaussperrung weiterhin stark umstritten und nur in ganz engen Grenzen zulässig,[617] während der Streik ein typisches Angriffsmit-

---

[613] BAG Urt. v. 19.06.2007 – AP Nr. 173 zu Art. 9 Abs. 3 GG Arbeitskampf – Rn.19.
[614] BAG GS, Beschl. v. 28.01.1955 – GS 1/54 – BAGE 1, 291 (310) – NJW 1955, 882 (885).
[615] BAG Urt. v. 20.12.1963 – 1 AZR 157/63 – AP Nr. 34 zu Art. 9 GG Arbeitskampf.
[616] A.A.: Lieb, ZfA 1982, 113 (150); Gamillscheg, KollArbR, Bd. I, S. 1137. Wank und Otto halten die Sympathieaussperrung dagegen nur bei Vorliegen einer wirtschaftlichen Verflechtung der Arbeitgeber für zulässig: Wank, Anmerkungen zu BAG Urt. v. 19.06.2007 in AP Nr. 173 zu Art. 9 GG Arbeitskampf m.w.N.
[617] BVerfG Urt. v. 26.06.1991 – 1 BvR 779/85 – BVerfGE 92, 212 (228 f. unter CI 3);

tel ist (siehe die bereits geschilderte Diskussion um die Quotenregelung der Aussperrung).

Ebenso wie Streik und Aussperrung kein automatisches Pendant bei Aktion und Reaktion bilden, muss dies nach der hier vertretenen Auffassung für Unterstützungsstreik und Unterstützungsaussperrung gelten.

Mit einem Unterstützungsstreik kann – zumindest mittelbar – über den Außenseiter-Arbeitgeber ein erhebliches Druckpotential auf den im Hauptarbeitskampf bestreikten Arbeitgeber ausgeübt werden. Anders ist dies jedoch in Bezug auf die Wirkung der Unterstützungsaussperrung: Denn wie bereits oben bei der Darstellung der Kampfmittel der Arbeitgeberseite hierzu ausgeführt, kann auf die Streikkasse der streikführenden Gewerkschaft – jedenfalls bei konkurrierenden Gewerkschaften – gar kein Druck aufgebaut werden, wenn die unterstützend Streikenden nicht in der kampfführenden Gewerkschaft organisiert sind.

Mit demselben Argument, mit dem das BAG der Zulässigkeit des Unterstützungsstreiks Grenzen setzt, ist daher auch die Zulässigkeit der Unterstützungsaussperrung abzulehnen, wenn sie nämlich „so weit vom Hauptarbeitskampf entfernt" ist, dass sie die streikführende Gewerkschaft „offensichtlich nicht mehr zu beeindrucken (...) geeignet ist".[618]

---

[618] BAG Urt. v. 10.06.1980 – 1 AZR 822/79 unter AV 1.
BAG Urt. v. 19.06.2007 – AP Nr. 173 zu Art. 9 Abs. 3 GG Arbeitskampf – Rn. 35.

G. Einstweiliger Rechtsschutz gegen einen Unterstützungsstreik

Das Urteil wirft auch in prozessualer Hinsicht eine neue interessante Fragestellung auf, nämlich ob der von einem Unterstützungsarbeitskampf bedrohte Arbeitgeber die Rechtmäßigkeit des Hauptarbeitskampfes und hiermit inzident die Rechtmäßigkeit des Unterstützungsarbeitskampfes gerichtlich überprüfen lassen könnte.

Eine Überprüfung im Wege einer einstweiligen Verfügung gem. §§ 935, 940 ZPO erscheint jedenfalls in den Fällen problematisch, in denen jegliche tarifrechtliche bzw. tarifpolitische Verbindung zwischen dem vom Hauptarbeitskampf und dem vom Unterstützungsarbeitskampf betroffenen Arbeitgeber fehlt.

Der Erlass einer einstweiligen Verfügung im Arbeitskampf ist grundsätzlich zulässig.[619] Im Falle einer Unterlassungsverfügung ergibt sich der Verfügungsanspruch entweder direkt aus der tarifvertraglichen Friedenspflicht, aus Art. 9 Abs. 3 GG oder aus § 823 Abs. 1 BGB i.V.m. § 1004 BGB (Eingriff in den eingerichteten und ausgeübten Gewerbebetrieb).

Voraussetzung für den Erlass einer einstweiligen Verfügung ist, dass die Rechtswidrigkeit des Arbeitskampfes bzw. einer einzelnen bevorstehenden Arbeitskampfmaßnahme dargelegt und glaubhaft gemacht wird. Dabei ist umstritten, ob die Rechtswidrigkeit der Arbeitskampfmaßnahmen eindeutig[620] oder offenkundig[621] sein muss. Für die Eindeutigkeit der Rechtswidrigkeit spricht, dass die Untersagung von Arbeitskämpfen im Wege des einstweiligen Rechtsschutzes wegen des begrenzten Zeitrahmens von Arbeitskämpfen in der Regel auch zu einer endgültigen Entscheidung (in der Hauptsache) führt. Da es Arbeitskämpfen gerade immanent ist, durch die Ausübung wirtschaftli-

---

[619] Zuletzt LAG Baden-Württemberg Urt. v. 31.03.2009 – 2 SaGa 1/09 – NZA 2009, 631 (632).
[620] Hessisches LAG Urt. v. 22.07.2004 – 9GaSa 593/04 – NZA-RR 2005, 262 – AP Nr. 168 zu Art. 9 GG Arbeitskampf; Otto, Arbeitskampf und SchlichtungsR, § 19 Rn. 31; Germelmann/ders., § 62 Rn. 113.
[621] LAG Sachsen Urt. v. 02.11.2007 – 7 SaGa 19/07 – NZA 2008, 59 (67); LAG Köln Beschl. v. 19.03.2007, 12 Ta 41/07 – LAGE Nr. 77 zu Art. 9 GG Arbeitskampf; Zeuner,
RdA 1971, 7; Wank, RdA 2009, 1 (10).

chen Drucks auf die Gegenseite einzuwirken, müssen Einschränkungen der Kampfmöglichkeiten der Parteien im Arbeitskampf durch einstweilige Verfügungen an strenge Voraussetzungen gebunden sein.

Dem von einem Unterstützungsstreik bedrohten Arbeitgeber dürfte – jedenfalls wenn man mit der neuen Rechtsprechung des BAG keine rechtliche Verbindung bzw. enge wirtschaftliche Verflechtung mehr zwischen den Arbeitgebern im Haupt- und Unterstützungsarbeitskampf verlangt – diese Darlegung und Glaubhaftmachung in jedem Fall schwer möglich sein, da ihm naturgemäß jegliche Informationen aus der Sphäre des Arbeitgebers im Hauptarbeitskampf fehlen. Ohne Kenntnisse über den Stand der Tarifverhandlungen sowie des Tarifvertragsstatus einerseits und die vertraglichen Nebenpflichten aus einem irgendwie gearteten Rechtsverhältnis zum Arbeitgeber im Hauptarbeitskampf andererseits kann er selbst die Rechtmäßigkeit des Hauptarbeitskampfes nicht überprüfen lassen.

Leider geht das BAG in der Entscheidung auf die hierdurch drohende Verletzung rechtlichen Gehörs nicht ein.

Meyer zieht in diesem Zusammenhang in Erwägung, den Gedanken der Akzessorietät nicht nur im Verhältnis zwischen Unterstützungsstreik und Hauptarbeitskampf zu fordern, in welchem der Unterstützungsstreik nur rechtmäßig ist, wenn der Hauptarbeitskampf selbst rechtmäßig ist, sondern diesen auch auf die prozessuale Ebene zu übertragen.[622] Aus seiner Sicht stellt sich daher die Frage, ob nicht der mit einem Unterstützungsstreik überzogene Arbeitgeber unter Heranziehung des Gedankens der Akzessorietät analog §§ 767, 770 Abs. 1 BGB verlangen kann, dass der Arbeitgeber im Hauptarbeitskampf dessen Rechtmäßigkeit gerichtlich klären lässt.[623]

Der Gedanke der Akzessorietät und der Hinweis auf die §§ 767, 770 BGB mögen naheliegen. Hier steht dem Bürgen aber noch das Instrument der Einrede der Vorausklage zu, mit dem er das Erlangen der erforderlichen Informationen für eine erfolgreiche Gegenwehr im Prozess erlangen kann. Außerdem ist das Näheverhältnis zwischen Hauptschuldner und Bürgen schon per se vorhanden. Entweder besteht zwischen ihnen ein persönliches Näheverhältnis oder

---

[622] Meyer, NZA 2011, 1392 (1393).
[623] Meyer, NZA 2011, 1392 (1393).

zumindest eine Kundenbeziehung (z.B. wenn eine Bank für einen ihrer Kunden bürgt). In diesen Situationen gibt es häufig neben den zivilrechtlichen Regelungen der §§ 767, 770 BGB noch privatrechtliche Regelungen, die den Hauptschuldner im Falle seiner Inanspruchnahme aus der Bürgschaft in die Lage versetzen, sich vom Bürgen Informationen zu verschaffen.

Durch die Aufgabe der Forderung einer derart engen (wirtschaftlichen) Nähebeziehung zwischen Hauptbestreiktem und Unterstützungsbestreiktem kann es dem Unterstützungsbestreikten dagegen im Einzelfall sehr schwer fallen, sich die für die Inanspruchnahme einstweiligen Rechtsschutzes erforderlichen Informationen zu beschaffen.

Noch treffender dürfe daher ein Vergleich der Situation der Nebenintervention mit anschließender Streitverkündung nach den §§ 66, 72 ZPO bzw. der Streitgenossenschaft nach §§ 59, 60 ZPO liegen. Dazu aber müsste der Hauptbestreikte zunächst in den Prozess einbezogen werden, den der Unterstützungsbestreikte als Verfügungskläger führt. Dies ginge dadurch, dass er dem Hauptbestreikten den Streit verkündet und so erreicht, dass der Hauptbestreikte die Rechtmäßigkeit bzw. Unrechtmäßigkeit des Streiks klären lässt.

Thematisiert wird in diesem Zusammenhang auch die Bedeutung von Schutzschriften.[624] Mit diesem Instrument hat jeder potentielle Arbeitskampfgegner bereits im Vorfeld eines Arbeitskampfes die Möglichkeit, den Arbeitsgerichten seine Rechtsauffassung schriftlich mitzuteilen. Da dieses Instrument in keiner Prozessordnung geregelt ist, sondern sich gewohnheitsrechtlich etabliert hat, sind die Gerichte nicht verpflichtet, Schutzschriften zu berücksichtigen. In engen Grenzen wird ihre Berücksichtigung jedoch für zulässig gehalten.[625]

Eine weitergehende Bedeutung dürfte privaten Rechtsgutachten zukommen, die sowohl für den Unterstützungsbestreikten als auch für die zum Arbeitskampf aufrufende Gewerkschaft im Vorfeld einstweiligen Rechtsschutzes die Möglichkeit bieten, Rechtssicherheit über die Zulässigkeit bzw. die Unzulässigkeit einer geplanten Arbeitskampfmaßnahme zu erlangen.

---

[624] Von Steinau-Steinbrück/Brugger, NZA 2010, 127 (134); Wank, RdA 2009, 1 (10).
[625] BGH Urt. v. 13.02.2003 – VII ZR 267/01 – NJW 2003, 1257; Wank, RdA 2009, 1 (10) m.w.N.

Neben dem Verfügungsanspruch ist ein Verfügungsgrund erforderlich. Dieser setzt voraus, dass die Gefahr eines endgültigen Rechtsverlustes besteht. Maßgeblich dafür ist eine Interessenabwägung der beteiligten Parteien, in die sämtliche in Betracht kommenden materiell-rechtlichen und vollstreckungsrechtlichen Erwägungen sowie die wirtschaftlichen Auswirkungen für beide Seiten einzubeziehen sind.[626] Von Bedeutung kann bei der Interessenabwägung z.B. sein, dass ein Schadensersatzanspruch im Gegensatz zur Unterlassungsverfügung die entstandenen Nachteile nicht ausgleichen kann.

Maßgeblich sollte aber auch der Umfang des Antrages berücksichtigt werden. Greifen doch Anträge auf Verhinderung des Arbeitskampfes als solche in die grundrechtlich geschützte Rechtsposition des Verfügungsgegners so stark ein, dass der Kernbereich des Grundrechts aus Art. 9 Abs. 3 GG gefährdet ist. Weniger stark ist dieser Eingriff dagegen, wenn Gegenstand des Antrages die Rechtswidrigkeit bzw. die Untersagung einzelner Kampfhandlungen ist.

H. Zulässigkeit von Unterstützungsstreiks in anderen EU-Mitgliedstaaten

Die Zulässigkeit von Unterstützungsstreiks ist in den EU-Mitgliedstaaten sehr unterschiedlich geregelt.[627] Die Betrachtung beschränkt sich im Folgenden auf Arbeitsniederlegungen im jeweiligen Land zur Unterstützung von Beschäftigten im eigenen Land. Grenzüberschreitende Aktionen sind hiervon nicht erfasst.

Eine gesetzliche Regelung der Zulässigkeit nationaler Unterstützungsstreiks gibt es nur in wenigen Mitgliedstaaten. Dazu gehören **Griechenland, Irland, Schweden, Finnland und Großbritannien,** wobei nur in Großbritannien Unterstützungsstreiks grundsätzlich nicht zulässig sind.[628] Nach dem Conspiracy and Protection of Property Act 1875 und dem Employment Act 1990 in der

---

[626] LAG Baden-Württemberg Urt. v. 31.03.2009 – 2 SaGa 1/09 – NZA 2009, 631 (632); Germelmann/ders., § 62 Rn. 114.

[627] Vgl. dazu insbesondere Clauwaert, DWP 2002.01.01 (D) m.w.N. sowie Henssler/Braun, Arbeitsrecht in Europa, 3. Aufl., 2011.

[628] Trabant, Solidaritätskampf oder Sozialschlacht?, S. 154; Junker, RdA-Beilage 2009, 4 (9) m.w.N.

Fassung des Trade Union and Labour Relations (Consolidation) Act 1992[629] sind Unterstützungsstreiks in jeder denkbaren Spielart ausnahmslos unzulässig und lösen mindestens eine deliktische „common law-Haftung" der Gewerkschaft oder von Individualpersonen wegen Arbeitsvertragsbruchs oder Verleitung zu selbigem aus.[630]

In Schweden[631] und Finnland sind Unterstützungsstreiks dagegen ausdrücklich privilegiert, indem für ihre Anwendbarkeit eine Ausnahme von der Friedenspflicht zugelassen ist.[632]

In Griechenland ist das Streikrecht ein neben dem Grundrecht der Koalitionsfreiheit separat im Grundgesetz (Art. 23 Abs. 2 der griechischen Verfassung[633]) verankertes Grundrecht[634], welches umfassend gegen gesetzliche Verbote oder Beschränkungen geschützt ist.[635] Unterstützungsstreiks sind in Griechenland auch als grenzüberschreitende Aktionen bei multinationalen Unternehmen zur Unterstützung eines im Ausland geführten Hauptarbeitskampfes zulässig.[636]

Nach der Rechtsprechung eher restriktiv wird die Zulässigkeit von Unterstützungsstreiks in **Österreich, Luxemburg** und den **Niederlanden** gehandhabt:

Das österreichische Verfassungsrecht verfügt über kein verfassungsrechtliches Dokument mit Grundrechtscharakter. Der österreichische Grundrechtekatalog präsentiert sich vielmehr als ein Konglomerat aus einer Vielzahl von Rechtsquellen.[637] Eine verfassungsrechtliche Absicherung des Streikrechts

---

[629] Sec. 224 Trade Union and Labour Relations (Consolidation) Act 1992 c. 52.
[630] Trabant, Solidaritätskampf oder Sozialschlacht?, S. 154.
[631] Schwedisches Mitbestimmungsgesetz (Codetermination Act, Medbestämmandelagen, MBL, 1976:580).
[632] Rebhahn, NZA 2001, S. 763, (769); zum schwedischen Recht: Henssler/Braun/Kurz, Arbeitsrecht in Europa, S. 1231 ff.; zum finnischen Recht: Jacob, in: Blanpain, Comparative Labour Law, S. 549, 561.
[633] http://www.verfassungen.eu/griech/verf75-index.htm.
[634] Art. 19 ff. des Gesetzes Nr. 1264/1982 konkretisieren die Ausübung des Grundrechts aus Art. 23 Abs. 2 der griechischen Verfassung.
[635] Henssler/Braun/Kerameos/Kerameus, S. 472 Rn. 204 mit ausführlicher Darstellung der Beschränkungen.
[636] Henssler/Braun/Kerameos/Kerameus, S. 474 Rn. 208 m.w.N.
[637] Marhold, EuZA 6 (2013), 146.

existiert nicht.[638] Arbeitskampffreiheit ist hier Ausfluss der allgemeinen Handlungsfreiheit. Von der österreichischen Rechtsprechung wird einschränkend gefordert, dass ein Arbeitskampf nicht im Widerspruch zu den guten Gepflogenheiten (§ 1295 Abs. 2 AGBG) und in angemessenem Verhältnis zu den angestrebten Zielen stehen sollte.[639] Maßstab ist hier das Verbot sittenwidriger Schädigung.[640] Diese Prüfung dürfte ob der unbestimmten Rechtsbegriffe der „guten Gepflogenheiten" bzw. der „Sittenwidrigkeit" nicht viel leichter fallen als die in Deutschland vorzunehmende Prüfung der Verhältnismäßigkeit.

In Luxemburg findet sich häufig die Einschränkung, dass sich der Konflikt auf Angelegenheiten zwischen den kämpfenden Parteien beziehen muss. Hier stellt die Aufforderung zu jeglicher Art der Arbeitsniederlegung eine strafbare Handlung dar, wenn vorher nicht das Nationale Schlichtungsamt befasst wurde.[641]

In den Niederlanden sind Arbeitskämpfe vergleichsweise selten. Die Koalitionsfreiheit (collectieve aktie = gemeinsame Handlung) wird unmittelbar aus Art. 6 Abs. 4 der Europäischen Sozialcharta entnommen und daraus die Zulässigkeit von Streiks und wohl auch Aussperrungen abgeleitet.[642] Erforderlich ist hiernach ein Interessenkonflikt zwischen Arbeitgeber und Arbeitnehmern, wobei der Begriff „Interessenkonflikt" sehr weit ausgelegt wird.[643] Ob ein Unterstützungsstreik rechtmäßig ist, ist hier stark vom Einzelfall abhängig.[644]

In **Frankreich**[645] und **Spanien** bedarf es zur Zulässigkeit eines Unterstützungsstreiks sowohl eines gemeinsamen Interesses zwischen den Aktionsbeteiligten[646] als auch der Rechtmäßigkeit des Hauptarbeitskampfes. In beiden Staaten besteht daneben eine fünftägige Vorankündigungspflicht für Arbeits-

---

[638] Marhold, EuZA 6 (2013), 146 (151).
[639] Henssler/Braun/Pelzmann, S. 990 Rn. 346 f. m.w.N.
[640] Rebhahn, NZA 2001, 763 (768).
[641] Henssler/Braun/Castegnaro, S. 773 Rn. 372.
[642] Henssler/Braun/Hoogendoorn/Rogmans, S. 839 Rn. 259; Rebhahn NZA 2001, 763 (768).
[643] Henssler/Braun/Hoogendoorn/Rogmans, S. 840 Rn. 260 m.w.N.
[644] Henssler/Braun/Hoogendoorn/Rogmans, S. 840 Rn. 261.
[645] Henssler/Braun/Welter/Caron, S. 391 Rn. 294.
[646] Despax/Rojot, in: Blanplain, Int. encyclopedia, para. 659; Pélissier/Supiot/Jeamaud, Droit du travail 2008, S. 1260; Cour de Cassation v. 04.05.1966 – Bulletin des arrets de la cour de cassation, chambre civiles, IV, n°405.

niederlegungen jeder Art (Frankreich: Art. 521-3 Code du Travail[647]; Spanien: Real Dekret 17/1977[648]).[649]

In **Belgien** ist das Streikrecht nicht gesetzlich geregelt. Es gibt aber auch keine Regelungen zu Sanktionen für unzulässige Streiks.[650] Unterstützungsstreiks werden von der Rechtsprechung auch ohne konkreten Konflikt zwischen den beteiligten Parteien und ohne eine Abhängigkeit vom Hauptarbeitskampf zugelassen.[651]

Auch in **Italien** und **Portugal** bedarf es nach der Rechtsprechung eines gemeinsamen Interesses. Die Abhängigkeit von der Rechtmäßigkeit des Hauptarbeitskampfes wird offenbar von der Rechtsprechung nicht durchgehend gefordert. Eine fünftägige Vorabinformationspflicht besteht auch in Portugal,[652] wo sich mit Art. 58.1. der portugiesischen Verfassung aus dem Jahr 1976 im Übrigen eine sehr weitgehende Streikgarantie findet.

In **Dänemark** gelten ähnlich strenge Anforderungen wie in Deutschland. Auch hier sind Unterstützungsstreiks dem Verhältnismäßigkeitsprinzip unterstellt, ihr Ziel darf nicht über das zur Unterstützung des Hauptkonflikts Notwendige hinausgehen[653] und sie erfordern eine Nähebeziehung zwischen den von Streikmaßnahmen betroffenen Arbeitgebern.[654]

---

[648] http://www.legifrance.gouv.fr/affichCode.do?cidTexte=LEGITEXT000006072050&dateTexte=vig.
[649] http://www.congreso.es/constitucion/ficheros/c78/cons_espa.pdf.
[650] Zum spanischen Recht: Henssler/Braun/Calle/Prehn, S. 1455 Rn. 192 ff.
[651] Henssler/Braun/Matray/Hübinger, S. 186 Rn. 179.
[652] Henssler/Braun/Matray/Hübinger, S. 186 Rn. 179 m.w.N.
[653] Henssler/Braun/Fedtke/Fedtke, S. 1115 Rn. 152.
[654] Henssler/Braun/Steinrücke/Würtz, S. 256 Rn. 138.
Inghammar, EuZA 2 (2009), 421 (428); Henssler/Braun/Steinrücke/Würtz, S. 203 ff.

	Art der Regelung	Rechtmäßig, wenn ein gemeinsames Interesse besteht	Rechtmäßig, wenn Hauptarbeitskampf rechtmäßig ist	Wahrscheinlich nicht rechtmäßig
Österreich	Rechtsprechung			+
Belgien	Rechtsprechung		+	
Dänemark	Nationale Vereinbarung der Sozialpartner		+	
Finnland	Nationale Vereinbarung der Sozialpartner		+	
Frankreich	Rechtsprechung	+	+	
Griechenland	Gesetz		+	
Irland	Gesetz		+	
Italien	Rechtsprechung	+	+	
Luxemburg	Rechtsprechung			+
Niederlande	Rechtsprechung			+
Portugal	Rechtsprechung		+	
Spanien	Rechtsprechung	+	+	
Schweden	Gesetz und nationale Vereinbarung der Sozialpartner	+	+	
Großbritannien	Gesetz			+

(Clauwaert, DWP 2002.01.01 (D), S. 30 m.w.N.)

5. Teil: Streikbegleitende Flashmob-Aktionen

A. Sachverhalt

Kläger der Entscheidung des 1. Senats des BAG vom 22.09.2009[655] ist ein Arbeitgeberverband, der im Raum Berlin-Brandenburg Einzelhandelsunternehmen organisiert. Beklagte ist eine Gewerkschaft, die zur Durchsetzung ihrer Forderung nach einem neuen Tarifvertrag für den Berliner Einzelhandel zu streikbegleitenden „Flashmob-Aktionen" aufrief. Auf einer Homepage veröffentlichte der Landesbezirk Berlin-Brandenburg im Dezember 2007 ein Flugblatt mit folgendem Inhalt:

„Wunschliste der EinzelhändlerInnen an Gewerkschaftsmitglieder und alle, die uns unterstützen wollen:
Bitte kaufe in Filialen ein, die bestreikt werden! Informationen darüber erhältst Du in unserem Fachbereich, Tel....
Meide Sonntagseinkäufe und Einkäufe nach 20.00 Uhr!
Sei freundlich und rücksichtsvoll den Kolleginnen im Verkauf gegenüber, besonders in der Vorweihnachtszeit! Gerade da haben wir im Handel alle Hände voll zu tun.
Hast Du Lust, Dich an Flashmob-Aktionen zu beteiligen?
Gib uns Deine Handynummer und dann lass uns zu dem per SMS gesendeten Zeitpunkt zusammen in einer bestreikten Filiale, in der Streikbrecher arbeiten, gezielt einkaufen gehen, z.B. so:
Viele Menschen kaufen zur gleichen Zeit einen Pfennig-Artikel und blockieren damit für längere Zeit den Kassenbereich. Vielen Menschen packen zur gleichen Zeit ihre Einkaufswagen voll (bitte keine Frischware!!!) und lassen sie dann stehen. Schicke ein Fax an Leiharbeitsfirmen, die ihre Beschäftigten als Streikbrecher im Einzelhandel einsetzen lassen und protestiere dagegen! Die Liste mit den Anschriften / Faxnummern dieser Firmen werden wir in Kürze auf unserer Homepage http.// veröffentlichen."

Die Beklagte rief zu derartigen Aktionen auch in der Presse und auf einer öffentlichen Kundgebung am 7. Dezember 2007 auf. Am 8. Dezember 2007

---

[655] BAG Urt. v. 22.09.2009 – 1 AZR 972/08 – AP Nr. 174 zu Art. 9 GG Arbeitskampf.

führte die Gewerkschaft mit ca. 40 bis 50 Personen in der Filiale eines Mitgliedsunternehmens des Klägers im Berliner Ostbahnhof entsprechende ca. 1-stündige Aktionen durch.

Die Parteien stritten im hier zugrunde liegenden Fall darüber, ob die beklagte Gewerkschaft künftig Aufrufe zu streikbegleitenden „Flashmob-Aktionen" im Einzelhandel zu unterlassen hat.

Der Kläger hat die Auffassung vertreten, durch solche Aktionen werde rechtswidrig in den eingerichteten und ausgeübten Gewerbebetrieb seiner Mitgliedsunternehmen eingegriffen. Außerdem handele es sich um vorsätzliche und sittenwidrige Schädigungen i.S.v. § 826 BGB, die mit Nötigung, Sachbeschädigung und Hausfriedensbruch verbunden seien. Derartige Aktionen unterfielen nicht dem Schutz des Art. 9 Abs. 3 GG. Sie seien mit Betriebsblockaden und Betriebsbesetzungen vergleichbar und kein zulässiges Arbeitskampfmittel. Auch seien sie zur Herstellung der Verhandlungsparität nicht erforderlich. Entgegen der Behauptung der Beklagten habe der Streik durchaus Wirkung gezeigt. Im Übrigen sei etwa die Hälfte der Teilnehmer an der Flashmob-Aktion vom 8. Dezember 2007 weder Mitglied der Beklagten noch Arbeitnehmer eines Mitgliedsunternehmens des Klägers gewesen.

Die Beklagte hat dagegen die Auffassung vertreten, bei der durchgeführten Aktion habe es sich um eine zulässige Arbeitskampfmaßnahme gehandelt. Ihr Streik sei keinesfalls erfolgreich gewesen. Vielmehr habe die Arbeitgeberseite die Streikmaßnahmen weitgehend dadurch unterlaufen, dass sie massiv Aushilfskräfte, Leiharbeitnehmer und Fremdfirmen zur Aufrechterhaltung eines ungestörten Verkaufs eingesetzt habe. Bei den 40 Aktionsteilnehmern habe es sich ausschließlich um ihre Mitglieder und Arbeitnehmer aus Mitgliedsunternehmen des Klägers gehandelt.

Das Arbeitsgericht hat die Klage abgewiesen. Das Landesarbeitsgericht hat die Berufung des Klägers zurückgewiesen. Die Revision des Klägers vor dem Bundesarbeitsgericht hatte keinen Erfolg.

B. Entscheidungsgründe

Das BAG stellte ausdrücklich klar, dass gewerkschaftliche Aktionen, bei denen die Teilnehmer durch den Kauf geringwertiger Waren oder das Befüllen und Stehenlassen von Einkaufswagen in einem Einzelhandelsgeschäft kurzfristig und überraschend eine Störung betrieblicher Abläufe hervorrufen, im Arbeitskampf nicht generell unzulässig sind. Zwar greife eine solche Aktion in den eingerichteten und ausgeübten Gewerbebetrieb des Betriebsinhabers ein. Der Eingriff könne aber aus Gründen des Arbeitskampfes gerechtfertigt sein. Die Betätigungsfreiheit der Gewerkschaften sei nicht auf den Streik als Kampfmittel beschränkt, sondern erfasse auch andere Kampfformen. Die Beurteilung, ob eine Betätigung koalitionsspezifisch ist, richte sich grundsätzlich nicht nach der Art des von der Koalition gewählten Mittels, sondern nach dem von ihr damit verfolgten Ziel.[656]

Maßgebend für die Rechtmäßigkeit derartiger Aktionen im Einzelfall sei jedoch nicht schon der Schutz des Art. 9 Abs. 3 GG als solches. Vielmehr stellt das BAG auch hier wieder auf den Grundsatz der Verhältnismäßigkeit als zentralen Rechtmäßigkeitsindikator ab. Danach seien Arbeitskampfmittel unverhältnismäßig und damit rechtswidrig, wenn sie zur Durchsetzung der – zwar rechtmäßig – erhobenen Forderung offensichtlich ungeeignet oder nicht erforderlich oder wenn sie unangemessen sind.[657]

In Bezug auf die Angemessenheit stellt das BAG in dieser Entscheidung erneut ausdrücklich klar, dass es hier vor allem auf das Gebot der fairen Kampfführung ankomme.[658] Dabei sei von wesentlicher Bedeutung, ob für den Arbeitgeber Verteidigungsmöglichkeiten bestünden.[659] Dieser Prüfungsmaßstab ist besonders interessant, denn er berücksichtigt zutreffend den Grundsatz der Kampfparität wieder im Rahmen der Verhältnismäßigkeitsprüfung. Damit wird erneut deutlich, dass das BAG den Paritätsgrundsatz keineswegs aufgegeben hat, sondern diesen auf die Ebene der Verhältnismäßigkeit in die Angemessenheitskontrolle verlagert.

---

[656] BAG Urt. v. 22.09.2009 – 1 AZR 972/08 – AP Nr. 174 zu Art. 9 GG Arbeitskampf – Rn. 36 unter B II 2 a) bb) der Gründe.
[657] Ebenda, Rn. 36 unter B II 2 a) bb) der Gründe.
[658] Ebenda, Rn. 49 B II c) cc).
[659] Ebenda, Rn. 48 B II c) bb).

Das BAG lässt das Paritätsprinzip als Prüfmaßstab im Rahmen der Angemessenheitskontrolle wegen seiner Abstraktionshöhe als Maßstab zur Bewertung einzelner Kampfsituationen allein jedoch nicht ausreichen. Es bezeichne aber zumindest eine Grenze, die bei der gerichtlichen Ausgestaltung nicht überschritten werden dürfe.[660]

Für Flashmob-Aktionen legt das BAG im Rahmen der Angemessenheitsprüfung ausdrücklich konkrete Kriterien fest, die ein Ausufern der Anwendbarkeit verhindern sollen:

- Um dem Gegner eigene Reaktionen zu ermöglichen, bedürfe es in der Regel der Erkennbarkeit einer Kampfmaßnahme. Dies entspreche dem arbeitskampfrechtlichen Gebot der fairen Kampfführung. Danach müsse der Angegriffene wissen, von welcher Maßnahme er betroffen ist, um sich in seinem eigenen Verhalten darauf einstellen zu können.[661]

- Der Arbeitgeber müsse außerdem erkennen können, dass es sich um eine von der Gegenseite getragene Kampfmaßnahme handelt. Um sich verteidigen zu können, müsse der Angegriffene erkennen können, wer die Verantwortung für den Angriff trage.[662]

- Die Störaktion müsse für die Gewerkschaft nach Intensität und Dauer beherrschbar sein. Die Aktion dürfe zudem nicht zerstörerisch wirken; zumindest müsse dies durch geeignete Gegenmaßnahmen der betroffenen Arbeitgeber verhindert werden können.[663]

Derartige Verteidigungsmöglichkeiten für den Arbeitgeber ergäben sich – so das BAG in der Entscheidung – u.a. aus dem Hausrecht des Betriebsinhabers und der Möglichkeit einer suspendierenden Betriebsschließung.[664]

---

[660] BAG Urt. v. 22.09.2009 – 1 AZR 972/08 – NZA 2009, 1347 ff. – Rn. 40; BAG Urt. v. 19.06.2007 – 1 AZR 396/06 – NZA 2007, 1055 ff.
[661] BAG Urt. v. 22.09.2009 – 1 AZR 972/08 – NZA 2009, 1347ff. unter Rn. 47cc), 53b) und 54 aa). So im Übrigen auch schon: BAG Urt. v. 31.10.1995 – BAGE 81, 213 – NZA 1996, 389.
[662] BAG Urt. v. 22.09.2009 – 1 AZR 972/08 – unter Rn. 49 cc).
[663] BAG Urt. v. 22.09.2009 – 1 AZR 972/08 – unter 48 bb); zu der Kasuistik Stellung nehmend: ErfK/Dieterich, Art. 9 GG Rn. 277 b.
[664] BAG Urt. v. 22.09.2009 – 1 AZR 972/08 – unter 58 aaa) und 61 bbb).

Gegen die Flashmob-Entscheidung hat der unterlegene Einzelhandelsverband HdE Verfassungsbeschwerde beim Bundesverfassungsgericht eingelegt. Sie ist mit Beschluss vom 26.03.2014 nicht zur Entscheidung angenommen worden.[665]

C. Darstellung der Problematik

Bei Flashmob-Aktionen handelt es sich um streikbegleitende beabsichtigte Störungen des Betriebsablaufs. Dieses Kampfmittel wurde bisher von den Gewerkschaften im Arbeitskampf nicht eingesetzt.

Mit der Anerkennung dieses Kampfmittels als koalitionsspezifische Betätigung i.S.d. Art. 9 Abs. 3 GG trägt das BAG neben dem neuen Verständnis zur Freiheit der Wahl der Arbeitskampfmittel auch dem Umstand der sich verändernden Wirtschaftsordnung und der gesellschaftlichen und technischen Entwicklungen Rechnung. Durch die Nutzung neuer Medien – insbesondere von Web 2.0., Facebook und Twitter – ist es möglich, mit nur kurzem zeitlichen Vorlauf und geringem Aufwand ein breites Publikum zu erreichen. Kulturelle Kommunikation, der politische Diskurs und die kommerzielle Kommunikation stellen sich nicht mehr als getrennte oder leicht trennbare Subsysteme eines gesamtgesellschaftlichen Diskurses dar, sondern vermischen und vernetzen sich zu einem dynamischen Kommunikationsprozess.[666]

In Bezug auf die neue Arbeitskampfkonzeption des BAG handelt es sich um eine konsequente Fortsetzung des Verständnisses von einem weiten Schutzbereichs des Art. 9 Abs. 3 GG, der den Koalitionen eine völlige Freiheit der Wahl der Kampfmittel und daher auch die Freiheit bzw. Kreativität zur Entwicklung neuer Kampfformen lässt.

---

[665] BVerfG Beschl. v. 26.03.2014 – 1 BvR 3185/09, abgedruckt in NJW 2014, 1874; NZA 2014, 493; NJ 2014, 302, DB 2014, 956. Siehe auch die Pressemitteilung Nr. 35/2014 des BVerfG v. 09.04.2014 „Erfolglose Verfassungsbeschwerde gegen gewerkschaftlichen Aufruf zu einer ‚Flashmob-Aktion' im Einzelhandel".
[666] Sevecke, S. 96.

Ob ein Flashmob auch verhältnismäßig ist, hängt von den Umständen des Einzelfalls ab. Dabei stellen sich neben dem Umfang und der Dauer der Aktion vor allem folgende Fragen:[667]

- Wie beherrschen die zu Flashmobs aufrufenden Gewerkschaften die Eskalationsgefahr?
- In welchem Maße ist eine Einschränkung der unternehmerischen Entscheidungsfreiheit zugunsten der Koalitionsfreiheit im Rahmen der Herstellung einer praktischen Konkordanz tragbar?
- Welche Auswirkungen hat die Öffnung des Arbeitskampfes für unbeteiligte Dritte als Teilnehmer von Kampfaktionen?

D. Auswirkungen auf die Praxis

Die Ausdehnung des Schutzbereiches des Art. 9 Abs. 3 GG auf Maßnahmen, die von koalitionsfremden Dritten (mit-)getragen werden können, stößt in der Literatur überwiegend auf Kritik:[668]

Art. 9 Abs. 3 GG berechtige seinem klaren Wortlaut nach nur Koalitionen dazu, Arbeitskampfmittel zu ergreifen;[669] koalitionsfremden Personen sei dieses Recht grundsätzlich versperrt.[670] Den teilnehmenden Dritten fehle jede Nähe zum Arbeitskampf; durch die Erweiterung des Teilnehmerkreises seien die gesicherten Grundlagen des Arbeitskampfrechts verlassen worden.[671]

Das BAG habe die den Flashmob-Aktionen immanente Eskalationsgefahr unberücksichtigt gelassen.[672] Gamillscheg sieht daneben eine Gefahr in der Dominanz radikaler Minderheiten.[673]

---

[667] DFL/Spelge, Art. 9 GG, S. 1614 Rn. 112.
[668] Rieble, NZA 2008, 796 ff.; Otto, RdA 2010, 135; Krieger/Günther, NZA 2010, 20; Rüthers/Höpfner, JZ 2010, 261; Lembke, NZA 2014, 471 (472); Jöris, NJW-Spezial 2014, 370 (371).
[669] Von Steinau-Steinbrück/Brugger, NZA-Beilage 3/2010, 127 (130).
[670] Von Steinau-Steinbrück/Brugger, NZA-Beilage 3/2010, 127 (130) m.w.N.; Dütz/Thüsing, Arbeitsrecht, 18. Aufl., S. 516.
[671] Säcker, NJW 2010, 115 (116); Krieger/Günther, NZA 2010, 20 (22).
[672] Krieger/Günther, NZA 2010, 20 (22).
[673] Gamillscheg, KollArbR, Bd. I, § 21 V, S. 1057 ff.

Weiter werden an der Eröffnung des Anwendungsbereichs der Koalitionsfreiheit für Flashmob-Aktionen vor allem die mangelnden eigenen Abwehrmöglichkeiten kritisiert.[674]

Die der Arbeitgeberseite verbleibenden und vom BAG ausdrücklich benannten Abwehrmittel der vorübergehenden Betriebsschließung, der Aussperrung oder der Nutzung des Hausrechts seien völlig unzureichend: Die vorübergehende Betriebsschließung zwinge den Arbeitgeber zu einer Selbstschädigung.[675] Die Aussperrung betreffe nur die beim Betriebsinhaber beschäftigten Arbeitnehmer, nicht aber weitere Flashmobber (externe Dritte), und sein Hausrecht könne der Arbeitgeber schon deswegen kaum durchsetzen, da sich die „Flashmobber" als normale Kunden tarnten und von diesen nicht immer oder nicht sofort zu unterscheiden seien.[676]

Franzen[677] konzediert der Gewerkschaftsseite, dass sich die Arbeitgeberseite vor allem im Einzelhandel durch den Einsatz von Leiharbeitnehmern behelfe, um den Streik abzuwehren und gerade in solchen Konstellationen auch die Gewerkschaften auf außenstehende Dritte zurückgreifen könnten. Rechtlich verortet er diese Fragestellung im Grundsatz der Kampfparität. Er kritisiert, dass in der Entscheidung des BAG dieses Argument der Vorinstanz[678] im Rahmen der Abwägung nicht aufgegriffen wird.

Lingemann[679] fehlt es an einer Einschätzung in Bezug auf das Persönlichkeitsrecht der Mitarbeiterinnen und Mitarbeiter, die während eines Flashmobs arbeiten und sich zum Gespött machen lassen müssten.

---

[674] Von Steinau-Steinbrück/Brugger, NZA-Beilage 3/2010, 127 (130); Dütz/Thüsing, Arbeitsrecht, 18. Aufl., S. 516; MüHBArbR/Ricken, § 194 Rn. 4; Rüthers, NZA 2010, 6 (12 f.); Ring, NJ 2014, 303; Herbert, ZTR 2014, 639 (640); Jöris, NJW-Spezial 2014, 370 (371).
[675] Von Steinau-Steinbrück/Brugger, NZA-Beilage 3/2010, 127 (130); Rüthers, NZA 2010, S. 6 (12).
[676] Von Steinau-Steinbrück/Brugger, NZA-Beilage 3/2010, 127 (130).
[677] Franzen, JbArbR 47 (2010), 119 (135 f.).
[678] LAG Berlin-Brandenburg Urt. v. 29.09.2008 – LAGE Nr. 82 zu Art. 9 GG Arbeitskampf – NZA-RR 2009, 149 Rn. 62.
[679] Lingemann, ArbRAktuell 2009, 239.

Kritisiert wird weiter, dass der Verhältnismäßigkeitsgrundsatz für einen derart weiten Schutzbereich des Art. 9 Abs. 3 GG kein ausreichendes Korrektiv biete. Hinsichtlich der Erforderlichkeit bleibe allein den Gewerkschaften die Einschätzungsprärogative vorbehalten, ob das eingesetzte Kampfmittel das mildeste Mittel darstelle. Allein die Angemessenheit sei Prüfungsmaßstab der Gerichte. Auf dieser Stufe der Prüfung aber gäben die Verhältnismäßigkeitserwägungen des BAG wegen ihrer Einzelfallbedeutung keine verlässliche Kontur vor.[680]

Mit der Anerkennung auch atypischer Kampfmittel als vom Schutzbereich des Art. 9 Abs. 3 GG erfasst, ermöglicht das BAG den Gewerkschaften die notwendige Stärkung ihrer Organisationsmacht. Diese hat in den letzten Jahrzehnten durch eine zunehmend wieder kleinbetriebliche Branchenstruktur stark abgenommen. Die Gewerkschaften haben im Laufe der Zeit zunehmend an Bedeutung und Zulauf und damit auch an Macht verloren.

Waren früher vor allem Arbeitnehmer aus Betrieben des industriellen Sektors gewerkschaftlich organisiert, weitet sich die gewerkschaftliche Arbeit heute verstärkt auch auf den Dienstleistungssektor aus. Hier aber ist die Verankerung eher schlecht, es herrschen eine kleinbetriebliche Struktur und ein hoher Frauenanteil sowie ein hoher Anteil an Teilzeit- und Leiharbeitskräften vor. Hinzu kommt die technische und gesellschaftliche Entwicklung – insbesondere die Nutzung neuer Medien.

Mit diesem sozioökonomischen Phänomen und der durch die zunehmende Globalisierung eröffneten kreativen Reaktionsmöglichkeiten für die Arbeitgeber im Arbeitskampf begann die Kampfparität zu Lasten der Gewerkschaften zu wackeln. In diesen sich ändernden Zeiten nutzen Gewerkschaften solche atypischen Kampfmittel wie streikbegleitende Flashmob-Aktionen, die einen hohen Eventcharakter haben, vor allem als Imagekampagne. Dadurch wecken sie insbesondere auch das Interesse jüngerer Generationen.

Es bleibt jedoch abzuwarten, in welchem Umfang sich durch den Einsatz dieses Kampfmittels im Einzelfall ein erhöhtes Druckpotential realisieren lässt.

---

[680] Von Steinau-Steinbrück/Brugger, NZA-Beilage 3/2010, 127 (130); Lingemann, ArbRAktuell 2009, 239.

Dies wird vermutlich auch von der öffentlichen Bedeutung des Kampfziels abhängen, denn die zu mobilisierenden koalitionsfremden Dritten profitieren selbst nicht vom erkämpften Ergebnis. Ihnen geht es nicht um die Verbesserung ihrer eigenen Arbeitsbedingungen.

Insgesamt aber zeigt sich an den Erfahrungen im Umgang mit den neuen Medien wie z.b. Facebook, wie leicht eine Menschenmasse zu mobilisieren ist und welche Gefahren von deren Unbeherrschbarkeit ausgehen können.[681] Die Unbeherrschbarkeit der Massen und das darin liegende Exzesspotential bergen neben den gezeigten Vorteilen auch ein hohes Risiko in Bezug auf etwaige Schadensersatzforderungen der Arbeitgeberseite.

Wegen des hohen Risikos des Ausuferns der geplanten Aktion und weil die Rechtmäßigkeit des Einsatzes von Flashmob-Aktionen vom unbestimmten Rechtsbegriff der Angemessenheit im Einzelfall abhängig ist, werden sich Gewerkschaften genau überlegen, ob und mit welchem Adressatenkreis sie von diesem neuen Instrument Gebrauch machen. Der im Rahmen der Rechtmäßigkeitserwägungen verbleibende Spielraum lässt sich kampftaktisch nämlich nur sehr eingeschränkt nutzen.[682] Däubler kommentiert die oben dargestellte scharfe Kritik daher zu Recht als auf der unrealistischen Annahme grenzenloser und beliebig risikoloser Einsetzbarkeit von Flashmob-Kampfformen beruhend, die so nicht gegeben sei.[683] Funktion und Wirkung der richterlichen Grenzen würden dabei unterschätzt.[684]

Mit der Entscheidung setzt das BAG seine in Bezug auf den weiten Schutzbereich des Art. 9 Abs. 3 GG verfolgte Arbeitskampfkonzeption konsequent fort. Danach ist der Schutzbereich des Art. 9 Abs. 3 GG offen formuliert und nicht in zivilrechtlichen Kategorien zu erfassen.[685] Prüfungsmaßstab der koalitionsspezifischen Betätigung sei der Grundsatz der Verhältnismäßigkeit in Bezug

---

[681] Z.B. Facebook-Partyeinladung von Thessa aus Hamburg im Juni 2011 oder eines 20-Jährigen aus Konstanz im Sommer 2012, der eine öffentliche Feier organisierte und für die Kosten eines Polizeieinsatzes aufkommen musste.
[682] ErfK/Dieterich, Art. 9 GG Rn. 277 b m.w.N.
[683] Däubler/Däubler, Arbeitskampfrecht, 3. Aufl., 31 Rn. 6 ff.
[684] Ebenda.
[685] ErfK/Dieterich, Art. 9 GG Rn. 217; Däubler/Bieback/Unterhinninghofen, Arbeitskampfrecht, 3. Aufl., 17 Rn. 230 f.

auf das verfolgte Kampfziel.[686] Auffällig ist allerdings, dass das BAG in dieser Entscheidung in seiner Diktion sehr viel zurückhaltender ist als beispielsweise bei der Anerkennung von Unterstützungsstreiks als grundsätzlich zulässiges Kampfmittel. Flashmob-Aktionen werden nämlich gerade nicht als grundsätzlich zulässige Kampfmittel sondern nur als „nicht generell rechtswidrig" bezeichnet.

Im Kontext der neuen Arbeitskampfkonzeption dürfte damit vom BAG in diesem Fall eher nicht gemeint sein, dass bei diesem Kampfmittel die Rechtmäßigkeit ausnahmsweise genau zu begründen und die Rechtswidrigkeit des Einsatzes die Regel sei. Für eine derartige Interpretation finden sich in den Entscheidungsgründen keine Hinweise.

Die erkennbar zurückhaltende Formulierung des BAG dürfte ihren Grund darin haben, dass dieses Kampfmittel viel facettenreicher zu sein scheint, als vorhersehbar ist, und seine künftige Ausgestaltung nur schwer abschätzbar ist. Aus diesem Grund hat das BAG entgegen der Kritik der Arbeitgeberseite sehr wohl konkrete Prüfkriterien im Rahmen der Angemessenheit vorgegeben, die den zulässigen Einsatz dieses Kampfmittels stark begrenzen und Exzesse verhindern sollen.

Diese werden von Rheder/Deinert/Callsen[687] ausführlich beschrieben und ergänzt. Danach sei Voraussetzung für die Angemessenheit, dass
- die Gewerkschaft bei Einsatz dieses Kampfmittels das Geschehen hinsichtlich Intensität und Dauer in der Hand behält,
- der Flashmob-Aufruf nur an einen beschränkten Teilnehmerkreis und nicht an eine unbegrenzte Öffentlichkeit ergeht und
- die Gewerkschaft auch dafür sorgen muss, dass entweder die Teilnehmer auch hinsichtlich der Beendigung der Arbeitskampfmaßnahme erreicht werden können oder die Begrenzung auf eine punktuelle Maßnahme („flash") von vornherein angelegt ist („Bitte nur einmal").[688]

Diese geforderten Grundsätze erinnern an versammlungsrechtliche Anforderungen wie etwa die „Veranstalterverantwortung" aus § 2 Abs.1 Versamm-

---

[686] BAG Urt. v. 22.09.2009 – 1 AZR 972/08 – Rn. 36 bb).
[687] Rheder/Deinert/Callsen, Arbeitskampfmittelfreiheit, S. 110.
[688] Ebenda.

lungsgesetz oder die „Organisationsverantwortung", nach der eine Versammlung durch einen für die Ordnung verantwortlichen Versammlungsleiter getragen werden muss (§§ 7, 8, 14 Abs. 2, 18 Abs. 1 und 19 Versammlungsgesetz). Aus § 19 Abs. 3 Versammlungsgesetz lässt sich eine Verpflichtung zur Beendigung der Versammlung ableiten, wenn der Versammlungsleiter deren Ausufern nicht mehr kontrollieren kann.

Richtig ist auch, dass Art. 8 Abs. 1 GG kein Recht zu Demonstrationen in fremden Räumen ohne die ausdrückliche Gestattung des Hausrechtsinhabers gibt.

Auch Rieble[689] fordert die Übernahme der Verantwortung durch die Gewerkschaft im Falle eines Exzesses eines von ihr initiierten Flashmobs. Er leitet diese jedoch aus der allgemeinen Verkehrssicherungspflicht für die Eröffnung einer Gefahrenquelle gemäß §§ 278, 831 BGB her. Wer als Organisation Personen für eigene Zwecke einsetze, den treffe eine Aus-wahl-, Überwachungs- und Steuerungspflicht.[690]

Einschränkungen des Versammlungsrechtes oder die allgemeine Verkehrssicherungspflicht sind ohne Zweifel Rechtsgrundlagen, die im Kontext der Rechtmäßigkeitserwägungen eines exzessiven Flashmobs zu berücksichtigen sind. Eine Grundrechtskonkurrenz zwischen Art. 9 Abs. 3 GG und Art. 8 GG führt jedoch im Rahmen zulässiger Koalitionsbetätigung zu keinen Einschränkungen des Schutzbereichs des Art. 9 Abs. 3 GG. So besteht z.B. für Versammlungen im Rahmen eines Arbeitskampfes grundsätzlich keine Anmeldepflicht.[691] Für die Einordnung als Maßnahme eines Arbeitskampfes zur Durchsetzung tariflich regelbarer Forderungen stellt das BAG ausdrücklich nicht auf die individuelle Motivation, die ggf. in einer Demonstration liegen kann, sondern auf das von der Gewerkschaft verfolgte Ziel ab.[692]

Insbesondere die Einhaltung der – auch vom BAG in der Flashmob-Entscheidung geforderten – Vorgabe, dass die Störaktion für die Gewerkschaft nach Intensität und Dauer beherrschbar sein muss, dürfte in der Praxis bei

---

[689] Rieble, NZA 2008, 796 ff.
[690] Rieble, NZA 2008, 796 (798).
[691] Donat/Kühling, AuR 2009, 1 (1 f.).
[692] BAG Urt. v. 22.09.2009 – 1 AZR 972/08 – Rn. 37cc).

diesem Kampfmittel aber ohnehin nur schwer vorhersehbar und steuerbar sein.

Mit den vom BAG vorgegebenen Begrenzungen im Rahmen der Verhältnismäßigkeit legt das BAG die Hürde für die rechtmäßige Anwendung von Flashmob-Aktionen bewusst besonders hoch an. Entgegen der Kritik der Arbeitgeberseite berücksichtigt das BAG damit die Gefahr des Ausuferns und des Facettenreichtums dieses aktiv ausgeübten Kampfmittels und beseitigt damit die Unschärfe des unbestimmten Rechtsbegriffs der Verhältnismäßigkeit.

Schließlich verbleiben dem Arbeitgeber die in der Entscheidung genannten Reaktionsmöglichkeiten. Wenn auch die Kritik ihrer Anwendbarkeit z.T. nicht ganz unberechtigt sein dürfte, hängt auch ihre Wirksamkeit von der Vorbereitung und der Kreativität des bestreikten Arbeitgebers ab. So hat er die Möglichkeit, sich regelmäßig auf den Internetseiten der Gewerkschaft über Ankündigungen zu informieren und im „Ernstfall" durch das Aufstellen von Hinweisschildern, mit denen z.B. das Betreten der Geschäftsräume ohne ernsthafte Kaufabsicht bzw. zur Beeinträchtigung betrieblicher Abläufe untersagt wird, die Ausübung seines Hausrechts vorzubereiten. Etwaige Schäden lassen sich durch Geltendmachung etwaiger Unterlassungs- oder Schadensersatzansprüche (etwa aus §§ 123, 240 oder § 263 StGB) sowie aus den zivilrechtlichen Besitzschutzansprüchen regulieren.

Der Kritik von Lingemann, dass das BAG das Persönlichkeitsrecht der während eines Flashmobs arbeitenden Mitarbeiterinnen und Mitarbeiter, die sich zum Gespött machen lassen müssten, nicht erwähnt hat, kann zumindest für diejenigen Mitarbeiterinnen und Mitarbeiter, denen erreichte Streikziele selbst zugutekommen, entgegengehalten werden, dass es sich aus ihrer Sicht um eine willkommene Unterstützung handeln dürfte. Im Übrigen ist auch dies eine Frage der Abwägung der betroffenen Rechte im Einzelfall im Rahmen der Verhältnismäßigkeitserwägungen.

Zu Recht kritisiert[693] wird dagegen die Einbeziehung koalitionsfremder Dritter in den Schutzbereich des Art. 9 Abs. 3 GG. Däubler stellt zwar zutreffend fest,

---

[693] Thüsing/Waldhoff, ZfA 2011, 329 (343); Säcker, NJW 2010, 115 (116); Krieger/Günther, NZA 2010, 20 (22).

dass die Erweiterung des Teilnehmerkreises an Arbeitskämpfen auf Dritte nicht neu ist, indem er auf die anerkannte Möglichkeit der Gewerkschaft zum Einsatz von Streikposten verweist.[694] Die Aufgabe von Streikposten ist allerdings von anderer Intensität und Beherrschbarkeit als die von aktiv (mit-)kämpfenden koalitionsfremden Dritten. Gleiches gilt für den Einsatz von Leiharbeitskräften, die für die Dauer der Arbeitnehmerüberlassung Rechte und Pflichten gegenüber dem bestreikten Arbeitgeber begründet haben und seinem Direktionsrecht unterliegen. Zumindest für die Dauer des Bestandes des Arbeitsverhältnisses profitieren sie zudem von den verbesserten Arbeitsbedingungen.

Zuzugestehen ist dem BAG allerdings, dass es für die Einordnung als Maßnahme des Arbeitskampfes zur Durchsetzung tariflich regelbarer Forderungen nicht auf die individuelle Motivation der einzelnen Teilnehmerinnen und Teilnehmer, sondern auf das von der Gewerkschaft verfolgte Ziel ankommt.[695] Die Einbeziehung von Außenseitern misst das BAG nun also nicht mehr wie bisher nach dem Partizipationsgedanken und der potenziellen Einflussnahme auf das Ergebnis.[696] Hierzu reichte es bisher aus, dass dem Außenseiter das Tarifergebnis – wenn auch nur mittelbar – zugutekam.[697] Dies ist bei Kampfmitteln wie einem Flashmob in Bezug auf außenstehende Dritte, die sich aus ganz unterschiedlicher Motivation zur Teilnahme haben mobilisieren lassen, nicht regelhaft gegeben. Damit dürfte der Partizipationsgedanke bei der Einbeziehung Dritter konturenlos werden.[698]

Die Parität ist aber auch dadurch gefährdet, dass es durch die Einbeziehung außenstehender Dritter an der nötigen Selbstregulierung mangelt, die üblicherweise durch die erheblichen wirtschaftlichen Nachteile der Aktionsteilnehmer im Arbeitskampf entsteht. Gewerkschaften und Arbeitnehmer gehen mit einem Streik üblicherweise (eigen-)verantwortlich um, da die Arbeitnehmer während eines Streiks ihren Vergütungsanspruch verlieren. Dieses Element der Selbstschädigung ist ein wesentliches Element der Verhandlungsparität,

---

[694] Däubler/ders., Arbeitskampfrecht, 3. Aufl., § 31 Rn. 9.
[695] BAG Urt. v. 22.09.2009 – 1 AZR 972/08 – NZA 2009, 1347 (1351) – unter Rn. 35 b) der Gründe.
[696] BAG AP Nr. 163 zu Art. 9 GG Arbeitskampf; HK-ArbR/Hensche, Art. 9 GG Rn. 117.
[697] BAG Urt. v. 18.02.2003 – 1 AZR 142/02 – AP Nr. 163 zu Art. 9 GG Arbeitskampf – BAGE 105, 5.
[698] Vgl. Fn. 357; Fütterer, Reichweite des Solidaritätsstreikrechts, S. 168 spricht von Reform der Partizipation.

da es als Korrektiv beim Einsatz von Arbeitskampfmittel wirkt.[699] Außenstehende Dritte, die an einem Flashmob teilnehmen, sind von einer derartigen Selbstschädigung nicht betroffen.

Dies unterscheidet auch den Einsatz unbeteiligter Dritter bei Maßnahmen wie Flashmobs vom Einsatz sog. Streikbrecher bzw. Leiharbeitnehmer auf Arbeitgeberseite. Während der Arbeitgeber diese sorgfältig auswählen muss, damit diese in der Lage sind, die Arbeitsleistung zu erbringen, und er ihre Leistung vergüten muss (und schon aus diesem Grund keinen unbegrenzten Teilnehmerkreis auf seiner Seite über z.B. einen Aufruf bei Facebook organisieren wird), begründet die Gewerkschaft durch einen Massenaufruf zunächst keine eignen Verpflichtungen gegenüber den Teilnehmern und diese partizipieren in der Regel auch selbst nicht von einem Tarifabschluss.

Die Aufgabe des bisherigen Verständnisses zum Kampfgegner durch die Einbeziehung koalitionsfremder Dritter in den Arbeitskampf ist bedenklich. Mit der Einbeziehung außenstehender Dritter in den personellen Schutzbereich des Art. 9 Abs. 3 GG wird nicht nur das Partizipationsprinzip sondern auch der Grundsatz mitgliedschaftlicher Legitimation[700] aufgegeben, auf welche bisher die Richtigkeitsgewähr von Tarifverträgen gestützt wurde.[701] Danach galt, dass das Ergebnis von Tarifverträgen nur deshalb richtig ist, weil es von den Tarifvertragsparteien gewollt ist und sich auf die Legitimation durch die Tarifunterworfenen stützen kann.[702]

Die Tarifautonomie ist, wie das BVerfG bereits 1991 festgestellt hat,[703] nur funktionsfähig, solange zwischen den Tarifvertragsparteien ein ungefähres Kräftegleichgewicht – Parität – besteht.

Unvereinbar mit Art. 9 Abs. 3 GG ist eine Regelung jedenfalls dann, wenn sie dazu führt, dass die Verhandlungsfähigkeit einer Tarifvertragspartei bei Tarif-

---

[699] BAG Urt. v. 18.02.2003 – 1 AZR 142/02 - AP Nr. 163 zu Art. 9 GG Arbeitskampf – NZA 2003, 866 unter B II 1; Urt. v. 19.06.2007 – 1 AZR 396/06 - AP Nr. 173 zu Art. 9 GG Arbeitskampf – NZA 2007, 1055 Rn. 35.
[700] Gamillscheg, Koll. ArbR, Bd. I, § 7 S. 285; Gagel/Bender, § 160 SGBIII Rn. 123.
[701] BAG Urt. v. 28.03.2004 – AP Nr. 4 zu § 2 TVG Tariffähigkeit – NZA 2006, 1112.
[702] Gamillscheg, Koll. ArbR, Bd. I, § 7 S. 285; Gagel/Bender, § 160 SGBIII Rn. 123.
[703] BVerfG Beschl. v. 26.06.1991 – 1 BvR 779/85 – AP Nr. 117 zu Art. 9 GG Arbeitskampf – BVerfGE 84, 212 (229).

auseinandersetzungen einschließlich der Fähigkeit, einen wirksamen Arbeitskampf zu führen, nicht mehr gewahrt bleibt und ihre koalitionsmäßige Betätigung weitergehend beschränkt wird, als es zum Ausgleich der beiderseitigen Grundrechtspositionen erforderlich ist.[704] Insbesondere darf die Rechtsordnung keiner Partei so starke Kampfmittel zur Verfügung stellen, dass dem Gegenspieler keine wirksame Reaktionsmöglichkeit bleibt, sondern die Chancen auf die Herbeiführung eines angemessenen Verhandlungsergebnisses zerstört werden.[705]

Dies dürfte mit der Öffnung des Schutzbereiches von Art. 9 Abs. 3 GG für koalitionsfremde Dritte durch streikbegleitende Flashmob-Aktionen schnell der Fall werden können, da in nicht einschätzbarer Größenordnung Beteiligung hinzugeholt und der Druck auf den Gegenspieler damit erheblich gesteigert werden kann.

Dennoch ist die Entscheidung des BAG folgerichtig und im Kontext des neuen weiteren Verständnisses des Schutzbereichs von Art. 9 Abs. 3 GG richtig. Denn es geht hier nicht um die grundsätzliche Zulässigkeit von Flahmobs ohne jegliche Maßregel. Es geht hier um den zielgerichteten Einsatz des Kampfmittels im konkreten Einzelfall, über den das BAG zu entscheiden hatte und der innerhalb der in der Angemessenheit abzuwägenden Parameter verhältnismäßig war.

Um ein Ausufern der Beteiligung bzw. gar einen Exzess durch die Beteiligung außenstehender Dritter zu verhindern, braucht es keiner Beschränkung über einen engen personellen Schutzbereich; diese Regulierung hin zu paritätischen Verhältnissen erfolgt allein auf der Ebene der Angemessenheitskontrolle im Rahmen der Verhältnismäßigkeit. Auch hier greift das paritätische Regulativ der Selbstschädigung, denn die Gewerkschaft wird sich bei einem öffentlichen Aufruf zu einer Beteiligung außenstehender Dritter im Vorfeld sehr genau überlegen, ob und wie sie das Risiko eines Exzesses und damit einer eigenen Schadensersatzpflicht eingrenzt. Insbesondere lässt sich gegen das Argument einer unbegrenzbaren Ausweitung der Kampfstärke durch Beteiligung außenstehender Dritter einwenden, dass der Organisationsgrad einer Koalition, ihre Fähigkeit zur Anwerbung und Mobilisierung von Mitgliedern und

---

[704] Ebenda.
[705] BAG Urt. v. 12.11.1996 – 1 AZR 364/96 – BAGE 84, 302 zu II 2 a; BAG Urt. v. 22.09.2009 – 1 AZR 972/08 – BAGE 132, 140 Rn. 48.

ähnliche Faktoren ohnehin außerhalb der Verantwortung des Gesetzgebers und der Gerichte liegen.[706]

Zusammenfassend ergibt sich daher nach der hier vertretenen Auffassung, dass die Flashmob-Entscheidung im Rahmen der neuen Arbeitskampfkonzeption des BAG konsequent, wenn auch nicht ohne Risiko für die Tarifautonomie ist. Ob dieser Gefahr durch das Regulativ der Angemessenheit ausreichend begegnet wird, ist fraglich. Insofern ist zu begrüßen, dass das BAG nicht die grundsätzliche Zulässigkeit sondern nur die nicht grundsätzliche Unzulässigkeit dieses Kampfmittels in engen Grenzen anerkannt hat.

---

[706] BVerfG Beschl. v. 04.07.1995 – 1 BvF 2/86 – BVerfGE 92, 365 – NZA 1995, 754 unter C I 1 c.

E. Nichtannahmebeschluss des BVerfG

Nur wenige Tage nach der Einreichung dieser Arbeit erging der Nichtannahmebeschluss des BVerfG[707] in der Flashmob-Sache, der im Folgenden ergänzt wurde und anhand dessen die obige Positionierung zur Entscheidung des BAG überprüft wird.

Mit seiner Verfassungsbeschwerde rügt der Beschwerdeführer u.a. eine Verletzung seiner Rechte aus Art. 9 Abs. 3, Art. 101 Abs. 1 Satz 2 GG sowie Art. 9 Abs. 3 in Verbindung mit Art. 20 Abs. 2 Satz 2 und Abs. 3 GG als Grenze richterlicher Rechtsfortbildung.

Die Entscheidung des Bundesarbeitsgerichts verletze ihn in seinem Grundrecht aus Art. 9 Abs. 3 GG, da durch Überdehnung des Schutzbereichs der Koalitionsfreiheit der Gewerkschaft die Koalitionsfreiheit des Beschwerdeführers unzulässig verkürzt werde. Es sei ein typologisches Verständnis dessen geboten, was als Arbeitskampfmaßnahme zu betrachten sei, wobei einer historischen Orientierung besondere Bedeutung zukomme. Streik und Aussperrung seien grundsätzlich zulässig, Betriebsblockaden dagegen unzulässig. Der Flashmob sei der Blockade ähnlich; es gehe um das temporäre „Dichtmachen" der Filiale. Der Grundsatz der freien Wahl der Arbeitskampfmittel erlaube den Koalitionen nicht, unbegrenzt neue Arbeitskampfmittel zu schaffen. Kennzeichnend für ein zulässiges Arbeitskampfmittel sei die Vorenthaltung der vertraglich geschuldeten Leistung, wohingegen die aktive Beteiligung Dritter sowie Eingriffe in Gesundheit, Freiheit und Eigentum ausschieden. Das Bundesarbeitsgericht habe den Schutzbereich des Art. 9 Abs. 3 GG verkannt, indem es ihn von der Funktionsfähigkeit der Tarifautonomie gelöst habe, denn geschützt sei nur, was für diese erforderlich sei.

Durch die Beteiligung Dritter werde zudem die Kampfstärke einer Gewerkschaft von ihrer organisatorischen Stärke, also dem Organisationsgrad und der Fähigkeit zur Mobilisierung der Belegschaft gelöst. Für Dritte gelte im Übrigen Art. 8 GG, nicht Art. 9 Abs. 3 GG.

---

[707] BVerfG Beschl. v. 26.03.2014 – 1 BvR 3185/09 – NJW 2014, 1852 ff.

Auch seien Flashmob-Aktionen typischerweise schwer kontrollierbar, so dass die Gewerkschaft nicht dafür garantieren könne, dass sich alle Teilnehmenden an die vorgegebenen Spielregeln halten. Die Koalitionsfreiheit des Beschwerdeführers werde verletzt, weil die Zulassung von Flashmobs zu einer paritätswidrigen Ausgestaltung des Arbeitskampfrechts führe. Die Gegenseite könne nicht wirksam reagieren, denn die Betriebsstilllegung sei kein Gegenmittel, sondern eine Kapitulation, und die Ausübung des Hausrechts kaum möglich, für kurzfristige Aktionen nicht geeignet und mit dem Risiko weiterer Eskalation verbunden. Zudem werde ein Arbeitskampfmittel anerkannt, das ohne ein Element der Selbstschädigung auskomme, denn anders als ein Streik verursache ein Flashmob für die Gewerkschaft praktisch keine Kosten.

Die angegriffene Entscheidung des Bundesarbeitsgerichts verletze auch das Recht des Beschwerdeführers auf den gesetzlichen Richter aus Art. 101 Abs. 1 Satz 2 GG, weil es der Erste Senat des Bundesarbeitsgerichts versäumt habe, den Großen Senat anzurufen. Eine Verpflichtung zur Vorlage ergebe sich, weil sich der Erste Senat von den Vorgaben des Großen Senats zum Arbeitskampfrecht weitgehend gelöst und die Sache grundsätzliche Bedeutung habe, denn der Erste Senat schaffe unter Umgehung des Großen Senats ein qualitativ neuartiges Arbeitskampfmittel.

Der Beschwerdeführer werde ferner in seinen Grundrechten aus Art. 9 Abs. 3 GG in Verbindung mit Art. 20 Abs. 2 Satz 2 und Abs. 3 GG verletzt, weil die angegriffenen Urteile die verfassungsrechtlichen Grenzen richterlicher Rechtsfortbildung missachteten. Nach der Wesentlichkeitstheorie müsse der parlamentarische Gesetzgeber hier selbst regeln. Zwar habe das Bundesverfassungsgericht für die Ausgestaltung des Arbeitskampfrechts entschieden, dass dies nicht für das Verhältnis zwischen gleichgeordneten Grundrechtsträgern gelte. Die Unterscheidung zwischen Akteuren im Gleichordnungsverhältnis und im Über-/Unterordnungsverhältnis überzeuge jedoch nicht. Zudem genüge das Bundesarbeitsgericht nicht den verfassungsrechtlichen Anforderungen an die Bestimmtheit von Rechtsnormen, wenn es Arbeitskampfmaßnahmen ausschließlich anhand des Verhältnismäßigkeitsprinzips beurteile.

Zu der Verfassungsbeschwerde haben die Vereinigte Dienstleistungsgewerkschaft (ver.di) als Beklagte des Ausgangsverfahrens, der Deutsche Gewerkschaftsbund (DGB), für die Bundesregierung das Bundesministerium für Arbeit und Soziales (BMAS), der Handelsverband Deutschland (HDE) sowie die

Bundesvereinigung der Deutschen Arbeitgeberverbände (BDA) Stellung genommen.

Ver.di verteidigt die angegriffenen arbeitsgerichtlichen Urteile und bezieht sich auf den maßvollen Einsatz des umstrittenen neuen Arbeitskampfmittels. Die Beteiligung Dritter an Flashmobs stehe dem nicht entgegen. An gewerkschaftlichen Arbeitskämpfen seien Beschäftigte anderer Betriebe und Gewerkschaften, Familienangehörige und sonstige Interessierte schon immer passiv oder aktiv beteiligt. Flashmobs würden als Arbeitskampfmittel nur eingesetzt, wenn sie auch betrieblich unterstützt und getragen würden, also nicht unabhängig von der eigenen Stärke der Koalition. Schließlich sei zu beachten, dass sich die Bedingungen, unter denen Arbeitskämpfe im Einzelhandel geführt würden, in den letzten Jahren unter anderem durch den Einsatz von Leiharbeit und Werkverträgen zu Lasten der Gewerkschaften verändert hätten. Flashmob-Aktionen könnten andere Arbeitskampfmittel zwar nicht ersetzen, sie aber ergänzen.

Der DGB hält die Verfassungsbeschwerde für unbegründet. Die Zulassung des Flashmobs als Arbeitskampfmittel sei für die Funktionsfähigkeit der Tarifautonomie als notwendiges Korrelat zur Möglichkeit der Leiharbeit auf Arbeitgeberseite erforderlich. Dies beeinträchtige nicht die Parität der Arbeitskampfmittel. Es sei auch zweifelhaft, ob Flashmob-Aktionen eine größere praktische Bedeutung in Arbeitskämpfen erlangen könnten.

Das BMAS und der HDE halten die Verfassungsbeschwerde für begründet. Flashmob-Aktionen seien unzulässig, weil sie von der Gewerkschaft frei von eigenen Risiken eingesetzt werden könnten. Beide kritisieren fehlende geeignete Verteidigungsmöglichkeiten.

Die BDA meint, Flashmob-Aktionen griffen – anders als Streiks – unmittelbar in Eigentum und Besitz der Gegenseite ein. Art. 9 Abs. 3 GG gebe aber kein Recht, das Eigentum des Gegners zu okkupieren, um Verhandlungsdruck zu erzeugen.

Das Bundesverfassungsgericht hat die Verfassungsbeschwerde gegen die Flashmob-Entscheidung des BAG nicht zur Entscheidung angenommen.[708]

---

[708] BVerfG Beschl. v. 26.03.2014 – 1 BvR 3185/09 – NJW 2014, 1852 ff.

Die angegriffenen Entscheidungen verletzten nicht die in Art. 9 Abs. 3 GG geschützte Koalitionsfreiheit des Beschwerdeführers. Der Schutz des Art. 9 Abs. 3 GG erstrecke sich auf alle koalitionsspezifischen Verhaltensweisen. Er sei auch nicht auf die traditionell anerkannten Formen des Streiks und der Aussperrung beschränkt. Die Wahl der Mittel, die die Koalitionen zur Erreichung der koalitionsspezifischen Zwecke für geeignet halten, überlasse Art. 9 Abs. 3 GG vielmehr grundsätzlich ihnen selbst. Das Grundrecht der Koalitionsfreiheit bedürfe allerdings der Ausgestaltung durch die Rechtsordnung, soweit es die Beziehungen zwischen Trägern widerstreitender Interessen zum Gegenstand hat.

Bei der Ausgestaltung des Arbeitskampfrechts bestehe ein weiter Handlungsspielraum. Umstrittene Arbeitskampfmaßnahmen würden unter dem Gesichtspunkt der Proportionalität überprüft; durch den Einsatz von Arbeitskampfmaßnahmen solle kein einseitiges Übergewicht bei Tarifverhandlungen entstehen Die Orientierung des Bundesarbeitsgerichts am Grundsatz der Verhältnismäßigkeit sei insofern nicht zu beanstanden.
Das Bundesarbeitsgericht gehe zutreffend davon aus, dass die Beurteilung, ob eine Betätigung koalitionsspezifisch ist, grundsätzlich nicht nach der Art des von der Koalition gewählten Mittels, sondern nach dem von ihr damit verfolgten Ziel zu erfolgen habe.

Die Frage, ob strafbare Handlungen von vornherein aus dem Schutzbereich der Koalitionsfreiheit ausgeschlossen sind, beantwortet das BVerfG bewusst nicht, da das Bundesarbeitsgericht, in verfassungsrechtlich nicht zu beanstandender Weise davon ausgegangen sei, dass es hier um Aufrufe zu streikbegleitenden Flashmob-Aktionen gehe, die jedenfalls nicht typischerweise mit Straftaten wie Hausfriedensbruch, Nötigung oder Sachbeschädigung einhergehen.

Das Bundesarbeitsgericht berücksichtige insbesondere, dass sich durch die Teilnahme Dritter an Flashmob-Aktionen die Gefahr erhöhen kann, dass diese außer Kontrolle geraten, weil das Verhalten Dritter weniger beeinflussbar ist. Es setze der – im Ausgangsfall auch tatsächlich eingeschränkten – Teilnahme Dritter daher auch rechtliche Grenzen. So müsse der Flashmob als gewerkschaftlich getragene Arbeitskampfmaßnahme erkennbar sein, also deutlich werden, dass es sich nicht um eine „wilde", nicht gewerkschaftlich getragene Aktion handelt, was auch für Schadensersatzforderungen der Arbeitgeber bei rechtswidrigen Aktionen von Bedeutung ist.

In verfassungsrechtlich nicht zu beanstandender Weise berücksichtige das Bundesarbeitsgericht auch, dass Flashmob-Aktionen – anders als Streiks – kein Element unmittelbarer Selbstschädigung der Teilnehmenden in Form des Verlustes des Arbeitsentgelts innewohne, das einen (eigen-)verantwortlichen Umgang mit dem Arbeitskampfmittel fördern könne. Der Gehalt des Art. 9 Abs. 3 GG werde jedoch nicht verkannt, wenn das Bundesarbeitsgericht darauf abstelle, dass der Arbeitgeberseite geeignete Verteidigungsmittel gegen die hier in Rede stehenden Aktionen zur Verfügung stünden. Eine Fehleinschätzung zur praktischen Wirksamkeit der Verteidigungsmittel sei hier nicht erkennbar.

Das Bundesarbeitsgericht verkenne den Schutzgehalt des Art. 9 Abs. 3 GG auch nicht mit Blick auf die vorübergehende Erschwerung des Zugangs zu den Kassen durch beladene Einkaufswagen und durch den Einkauf von Cent-Artikeln, denn die an sich durchaus gewichtige Beeinträchtigung des Betriebs sei nicht umfassend und von vergleichsweise kurzer Dauer gewesen.

Art. 28 der Charta der Grundrechte der Europäischen Union (Grundrechtecharta – EuGRCh) zum Recht auf Kollektivverhandlungen und Kollektivmaßnahmen einschließlich des Streiks erklärt das BVerfG für nicht anwendbar. Nach Art. 51 Abs. 1 EuGRCh binde die Charta die Mitgliedstaaten ausschließlich bei der Durchführung des Rechts der Union. Die Charta finde keine Anwendung, wenn über einen Sachverhalt zu entscheiden ist, für den der Union die Regelungskompetenz fehle. Das Primärrecht schließe eine Zuständigkeit der Union für das Koalitionsrecht, Streikrecht und Aussperrungsrecht in Art. 153 Abs. 5 AEUV ausdrücklich aus.

Die Rüge des Beschwerdeführers zu Art. 101 Abs. 1 Satz 2 GG hat keinen Erfolg. Der gesetzliche Richter ist nicht dadurch entzogen worden, dass der Erste Senat des Bundesarbeitsgerichts nicht an den Großen Senat vorgelegt hat. Es sei nicht ersichtlich, dass das Bundesarbeitsgericht die Vorlagepflicht aus § 45 ArbGG willkürlich verkannt habe.

F. Reaktionen aus der Praxis

Die Prüfung durch das BVerfG beschränkt sich auf die Verletzung spezifischen Verfassungsrechts (§ 90 Abs. 1 BVerfGG). Das BVerfG hat die Entscheidung des BAG nur daraufhin geprüft, ob das BAG die Koalitionsfreiheit richtig beurteilt hat. Es erfolgte keine Prüfung der Zulässigkeit eines Flashmobs im Arbeitskampf als solches und auch nicht darauf hin, ob die Entscheidung des BAG einfaches Gesetzesrecht verletzt.

Die in der Literatur zu dem Nichtannahmebeschluss des BVerfG geäußerte Kritik geht über diesen Prüfungsmaßstab des BVerfG hinaus und orientiert sich überwiegend auch nicht nur an dem zu entscheidenden Einzelfall.[709]

Bertke stellt einleitend fest, der Beschluss des BVerfG mit Ausnahme der konkret auf den Flashmob bezogenen Aussagen gehe nicht über die frühere Rechtsprechung des BVerfG hinaus.[710] Anschließend befasst sie sich ausführlich mit den strafrechtlichen, deliktsrechtlichen und vertraglichen Grenzen eines streikbegleitenden Flashmobs. Hierzu stellt sie fest, dass das einfache Gesetzesrecht für das Verhältnis der Parteien unter-einander maßgeblich bleibt, Arbeitskampfmittel zwar nicht gegen Strafgesetze verstoßen dürfen, aber der umfassende abwehrrechtliche Schutz koalitionsspezifischer Betätigung auf die vertragsrechtliche Bewertung von Arbeitskampfmaßnahmen keinen Einfluss nimmt.[711]

Lembke kritisiert vor allem, dass sich die Einbeziehung in den Schutzbereich des Art. 9 Abs. 3 GG von Nicht- oder Andersorganisierten oder gar von Dritten als Angreifer oder Angegriffene im Arbeitskampf nicht mittels oder in Fortentwicklung des Art. 9 Abs. 3 GG rechtfertigen lasse.[712] Zur Begründung dafür, dass die Arbeitskampfbeteiligung von Personen, die nicht in den tarifschließenden Parteien organisiert seien, nicht durch die Koalitionsfreiheit begründet werden könne, stützt er sich auf das Partizipationsprinzip.[713] Seiner Ansicht nach ist der Arbeitskampf – ebenso wie die Tarifpolitik – den Koalitionen und ihren Mitgliedern vorbehalten; es sei denn, Angreifer oder Angegriffener partizipierten in irgendeiner Form, z.B. kraft Bezugnahmevereinbarung, am Ergebnis.[714]

---

[709] Insbesondere Bertke, NJW 2014, 1852 ff.; Lembke, NZA 2014, 471 ff.; Jöris, NJW-Spezial 2014, 370 ff.
[710] Bertke, NJW 2014, 1852 (1852).
[711] Bertke, NJW 2014, 1852 (1855).
[712] Lembke, NZA 2014, 471 (472).
[713] Ebenda.
[714] Ebenda.

Jöris kritisiert ausdrücklich die Ausführungen der Verfassungsrichter zu den Verteidigungsmitteln des Angegriffenen[715] und unterstellt dem BAG damit eine deutliche Fehleinschätzung ihrer Wirksamkeit. Denn nur so wäre es Aufgabe des BVerfG gewesen, die Einschätzung des Fachgerichts durch eine eigene Einschätzung zu ersetzen, was das BVerfG im Nichtannahmebeschluss ausdrücklich klarstellt.[716] Die mit einer kreativen Ausweitung der Arbeitskampfinstrumente einhergehenden Überraschungseffekte ließen wirksame Gegenmaßnahmen kaum zu; Rechtmäßigkeitsprüfungen seien dann regelmäßig nur noch in der Rückschau – und damit zu spät – möglich.[717] Die Annahme der Möglichkeit der Ausübung des Hausrechts bezeichnet er als lebensfremd. Dabei geht er nicht nur davon aus, dass Aufforderungen zum Verlassen der Geschäftsräume in der Regel ignoriert würden, sondern er unterstellt auch, dass derjenige, der Flashmobs plane, dabei immer auch davon ausgehe, dass er zumindest vorübergehend eine Besetzung der Geschäftsräume gegen den erklärten Willen des Hausherrn vornehme.[718] Ob er dabei mit „demjenigen, der Flashmobs plant" die Gewerkschaft meinte und damit unterstellt, Flashmobs wohne schon per se immer eine Straftat inne – jedenfalls im Vorsatz des Planenden – oder ob er damit das Verhältnis des einzelnen Teilnehmers zum Angegriffenen beschreibt, bleibt offen. Auch die angedeutete Schlussfolgerung, Flashmobs könnten zwar im Einzelfall koalitionsspezifische Betätigungen sein, in jedem Fall aber verstoße ihr Einsatz gegen Strafgesetze und diese seien damit schon nicht vom Schutzbereich des Art. 9 Abs. 3 GG umfasst, zieht er nicht.[719]

Das Verteidigungsmittel der suspendierenden Betriebsstilllegung bezeichnet er als Eigentor und als Kapitulation.[720] Die darin liegende Konsequenz für den Arbeitnehmer – der Verlust des Lohnanspruches – treibe diesen in das Lager der Gewerkschaft, da ihm eine Gewerkschaftsmitgliedschaft in derartigen Fällen künftig einen Anspruch auf Streikgeld sichern könnte.[721]

---

[715] Jöris, NJW-Spezial 2014, 370 (370).
[716] BVerfG, Beschl. v. 26.03.2014 – 1 BvR 3185/09 – NJW 2014, 1852 Rn. 30.
[717] Jöris, NJW-Spezial 2014, 370 (370).
[718] Ebenda.
[719] Ähnliches klingt auch im Praxishinweis an bei: Bauer, ArbRAktuell 2014, 233.
[720] Jöris, NJW-Spezial 2014, 370 (371).
[721] Ebenda.

Ring[722] und Herbert[723] nutzen ebenfalls die Begriffe „weltfremd" und „lebensfremd" zur Beschreibung der Einschätzung der Wirksamkeit der Verteidigungsmöglichkeiten der Ausübung des Hausrechts und der suspendierenden Betriebsstilllegung. Herbert bezieht sich in Bezug auf Betriebsstilllegungen vor allem auf den Bereich der von öffentlichen Arbeitgebern bereitgestellten Daseinsvorsorge,[724] während Ring in Bezug auf die Ausübung des Hausrechts insbesondere die häufig fehlende Erkennbarkeit der Aktionsteilnehmer kritisiert.[725]

Auch Jöris und Ring stützen ihre Kritik insbesondere auf die Einbeziehung außenstehender Dritter in den Schutzbereich des Art. 9 Abs. 3 GG und begründen dies ebenfalls unter Hinweis auf das Partizipationsprinzip, da diese mit dem angestrebten Tarifvertrag selbst nichts zu tun hätten.[726]

Greiner moniert gar, das BVerfG sei auf das Kernproblem der Drittbeteiligung am Arbeitskampf nicht eingegangen.[727] Er stellt fest, dass mit dem Nichtannahmebeschluss die Tendenz zur Deregulierung im Arbeitskampfrecht erneut bestätigt worden sei.[728]

---

[722] Ring, NJ 2014, 303 f.
[723] Herbert, ZTR 2014, 639 ff.
[724] Herbert, ZTR 2014, 639 (641).
[725] Ring, NJ 2014, 303 (303).
[726] Jöris, NJW-Spezial 2014, 370 (371); Ring, NJ 2014, 303 (304).
[727] Greiner, jM 2014, 414 (417).
[728] Greiner, jM 2014, 414 (419).

G. Stellungnahme

In der Gesamtschau der bisher vorliegenden Kritik am Nichtannahmebeschluss des BVerfG ergibt sich zur Kritik an der Flashmob-Entscheidung des BAG kein neuer Aspekt. Ausgehend vom Prüfungsumfang des BVerfG – der Prüfung einer Verletzung spezifischen Verfassungsrechts – hat das BVerfG festgestellt, dass die Maßstäbe zur Beurteilung von Arbeitskämpfen, die sich aus Art. 9 Abs. 3 GG ergeben, geklärt sind.[729] Überzeugend ist die Betonung des mit einem Arbeitskampfmittel verfolgten koalitionsspezifischen Zwecks als Prüfungsmaßstab. Der Entscheidung, dass die Beurteilung der Reichweite der Koalitionsfreiheit des BAG unter den in der Abwägung berücksichtigten Interessen, kollidierenden Rechten und Grenzen verfassungsrechtlich nicht zu beanstanden ist, ist im Ergebnis zuzustimmen.

Enttäuschend ist aber, dass sich das BVerfG bei der verfassungsrechtlichen Prüfung nicht hinreichend zur Einbeziehung koalitionsfremder Dritter in den Schutzbereich des Art. 9 Abs. 3 GG geäußert und die hierzu vorgetragene Kritik an der Entscheidung des BAG nicht aufgenommen hat. Zwar stellt das BVerfG fest, das BAG berücksichtige, dass sich durch die Teilnahme Dritter an Flashmob-Aktionen die Gefahr erhöhen kann, dass diese außer Kontrolle geraten, weil das Verhalten Dritter weniger beeinflussbar ist. Es stellt dann aber nur auf die vom BAG im Rahmen der Verhältnismäßigkeitsprüfung gesetzten Grenzen und hier explizit nur auf die Erkennbarkeit als gewerkschaftlich getragene Arbeitskampfmaßnahme ab. Zur Ebene des Schutzbereichs, insbesondere zum Umfang des personellen Schutzbereichs und zu den bisher anerkannten Voraussetzungen wie dem Partizipationsprinzip sowie zur mitgliedschaftlichen Legitimation finden sich keinerlei Ausführungen.

Hier hätte die Entwicklung der Rechtsprechung des 1. Senats des BAG aufgezeigt werden können, der in der Unterstützungsstreikentscheidung das Partizipationsprinzip bereits aufgegeben hatte, wenn dort auch eine irgendwie geartete Nähebeziehung, z.B. eine enge wirtschaftliche Verflechtung, gefordert wird. Der in diesem Kontext geäußerten Kritik, es handele sich in Bezug auf

---

[729] BVerfG Beschl. v. 26.03.2014 – 1 BvR 3185/09 – NJW 2014, 1852 Rn.18.

den Unterstützungsarbeitskampf um einen reinen Demonstrationsarbeitskampf, mit dem die streikführende Gewerkschaft ihre Macht demonstriere, begegnete das BAG nämlich gerade nicht mit Ausführungen zur Partizipation der einzelnen Beteiligten, sondern mit der notwendigen Tarifbezogenheit des Kampfmittels.

Dieser Begründungsansatz kann auch in Bezug auf die Beurteilung von Flashmobs als koalitionsspezifischer Betätigung hilfreich sein. Im personellen Schutzbereich kommt es in Bezug auf die kollektive Koalitionsfreiheit nämlich nicht auf eine irgendwie geartete Partizipation am Ergebnis an. Jeder kann Teil einer Koalition werden und sich mit ihr koalitionsspezifisch betätigen. Gemeint ist damit, einen Zweck verfolgen, dem eine Tarifbezogenheit innewohnt. Grenzt man in diesem Kontext wiederum streikbegleitende Flashmobs von schon nicht vom Schutzbereich umfassten Demonstrationsarbeitskämpfen ab, wird deutlich, dass es der Koalition in ihrer Gesamtheit (und zwar unabhängig davon, ob der Einzelne davon profitiert) beim Einsatz eines streikbegleitenden

Flashmobs um den Abschluss eines Tarifvertrages geht, während es der Gruppe der Demon-stranten bei einem Demonstrationsstreik „nur" um die Kundgabe einer Meinung oder um die Demonstration von Macht geht.

Die Aufgabe des Partizipationsprinzips ist somit auch nach der hier vertretenen Auffassung richtig. Es kann weder darauf ankommen, dass jeder einzelne Beteiligte von dem Ergebnis des Arbeitskampfes profitiert, noch darauf, welche individuelle Motivation ihn in Bezug auf seine Teilnahme leitet. Maßgebend für die Beurteilung des Schutzbereichs des Art. 9 Abs. 3 GG ist vielmehr der von der Koalition (in ihrer Gesamtheit) mit dem eingesetzten Kampfmittel verfolgte Zweck.

Bertke differenziert mit ihrer Untersuchung, ob Flashmobs im Verhältnis von Privaten zueinander rechtmäßig sind, diese Ebenen zutreffend. Sie schlussfolgert, dass dem betroffenen Arbeitgeber gegen den an einem Flashmob beteiligten Arbeitnehmer, die Gewerkschaft und insbesondere gegen einen außenstehenden Dritten (der sich im Rahmen der Interessenabwägung nicht auf ein eigenes Recht berufen kann) ggf. Unterlassungs- oder Schadenersatzansprüche zustehen, diese vertragsrechtliche Bewertung aber auf den abwehrrechtlichen Schutz der koalitionsspezifischen Betätigung keinen Einfluss habe. Damit trennt sie nicht nur zwischen den Ebenen Verfassungsrecht und einfachem Recht, denen auf den Stufen Schutzbereich und Eingriffsrechtfertigung eine unterschiedliche Bedeutung zukommt, sondern auch nach den Beziehungsebenen – also danach, ob es um das Verhältnis der Koalition zum Gegner oder des einzelnen Koalitionsmitglieds zum Angegriffenen geht.

Bedauerlich ist, dass das BVerfG die fehlende Anwendbarkeit der Charta der Grundrechte mit einem ebenso kurzen Verweis auf deren Art. 51 Abs. 1 feststellt, wie es eine Unzuständigkeit der Union für das Koalitions-, das Streik- und das Aussperrungsrecht aus Art. 153 Abs. 5 AEUV – scheinbar ausnahmslos – zugrunde legt, ohne auf die außerhalb der Durchführung des Rechts der Union liegenden Rechtsverhältnisse, insbesondere die Grundfreiheiten, einzugehen.

Wünschenswert wäre zudem eine Anregung zur Einbeziehung von Ausschüssen. So hätte das BAG z.B. dem Ausschuss der Vereinten Nationen durch Aufnahme der Problematik in den Staatenbericht der Bundesrepublik oder einen Schattenbericht eines Arbeitgeberverbandes als NGO Gelegenheit zu einer konkretisierenden Feststellung geben können.

Abschnitt 3: Zusammenfassung der Ergebnisse

Im Laufe der letzten Jahre hat sich das Arbeitskampfrecht von einer zunächst relativ leblosen Materie innerhalb des Arbeitsrechts zu einer über die juristische Öffentlichkeit hinaus viel diskutierten, aktuellen Thematik gewandelt. Grund hierfür sind nicht nur die Tarifkonflikte bei der Deutschen Bahn, der Post oder der Lufthansa, sondern vor allem die geänderte Rechtsprechung des 1. Senats des BAG zur Erstreikbarkeit von Firmentarifverträgen, zur Zulässigkeit von Unterstützungsstreiks und zu Flash-mob-Aktionen.

Die Entscheidung des BAG zur Zulässigkeit von Unterstützungsstreiks ist als Meilenstein[730] in der Arbeitskampfrechtsprechung einzustufen. Die damit eingeschlagene Richtung zur Beurteilung der Kampfparität unter Berücksichtigung aktueller wirtschaftlicher und sozialer Entwicklungen hat das BAG in der Flashmob-Entscheidung konsequent fortgeführt.

Zwar wäre der Sachverhalt der Unterstützungsstreik-Entscheidung auch nach der bisherigen Rechtsprechung des BAG zur Zulässigkeit von Unterstützungsstreiks nicht anders entschieden worden. Denn nach dieser war ein Unterstützungsstreik derselben Gewerkschaft gegen den konzernrechtlich und wirtschaftlich mit dem Arbeitgeber des Hauptstreiks eng verflochtenen Arbeitgeber als Ausnahmefall ebenfalls bereits zulässig. Das BAG hat in der Entscheidung vom 19.06.2007 jedoch bewusst eine andere Argumentation für die Zulässigkeit von Unterstützungsstreiks gewählt. Sie hat zu einer Umkehrung des bisherigen Regel-Ausnahme-Verhältnisses in Bezug auf die Zulässigkeit von Unterstützungsstreiks geführt, nämlich zur uneingeschränkten Einbeziehung von Unterstützungsstreiks in den Schutzbereich des Art. 9 Abs. 3 GG als Folge der Klarstellung des Verständnisses der Kernbereichsformel durch das BVerfG.

Anzunehmen ist, dass dieser neue Ansatz nicht nur auf der Klarstellung durch das BVerfG basiert, die Kernbereichsformel sei bisher zu eng verstanden worden. Er beruht zusätzlich auch auf einer Annäherung der Rechtsprechung des BAG an völkerrechtliche Vorgaben, wie die Europäische Sozialcharta, einschlägige Übereinkommen der Internationalen Arbeitsorganisation (ILO) und

---

[730] So auch Otto, RdA 2010, 135 (136).

den UN-Sozialpakt, die bei der Begründung der Freiheit der Wahl der Kampfmittel zunehmend herangezogen werden (sollten). Jedenfalls zieht das BAG mit diesen Entscheidungen konsequent folgerichtige Schlüsse aus beiden Entwicklungen und öffnet das deutsche Arbeitskampfrecht damit in verschiedene Richtungen.

Diese sich abzeichnende neue Arbeitskampfkonzeption wird vielfach kritisiert. Das Hauptaugenmerk der Kritik liegt auf der angeblichen Konturenlosigkeit, die das weite Verständnis der Koalitionsfreiheit und die Einschätzungsprärogative der Gewerkschaften in Bezug auf die Kampfmittelfreiheit erzeuge.[731] Hierdurch entstünden Rechtsunsicherheit und die Gefahr eines Ausuferns von Arbeitskämpfen;[732] dem könne mit der Grenze des Rechtsmissbrauchs nicht ausreichend vorgebeugt werden.

Anfang 2008 warf die FDP-Bundestagsfraktion in einer Großen Anfrage die Frage nach der Notwendigkeit einer grundlegenden Überarbeitung und Reform des Arbeitskampfrechtes auf.[733] Das Erfordernis einer solchen Reform wurde von der damaligen Bundesregierung unter Hinweis auf die Bewährung der bisherigen Praxis, nach welcher die höchstrichterliche Rechtsprechung arbeitskampfrechtliche Regeln entwickelt, verneint.[734]

Vor dem Hintergrund des neuen Verständnisses des BAG zu Art. 9 Abs. 3 GG gelten weiterhin folgende rechtliche Ausgangspunkte der alten Rechtsprechung: Das Erfordernis, dass ein rechtmäßiger Arbeitskampf ein tariflich regelbares Ziel voraussetzt (sei dies auch nur mittelbar) und dass die eingesetzten Kampfmittel am Grundsatz der Verhältnismäßigkeit zu messen sind. Regulative sind also auch weiterhin der Grundsatz der Verhältnismäßigkeit mit der Grenze des Rechtsmissbrauchs sowie der Grundsatz der Kampfparität.

Der Prüfungsmaßstab in Bezug auf die Rechtmäßigkeit des Einsatzes eines Kampfmittels bleibt damit im Grundsatz derselbe, allerdings mit dem Unterschied, dass das BAG diesen von der Ebene des Schutzbereiches auf die Ebene der Verhältnismäßigkeit verlagert hat. Die Konkretisierung, wann Unterstützungsstreiks rechtmäßig sind, beschreibt im Wesentlichen die auch bis-

---

[731] Wank, RdA 2009, 1 ff. m.w.N.
[732] Rüthers, NZA 2010, 6 ff. m.w.N.
[733] BT-Drs. 16/7789 v. 16.01.2008.
[734] Ebenda.

her schon zulässigen Fallkonstellationen, so dass in der konkreten Ausgestaltung der Kampfmittel die Kontinuität der Rechtsprechung im Ergebnis beibehalten wird.

Mit der Flashmob-Entscheidung, mit der der personelle Schutzbereich des Art. 9 Abs. 3 GG auch für unbeteiligte Dritte sehr weit geöffnet wurde, hat die Rechtsprechung inzwischen einen weiteren Schritt getan. Die Entscheidung wurde heftig kritisiert. Nicht nur die Aufgabe des Partizipationsprinzips und des Gebots fairer Kampfführung, sondern auch die mangelnde Wirksamkeit der zur Begrenzung der Angemessenheit angeführten Verteidigungsmittel des Arbeitgebers stand im Zentrum der Kritik.

Mit dem Nichtannahmebeschluss des BVerfG in dieser Sache hat das BVerfG die vom BAG vorgenommene verfassungsrechtliche Beurteilung der Reichweite der Koalitionsfreiheit bestätigt und die Verantwortung der Gerichtsbarkeit im Arbeitskampfrecht bekräftigt.

Bezogen auf den Prüfungsmaßstab des BVerfG und auch auf die Verhältnismäßigkeit des Einsatzes des streikbegleitenden Flashmobs im vom BAG zu entscheidenden Einzelfall überzeugen beide Entscheidungen. Die weite Auslegung des Schutzbereichs des Art. 9 Abs. 3 GG ist nach der Aufgabe der Kernbereichsformel durch das BVerfG angemessen. Die Einbeziehung außenstehender Dritter ist durch den Einsatz von Leiharbeitskräften zur Erledigung der im Arbeitskampf niedergelegten Arbeiten zumindest auf der Seite des Arbeitgebers nicht neu. Sie hat aber durch die zahlenmäßige Beherrschbarkeit, den Aspekt der Selbstschädigung und die Partizipation der Leiharbeitskräfte an dem Ergebnis des Arbeitskampfes (zumindest für die Dauer des Arbeitsverhältnisses mit dem Entleiher) im Verhältnis zu streikbegleitenden Flashmob-Aktion unter öffentlichem Aufruf eine andere Dimension.

Der Beurteilungsmaßstab bleibt der Zweck der Maßnahme und zwar bezogen auf die Koalition und nicht bezogen auf den Einzelnen. Dass sich die außenstehenden Dritten im Verhältnis zum Recht des Arbeitgebers am eingerichteten und ausgeübten Gewerbetrieb im privatrechtlichen Innenverhältnis nicht auf ein eigenes Interesse bzw. Recht stützen können, betrifft diesen Maßstab nicht. Flashmobs unter Einbeziehung außenstehender Dritter unterliegen somit auch nach der hier vertretenen Auffassung der Koalitionsfreiheit nach Art. 9 Abs. 3 GG, wenn auch die Beteiligung außenstehender Dritter in ihrem Verhältnis zum Arbeitgeber rechtswidrig sein mag.

Festzuhalten bleibt in diesem Zusammenhang jedoch, dass die in einem Flashmob liegende Gefahr des Exzesses hoch ist und die Einschränkungen in Bezug auf die unternehmerische Freiheit gewaltig sind. Dieses Gefahrpotential wird neben den von der Rechtsprechung aufgestellten engen Grenzen, innerhalb derer die Anwendbarkeit für angemessen erklärt wurde, hoffentlich eine ausreichend hohe Hürde bilden, diese Art von Kampfmittel in künftigen Arbeitskämpfen nicht zur Regel werden zu lassen.

Der Grundsatz der Kampfparität hat weiterhin Bestand. Dies ist als eines der Ergebnisse dieser Untersuchung festzuhalten. Die nach der neuen Rechtsprechung weitergehende Frage aber ist, ob im Arbeitskampf noch paritätische Verhältnisse bestehen. Diese Frage dürfte mit „Ja, jetzt wieder" beantwortet werden können. Begründen lässt sich diese Antwort damit, dass in Zeiten, in denen arbeitgeberseitig Produktionsverlagerungen ins Ausland angedroht werden und die während des Arbeitskampfes niedergelegten Arbeiten in parallelen Produktionsstätten ausgeführt werden, die Stärkung des Machtpotentials der Gewerkschaften durch die Gewährung einer Einschätzungsprärogative in Bezug auf den Kampfmitteleinsatz ein längst überfälliger Schritt war.[735]

Ob das Kräfteverhältnis allerdings stabil bleibt und wann hier erneut durch die Rechtsprechung gegenzusteuern ist, wird sich erst noch zeigen.

Letztendlich aber wird es in Bezug auf die Auswirkungen der neuen Arbeitskampfkonzeption des BAG darauf ankommen, ob und mit welcher Intensität und Kreativität die Tarifpartner von der Kampfmittelfreiheit überhaupt Gebrauch machen.

Dass die neue Arbeitskampfkonzeption des BAG Auswirkungen auf das Streikverhalten deutscher Arbeitnehmer haben wird, deutet sich bereits an einigen Konflikten im Jahr 2012 wie z.B. am Tarifkonflikt bei der Lufthansa bzw. an den Unterstützungsstreiks von Fluglotsen[736] an, mit welchen Arbeitskämpfe der Mitarbeiter der Verkehrszentrale/Vorfeldkontrolle unterstützt wurden. Gleiches gilt für den Arbeitskampf beim hamburgischen Verpackungsunternehmen

---

[735] Ähnlich auch Paschke, Der firmenbezogene Arbeitskampf, S. 56 f.
[736] LAG Baden-Württemberg Urt. v. 31.03.2009 – 2 SaGa 1/09; ArbG Frankfurt a.M., Urt. v. 27.03.2012 – 10 Ca 3468/11.

Neupack, der Anfang 2013 ebenfalls von Unterstützungsstreikelementen aus Frankreich und Rotenburg begleitet wurde.

Freiheit in Bezug auf die Wahl der Kampfmittel ist ein hohes Gut. Sie wird beiden Kampfparteien bei ungleichen Ausgangsvoraussetzungen gleichermaßen gewährt. Das Druckpotential ihres Einsatzes, welches vor allem in der Unberechenbarkeit liegt, ist ein paritätisches Pfund der Gewerkschaften. Die Beurteilung der Rechtmäßigkeit des Einsatzes der Kampfmittel darf ihnen dabei aber nicht selbst überlassen bleiben; anderenfalls ließe sich die Ordnung im Arbeitskampf nicht aufrecht erhalten.

> *„Aber die Ordnung der Gesellschaft ist ein geheiligtes Recht, welches allen anderen zur Grundlage dient. Gleichwohl entspringt es nicht aus der Natur; es beruht also auf Übereinkunft."*[737]

Die vorhandenen Regulative dürften sich in diesem Geiste als „sinnvolle Ordnung der Gesellschaft" erweisen bzw. als „Ketten" ausreichen, – um auch mit Rousseau zu schließen – um „französische Verhältnisse" im Arbeitskampfverhalten zu verhindern, aber auch genug Freiheit lassen, um die aus der Herrschaft über die Produktionsmittel resultierende natürliche Überlegenheit der Arbeitgeberseite auszugleichen.

---

[737] Rousseau, Vom Gesellschaftsvertrag, Erstes Buch, S. 2.

Aus unserem Verlagsprogramm:

Burcu Zimmerling
Schwellenwerte des Betriebsverfassungsgesetzes bei Beschäftigung von Leiharbeitnehmern
Hamburg 2015 / 460 Seiten / ISBN 978-3-8300-8691-8

Andreas Götz
Flashmob – Eine arbeitskampfrechtliche Bewertung
Hamburg 2015 / 96 Seiten / ISBN 978-3-8300-8680-2

Juliane Göhler
Einstellungsansprüche nach Betriebsübergang
Die Konsequenzen eines Betriebsübergangs auf arbeitsvertragliche Einstellungszusagen, individualvertragliche Rückkehrvereinbarungen und tarifvertragliche Wiedereinstellungszusagen
Hamburg 2015 / 284 Seiten / ISBN 978-3-8300-8525-6

Jens Temme
Die betriebsbedingte Kündigung nach dem Kündigungsschutzgesetz
Hamburg 2015 / 124 Seiten / ISBN 978-3-8300-8420-4

Fabian Schmeisser
Regelungsabreden der Betriebsparteien als Mittel und Grundlage einer Abweichung von Gesetzesrecht
Hamburg 2015 / 390 Seiten / ISBN 978-3-8300-8289-7

Andrea Jacobs
Die Rechtmäßigkeit von Sympathiearbeitskampfmaßnahmen – Beginn einer Rechtsprechungswende?
Hamburg 2014 / 290 Seiten / ISBN 978-3-8300-7808-1

Philipp Kessel
Die Zulässigkeit von Streiks um firmenbezogene Tarifverträge gegenüber verbandsangehörigen Arbeitgebern
Hamburg 2013 / 382 Seiten / ISBN 978-3-8300-6917-1

Nicole Krüger
Der Grundsatz der Tarifeinheit und die Folgen seiner Aufgabe für das Arbeitskampfrecht
Hamburg 2013 / 334 Seiten / ISBN 978-3-8300-6907-2

Michael Ozimek
Streiks von Sparten- und Spezialistengewerkschaften
Hamburg 2012 / 272 Seiten / ISBN 978-3-8300-6655-2

Postfach 57 01 42 · 22770 Hamburg · www.verlagdrkovac.de · info@verlagdrkovac.de